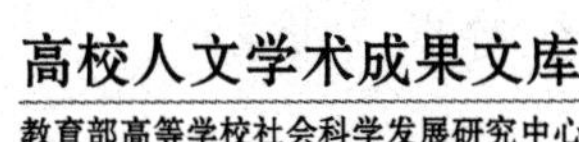

Xuedeng and the May 4th New Culture Movement

《学灯》与五四新文化运动

吴　静◎著

图书在版编目(CIP)数据

《学灯》与五四新文化运动/吴静著. —北京:
中国书籍出版社,2012.12

ISBN 978-7-5068-3378-3

Ⅰ.①学… Ⅱ.①吴… Ⅲ.①传播媒介—新闻事业史—中国—近代 Ⅳ.①G219.296

中国版本图书馆CIP数据核字(2013)第046450号

责任编辑/ 李国永

责任印制/ 孙马飞 张智勇

封面设计/ 中联学林

出版发行/ 中国书籍出版社

地　　址: 北京市丰台区三路居路97号(邮编:100073)

电　　话: (010)52257143(总编室) (010)52257153(发行部)

电子邮箱: chinabp@vip.sina.com

经　　销/ 全国新华书店

印　　刷/ 北京天正元印务有限公司

开　　本/ 710毫米×1000毫米 1/16

印　　张/ 14.5

字　　数/ 222千字

版　　次/ 2013年5月第1版 2013年5月第1次印刷

书　　号/ ISBN 978-7-5068-3378-3

定　　价/ 43.00元

序

吴静博士脱胎于其博士学位论文、以上海《时事新报》副刊《学灯》为研究对象的论著即将问世，闻之甚喜。因为我作为她在复旦大学攻读博士学位期间的导师，深知她在撰写过程中尝到的酸甜苦辣。吴静博士为了撰写这部学术处女作，不仅流了不少汗水，甚至还流过泪水。

在20世纪初期中国大地兴起的新文化运动中，新闻传播媒介发挥了巨大的鼓动、宣传与组织作用，成了这场思想解放运动的发源地和主要战场。其中，《学灯》、《觉悟》、《晨报副镌》等随报纸一起每日出版的副刊，其功不在《新青年》等杂志之下。但是，在过去很长的一个时期内，学术界对这些副刊的研究有限，因而对这些副刊的认识也十分浅显。近些年来，不少青年学者注意到了这一新文化运动媒介史研究的盲点，并开始耕耘这块肥沃的学术之田，吴静博士即是其中的一位。这部论著，以中国思想文化现代化为视角，以五四新文化运动为背景，重点阐述《学灯》副刊自1918年至1923年间的传播内容与传播形式，进而探讨《学灯》副刊的特点与风格，并力图考察、评价《学灯》副刊及新文化运动中报刊出版的消长格局和历史地位。这一研究，具有填补中国新闻史空白的开拓性意义。

这部论著在学术上的特色，主要表现在以下两点：一是注重史论结合。史料的挖掘和运用是新闻史研究的基础，没有对材料的甄别和事实的还原，理论的探讨和思辨就无从谈起。在研究过程中，作者花大力气通读了《学灯》副刊上的所有内容，并进而研读有关文献与研究成果，广泛而全面地收集、发掘出大量的第一手材料，在掌握了充分、可靠的论据的基础上对历史发展进程进行准确描述,并在此基础上从中国思想文化现代化的角度对五四时期的媒介格局重新进行理论探讨,使这部新闻史论著具有一定的理论色彩。

二是强调媒介史研究的本体意识。所谓媒介史研究的本体意识,即立足于本学科的立场,凸显本专业的独立性和主体性,而不是让新闻文本仅成为其他学科的材料和论据。过去,报纸副刊是文学研究者的一个重要研究领域,为了廓清研究立场,本书不仅关注副刊的文本内容,还强调对报刊的历史文化背景、编辑、作家和读者进行研究,强调从新闻专业的角度追寻副刊生产的复杂过程,凸出副刊为读者提供作品和意见的版面特征。这种新闻史研究的本体意识不仅兼顾了副刊生产中报刊文本和外部环境的双重因素,还展现了媒介发展史的丰富性与复杂性。

该论著在学术上的贡献,主要表现在作者经过认真、严谨的论证,提出了《学灯》等报纸副刊在运动的重要阶段和主要方面都发挥了关键作用,杂志和副刊作为两支独立的媒介力量共同推动新文化运动的深化发展等具有一定创新意义的重要观点。这些新观点,有助于我们更准确地理解、认识媒介在新文化运动中的地位与作用,有助于五四新文化运动媒介史研究向纵深发展。

这部论著,是吴静博士刚进入学术研究殿堂的青年学者公开出版的第一部专著,难免有其不足之处,如在个别史实的考证上略显粗糙,对有些问题的分析和评价还有待深化,文化反思的力度还有待加强等。因此,在祝贺吴静博士第一部学术成果出版之际,诚望她百尺竿头,更进一步,在学术研究上不断刷新,不断有新的学术成果问世。

是为序。

黄瑚
2012 年 7 月于上海

前 言

五四新文化运动是中国现代化进程中的一个特殊阶段，它奠定了中国文化转型的现代化方向，对思想文化领域带来的冲击和存留下来的遗产，成为后人不断挖掘和反复思量的思想宝藏。也正因此，今天依然有众多学者穿越百年回归这场文化盛会去寻找思想中的活水源头。作为一场以重建中国文化和再塑国民性格为中心课题的思想文化变革①，也在文化传播中迎来了中国近代第三次办报高潮，使报刊事业对中国政治和社会生活产生更为深入、广泛和前所未有的巨大影响。

然而，在这个中国新闻业发生革命性变化的重要阶段，就今人所了解的参与新文化运动的传播媒介而言，人们大多只能想起《新青年》、陈独秀、李大钊等是非极为明确的杂志和人物，对那些同样投身于新文化传播，是非评价又常遇尴尬、甚至隐没于历史洪流中的报刊和报人却往往认识有限，对当时的传媒格局更知之甚少。可以这样认为，新文化运动中的传媒史很可能是一段被误读，甚至是被个别“主流”媒介的光芒部分遮蔽，乃至掩盖的历史。如果我们相信真实的媒介画面很可能比“主流”话语的历史阐述更为丰富、多元，那么从某个“非主流”的视角切入对历史进行重新解读则很有必要。

就新文化运动中的媒介格局而言，新闻史家曾虚白曾对那些“主流”以外的传播媒介有所提及：“杂志虽然打了头阵，抢了头功，但是如果没有报纸支持，收

① 高力克：《求索现代性》，浙江大学出版社 1999 年版，第 97 页。

效还是有限"[1],报纸中"立大功的"是"敬陪报纸末座的'副刊'"[2]。后来方汉奇等专家也在介绍五四报刊史时肯定了报纸副刊的积极意义。由此,研究新文化运动中的报纸副刊则为我们重新解读当时的传媒格局提供了可能,也可以成为我们重新认识这一中国传媒重要发展阶段的关键环节之一。

在对新文化运动发挥过积极作用的报纸副刊中,上海《时事新报》副刊《学灯》正是其中的重要代表。第一,《学灯》是最早投入新文化运动的报纸副刊,其成长与运动的深入发展过程基本同步。第二,《学灯》在传播新思潮和新文学领域占有重要地位,它既是"日报采用白话文的先驱"[3],又在新文化运动深入发展的关键阶段推动了新文学运动高潮的到来。第三,《学灯》所在的《时事新报》为研究系所控制,他们是投入新文化运动的又一支重要力量[4]。因此,《学灯》可算是报纸副刊作为新文化运动传播媒介的重要标本,它为我们打开一个全新的窗口,让我们看到除了《新青年》等杂志以外,其他报刊在新文化运动中的独特景观。

由此,本书把目光聚焦于《学灯》并试图考察以下问题:以《学灯》为代表的报纸副刊在新文化运动中以何种形式传播了哪些新思想和新文化?它们为何会有这样的表现?它们对新文化运动究竟产生了什么影响,具有怎样的历史地位?新文化运动中的报刊到底呈现出怎样的媒介格局?

在确定将《学灯》作为主要研究话题后,接下来就面临考虑以什么视角和途径进入这一课题的问题。从作者有限的视域来看,以往学界对《学灯》等报纸副刊的认识大都停留在比较模糊的阶段,而对《学灯》的研究则多以革命史或政治史为分析框架,真正能深度揭示这份副刊的风格状貌和历史地位的研究成果较少。因此,本书试图以中国现代思想启蒙为视角,考察《学灯》在新文化运动中推动中国思想文化现代化的贡献和意义。为还原《学灯》的真实面貌,本书以搜集和分析第一手材料为基础,依靠作者对原始材料的感受和提炼去重新发现和认定史料的价值,力图勾勒出《学灯》等副刊的特征和意义。作为一个媒介史研

---

① 曾虚白:《中国新闻史》,台湾政治大学新闻研究所 1969 年版,第 317 页。
② 同上。
③ 司马长风:《中国新文学史》(上卷),昭明出版社有限公司 1975 年版,第 82 页。
④ 洪峻峰:《思想启蒙与文化复兴——五四思想史论》,人民出版社 2006 年版,第 236 页。

究，本书也试图改变过去文学史、思想史的研究惯例，尝试站在新文化运动中的媒介史的专业立场去解读副刊。同时，为能比较准确、客观地把握《学灯》的历史地位，本书还贯穿了一明一暗两条线索，即在每章中把《学灯》与新文化运动的先锋《新青年》杂志进行同时态对比，以增强论断的可信度和说服力。

基于上述思考，本书尝试分六大部分对《学灯》及新文化运动中的报刊格局进行分析。第一部分为绪论，即从研究价值、问题界定、文献综述和研究方法等方面对论题进行阐述。第二部分为第一章，从外部和内部两方面分析新文化运动的深入发展与《学灯》之崛起的相互关系。第三部分为第二章，从文化本位的角度揭示《学灯》的演变历程和传播内容的主要特征。第四部分为第三章，讨论《学灯》的传播方式及其为新文化运动营造的言论空间，并探讨读、作、编之间的互动关系。第五部分为第四章，以焦点事件为案例剖析《学灯》的基本立场、言论倾向、行动策略及某些局限性。第六部分结语对全书观点进行总结和升华，提出对新文化运动中报刊传播格局的新认识。附件部分是与本书相关的参考资料。附件一为作者根据本书的部分材料撰写发表的学术论文，附件二是《学灯》部分重要启事原文，附件三是张东荪谈关于报刊与舆论的文章，谨供读者参考。

尽管本书试图在研究的某些方面作出突破，但它毕竟源于作者本人的博士学位论文，在研究和撰写过程中受到时间、精力和功力等限制，成稿之时并未达到导师黄瑚教授对这一研究的最初期望和要求，至今看来也尚有诸多疏漏和遗憾。总之，拙著所有不当之处由作者本人负责，同时恳请读者批评、指正。

目　录
CONTENTS

绪　论

一、研究的缘起

回想起九十年前激荡于中国思想文化界的新文化运动,大部分人的脑海中会自然浮现出那些熟悉的名字:陈独秀、胡适、李大钊……假如再提到当年的知名报刊,人们也会毫不犹豫地认为《新青年》等杂志正是五四时期传播新文化和新思想的中心。尽管这些人物和杂志具有无可否认的历史意义,但新思潮的传播,从开始的涓涓细流到后来的巨浪洪波,必定要经历一个复杂的过程,也必定需要许多人和物的共同努力。由此,我们会不禁地发问:除了那些是非极为分明的人或物以外,还有哪些隐没于历史洪流中的报刊和编撰者,曾经在那段非凡的岁月中也同样为五四新文化运动摇旗呐喊?他们在推动新文化运动深入发展的过程中,究竟作出过怎样的贡献?

其实,以往有研究者也曾为回答这个问题提供过零星的线索。中国新闻史专家曾虚白曾提出:"在新文化运动中,杂志虽然打了头阵,抢了头功,但是如果没有报纸支持,收效还是有限。因为报纸天天出版,读者多,只要登高一呼,声势自然很大"①,而在报纸中,"立大功的,不是掌报社大旗的言论栏,而是被认为报屁股,敬陪报纸末座的'副刊'"②。后来的多位研究者,如方汉奇、赖光临等人也都在介绍五四报刊史时肯定了报纸副刊的积极意义。如方汉奇认为:

---

① 曾虚白:《中国新闻史》,台湾政治大学新闻研究所 1969 年版,第 317 页。

② 同上。

"报纸副刊的革新是五四时期新闻工作改革的一个重要方面。它改变了以前报纸副刊的消闲的低级趣味性质，变成介绍新文艺、新思想、新知识，反对封建主义思想文化的重要阵地，有的还在传播马克思主义中作出了重要贡献。"①可见，报纸副刊对五四新文化运动的确作出了不可否认的努力，它们不仅站在了社会舆论的浪尖，也体现了新闻媒介的社会意义。

在对五四新文化运动发挥过积极作用的报纸副刊中，《时事新报》副刊《学灯》可算是其中的重要代表，赖光临就曾经指出，五四时期最著名的副刊是"时事新报的'学灯'"，"为报纸有学术性副刊的创始"②。一般而言，中国新闻史研究的传统观念习惯把五四时期参与过新文化运动的主要副刊归结为"四大副刊"，即《时事新报》副刊《学灯》、《民国日报》副刊《觉悟》、《晨报》副刊（及《晨报副镌》）和《京报》副刊。③ 但是由于《京报副刊》创刊于 1924 年，严格意义上已经不属于五四新文化运动时期，因此不在讨论之列。而其他三份副刊尽管都是支持新文化运动的媒介力量，但它们各自都有某些各自不同的特点，《学灯》的特殊地位和研究价值正在于以下方面。第一，在时间上，《学灯》是最早投入新文化运动的报纸副刊，其成长与运动的深入发展过程基本同步。大部分五四研究专家认为，五四新文化运动起源于 1915 年《青年杂志》的创刊，而《学灯》创刊于 1918 年 3 月，其参与新文化运动比《晨报》副刊和《觉悟》要早得多，而且它诞生、发展及对社会发生重要影响的主要阶段，也正好与新文化运动相吻合，这使它在研究上具有代表性意义。第二，在内容上，《学灯》在宣传新思潮和新文学领域占有重要地位。一方面，它从 1918 年创刊开始就使用白话文，相比"一般的日报采用白话多在一九二零年以后"，可算是"日报采用白话文的先驱"④。而且胡适也认为在 1919 年至 1921 年间，"三个最重要的白话文的机关"正是《学灯》、《觉悟》和《晨报》副刊⑤。另一方面，它所倡导的新文学是新文化运动

① 方汉奇：《中国新闻事业通史》，中国人民大学出版社 2000 年版，第 111 页。

② 赖光临：《中国新闻传播史》，三民书局 1992 年版，第 145—147 页。

③ 冯并：《中国文艺副刊史》，华文出版社 2001 年版，第 176 页。冯并还在"四大副刊"的基础上加上天津的《新民意报》，提出了"四大一系列"的概念。

④ 司马长风：《中国新文学史》（上卷），昭明出版社 1975 年版，第 82 页。

⑤ 胡适：《文学革命运动》，赵家璧主编：《中国新文学大系·（第十集）史料索引》，上海良友图书出版公司 1936 年版，第 18 页。

的重要内容。五四运动以后，早期新文艺的重要刊物《新青年》及《新潮》已不再是新文学的重心，《学灯》、《晨报》副刊、《觉悟》和《少年中国》杂志却继续在新文学领域努力，并迎来了新文学运动的高潮。① 这种对新文学的贡献体现了《学灯》的重要性。第三，《学灯》所在的《时事新报》为研究系所控制，他们是投入新文化运动的又一支重要力量②，而且《学灯》主编张东荪、宗白华等人也是支持新文化运动的知识分子。五四新文化运动是一场以青年学生和知识界为主体力量的思想文化运动③，《学灯》编辑的文化立场正体现了知识分子对新文化运动的引导和影响作用。因此，要考察报纸副刊对新文化运动的贡献和影响，《学灯》可算是重要的标本之一，它可以为我们打开一个全新的窗口，让我们看到除了《新青年》等杂志以外，其他报刊媒介在新文化运动中的独特景观。

由于学界以往对《学灯》等报纸副刊的研究存在一定的局限性，因而大部分人对这些副刊的认识依然停留在比较模糊的阶段。关于它具体刊载过什么内容，如何传播新思想，以及对五四新文化运动究竟作出了怎样的贡献等问题，在笔者所能接触的文献范围内，具有深度的研究成果也比较稀少。究其原因，笔者认为，一方面，当大部分研究者把目光聚焦于《新青年》及其历史叙事④，并赋予《新青年》在宣传新文化的核心地位以后，报纸副刊的历史价值就容易被有意无意地遮蔽；另一方面，也许是因为《学灯》等副刊的个别编辑在某个历史年代曾被贴上意识形态的标签，导致这些副刊在研究工作的次序上被远远排在后面。而笔者认为，在各种新思潮激荡的五四时期，作为新思想、新文化主要载体之一的副刊《学灯》及其编撰者，或许与后来公认的五四主流思想存在着运动策略和理论主张的某些差异，但他们都在为改造中国当时的社会现状寻找出路，都有各自的可取之处。在研究五四时期的报刊时，既要见“异”，更要看到他们在宣传新思潮、改造国民思想上所作的共同努力。这不只是研究方法和立场的不同，还涉及到是否能如实地反映历史本来面貌的问题，涉及到能否正确地对

① 司马长风：《中国新文学史》（上卷），昭明出版社1975年版，第77页。

② 洪峻峰：《思想启蒙与文化复兴——五四思想史论》，人民出版社2006年版，第236页。

③ 陈万雄：《五四新文化的源流》，生活·读书·新知三联书店1997年版，第1页。

④ 王奇生：《新文化是如何“运动”起来的——以<新青年>为视点》，《近代史研究》2007年第1期，第21—40页。

待那些有借鉴意义的思想观点和在历史上发挥过重要作用的报刊和报人的问题。如果不能正确地处理这个问题,将有可能使其成为中国新闻史长卷中的一个遗憾。而且,从中国新闻事业史研究的发展需要来看,“多打深井,多做个案研究”①更是当前这一领域的重要工作。

因此,本论文拟以《学灯》为主要研究对象,考察它在五四新文化运动中所表现出的历史状貌和风格特点,分析以《学灯》为代表的副刊对新文化运动的历史贡献和意义,并试图对五四新文化运动中报刊的作用和地位进行重新解读。因此,本研究要考察的问题是,以《学灯》为代表的报纸副刊在新文化运动中以何种形式传播了哪些新思想和新文化?它们为何会有这样的表现?它们对新文化运动究竟产生了什么影响,具有怎样的历史地位?新文化运动中的报刊到底呈现出怎样的媒介格局?

二、研究对象的界定

题中所涉“报纸副刊”是建立在“副刊”概念之上的一个词语组合。

从中国的报刊发展史来考察,副刊至少出现过四种不同形态,即期刊中的副刊(又称“刊中刊”)、报纸中的副刊(又称“报中刊”)、附属于报纸的一种期刊(又称“报外刊”)和期刊社另出的一种副牌刊物(又称“刊外刊”)。② 但在长期的报刊演变过程中,只有报纸的副刊才被新闻学者作为特殊的报刊形态进行研究。这是因为“刊中刊”与杂志中的栏目难以区别,以致难以普遍存在和长足发展;“刊外刊”和“报外刊”的独立发行性质使之与一般刊物难以区分,更难找到它们深层次的内在规律。而副刊作为报纸中的一种特殊版面,具有相对的独立性和稳定性,不仅在报纸中与新闻、评论、广告并列具有举足轻重的地位,而且也具备自身的发展、演变规律。③ 因此,以“副刊”指代报纸中一种特殊版面的作用就被长期固定下来。

---

① 方汉奇、曹立新:《多打深井多做个案研究——与方汉奇教授谈新闻史研究》,《新闻大学》2007 年第 3 期,第 1—4 页。

② 姚福申、管志华:《中国报纸副刊学》,上海人民出版社 2007 年版,第 12—13 页。

③ 同上书,第 15 页。

据记载,中国的报纸副刊最早出现于 1897 年(清光绪二十三年)11 月 24 日,上海《字林沪报》出版成为"附张"的《消闲报》,并随报附送。① 副刊的名称也先后多有变迁,如较早的"文苑"、"丛载"、"余录",后来的"谐部"、"说部"、"附章"、"附页"以及"文艺栏"、"文艺版"、"报尾巴"甚至"报屁股",到五四以后,则相对稳定为"副张"、"副镌"和"副刊"。② 从这些历史名称可以窥见副刊本身所具有的丰富性和多样性,而人们在副刊概念上的分歧,则主要源于对历史发展过程中副刊的存在形式和基本功能的不同理解。

为了概括近代以来报纸副刊的多种形态,中国内地和台湾研究者都对副刊定义进行过归纳,虽然他们对历史发展过程中副刊的存在形式和功能有不同理解,但对副刊特征的基本认识则大致相同。③ 为了保持概念使用上的一致性,本文沿用 1999 年新修订的《辞海》上的"副刊"定义:

报纸上刊登文艺性、知识性、学术性文章的固定版面。每天或定期出版,多数有专名。④

结合五四新文化运动中的报纸副刊形态,《辞海》提出的概念大致能够涵盖这些副刊在内容和出版周期上的基本特征,较之其他的概念表述也更为清晰明确,因此可以作为本研究对"副刊"概念的界定。

题涉"五四新文化运动"是笔者反复提及的概念,因此,如何界定它的基本内涵和时间截点是进入本研究之初需要解决的另一个主要问题。

在本文中,笔者赞同周策纵、高力克等人的观点,把新文化运动看成是中国近代史上最重要的一场思想启蒙和思想解放运动。⑤ 从具体语词含义来看,中文里面的"启蒙"一词有泛指和特指两种含义。泛指,意为"教育童蒙,使初学的人得到基本的、入门的知识"。⑥ 特指时一般指涉"启蒙思潮"或"启蒙运动",其本意源于 18 世纪欧洲的思想变革运动,按照康德的经典论述,"启蒙"是借理性的自由运用而脱离不成熟的状态,即自由精神在信仰、知识和政治诸方面展开

---

① 辞海编辑委员会编著:《辞海》(1999 年版缩印本),上海辞书出版社 2007 年版,第 228 页。
② 冯并:《中国文艺副刊史》,华文出版社 2001 年版,第 2 页。
③ 姚福申、管志华:《中国报纸副刊学》,上海人民出版社 2007 年版,第 14—18 页。
④ 辞海编辑委员会编著:《辞海》(1999 年版缩印本),上海辞书出版社 2007 年版,第 228 页。
⑤ 耿云志:《五四新文化运动的历史地位》,《中国文化研究》1999 年第 4 期,第 8—11 页。
⑥ 辞海编辑委员会编著:《辞海》(1999 年版缩印本),上海辞书出版社 2007 年,第 1906 页。

的过程。[①] 后来，这个词也被扩展理解为“通过宣传教育，使社会接受新事物而得到进步”。[②] 高力克明确提出：“新文化运动是一场以欧洲启蒙运动为蓝本的思想变革运动”。[③] 也就是说，五四新文化运动本质上强调从思想、文化领域使人脱离蒙昧而达致成熟的状态，主要作用于人的心理结构和精神信仰等文化的最深层面。

在时间截点方面，笔者基本沿用中国思想界的普遍观点，把1915年《青年杂志》的创办视为“五四新文化运动”开始的标志，[④]在时间的延续上，以1923年《新青年》成为中国共产党机关刊物和“科玄论战”为运动结束的标志。[⑤]

之所以在“新文化运动”前冠以“五四”之名，主要是因为以下几个方面的考虑。第一，要把这场运动与清末新学引起的启蒙运动相区别。伍启元在1934年出版的《中国新文化运动概观》中把中国的新文化运动概括为三个阶段，即：鸦片战争以后“中国旧文化的衰落期”，由康、梁所带动的清末民初“新文化运动的启蒙时期”以及五四前后的“新文化运动的全盛时期”。[⑥] 因此，有必要以“五四”来明确这场运动的时代特征。第二，1919年五四事件的发生，把这一时期的新文化运动推向了高潮。亲身经历了这场运动的周作人曾经这样回忆道：“正因为了那一次轰动全国的事件，引动了全国的视听，及至事件着落之后，引起了热情变成为新文化运动”。[⑦] 因此，“五四”的冠名能够表明这场新文化运动的主要阶段。第三，虽然周策纵认为这一时期的新文化运动自有其主流[⑧]，但在1915—1923年之间，由于意识形态的分歧尚未以一定的组织形式出现，因此知

---

① 康德著，何兆武译：《历史理性批判文集》，商务印书馆1990年版，第22页。

② 辞海编辑委员会编著：《辞海》（1999年版缩印本），上海辞书出版社2007年版，第1906页。

③ 高力克：《五四的思想世界》，学林出版社2003年版，第11页。

④ 周策纵、余英时、金耀基、史华兹、汪荣祖、李慎之等多位史学家持类似的观点。

⑤ “1923年，创办于1915年而作为启蒙之思想路标的《新青年》杂志，在上海改刊为中国共产党的机关刊物。同年，知识界发生‘科学与人生观’论战，凸显了现代中国自由主义、文化保守主义和马克思主义对立冲突的意识形态格局。这两个事件，表征着启蒙运动的分裂和历时八年的新文化运动的落幕”。见高力克：《五四的思想世界》，学林出版社2003年版，第275页。

⑥ 伍启元：《中国新文化运动概观》，黄山书社2008年版，第4页。

⑦ 周作人：《知堂集外文·四九年以后》，岳麓书社1988年版，第27页。

⑧ 周策纵：《五四运动——现代中国的思想革命》，江苏人民出版社2005年版，第5页。

识界依然能够保持一个相对自由的局面[①],这种自由讨论比较符合新文化运动作为思想启蒙的基本定位。第四,从副刊的自身发展情况来看,《学灯》闻名于知识界并对新文化运动产生的重要推动作用,也主要是在这一段时期内发生的。

因此,本研究以"五四新文化运动"为题,目的是为了明确时代特征,并突出研究对象的状貌风格和在思想文化上的表现。需要说明的是,这种时间上的划分并不是一个严格的时间界限,而更多着眼于五四新文化运动的文化、思想和精神内涵,并以此来确定研究对象的范围。

由于本文的研究对象在以往的研究中受到不同程度的忽略和遮蔽,因此笔者并不打算把五四新文化运动这个研究背景单纯附上"科学"与"民主"等既定的价值,而是将其看成知识界多元文化的综合创新。[②] 因此,从这个意义上理解的五四新文化运动,就不仅仅是由《新青年》和少数几个知识分子引导的运动,而是由许多不同的报刊等传播媒介和知识分子对新文化事业的集体投入和对主导媒介的认同而共同构成。[③] 所以,本研究也正是希望从这个意义上来考察参与运动的报纸副刊,并以最具代表性的《学灯》作为例子,从而对它们在新文化运动中的历史地位作一个基本的评价。

三、关于本论题的研究综述

(一)五四新文化运动中报纸副刊的研究

对于五四新文化运动中的报纸副刊,以往的研究成果已经为笔者的进一步探索提供了必要线索。但就笔者所能涉猎的文献范围来看,其总体研究现状是:概括、介绍性文章较多,研究深度不足,个案研究不平衡,针对《学灯》的研究非常缺乏。

---

① 彭鹏:《研究系与五四新文化运动——以1920年前后为中心》,中山大学出版社2003年版,第54页。

② 王东:《五四新文化运动若干问题辨析》,《哲学动态》1999年第4期,第36—39页。

③ 彭鹏:《研究系与五四新文化运动——以1920年前后为中心》,中山大学出版社2003年版,第55页。

在民国时期的新闻史著述中,涉及五四新文化运动中报纸副刊的内容较少,即便有也大多是内容雷同的简单记载。新闻史学家戈公振在《中国报学史》中对这些副刊只提过一句①。据笔者查证,胡道静在1927年出版的《中国的新闻记者与新闻纸》中的"新文化运动与副刊"一节,是针对该论题的较早记述。②在书中,胡道静简单忆述了新文化运动中《晨报》副刊、《时事新报》副刊《学灯》和《民国日报》副刊《觉悟》的基本情况,肯定了三份副刊的功绩。在1935年出版的《上海新闻事业之史的发展》中,胡道静对《学灯》和《觉悟》一笔带过,但提出报纸副刊的改革和进步是新文化运动的产物。③ 后来,在台湾出版的中国新闻史著述也有对五四新文化运功中的副刊进行简单介绍,主要观点与胡道静的基本一致。④ 值得注意的是,台湾新闻史学者赖光临曾提出各份副刊的主要特点:当时最著名的副刊是"时事新报的'学灯'","为报纸有学术性副刊的创始";"民国日报的'觉悟'","注重思想的指导,对封建势力作有力抨击";"北京晨报的'副镌'","属综合性质,冶知识与娱乐于一炉"。⑤

1949年以后,中国内地对新文化运动中报纸副刊的最早研究当推1959年出版的《五四时期期刊介绍》。这本资料整理集由当时的中共中央马克思、恩格斯、列宁、斯大林著作编译局研究室编写,研究人员阵容较大,介绍了五四运动和中国共产党成立时期的160余种报刊的基本情况。其中对《学灯》、《晨报》副刊和《觉悟》三份副刊的主要内容都分别进行了比较详尽的整理,是后人了解这些报纸副刊的重要资料。但是,由于当时受到政治思潮的影响,这本资料整理集对一些副刊的评价存在偏差(如《学灯》,容后详述),也影响了后来的研究者对这些副刊的客观认识和全面理解。此后,新闻史学界对该论题的研究一度

---

① "欧战以后,一切社会制度,皆入于怀疑之状态,此后须另觅新知识,为生活之指导,于是报纸上时见讨论学问之文。"见戈公振:《中国报学史》,中国新闻出版社1985年版,第200页。

② 胡道静:《民国丛书(第三编41)文化、教育、体育类:中国的新闻记者与新闻纸》,上海书店1927年版,第31—34页。

③ 胡道静:《上海新闻事业之史的发展》,上海通志馆1935年版,第54页。

④ 赖光临:《中国新闻传播史》,三民书局1992年版,第145—147页;赖光临:《七十年中国报业史》,(台湾)中央日报社1981年版,第62—64页;曾虚白:《中国新闻史》,台湾政治大学新闻研究所1969年版,第329页。

⑤ 赖光临:《中国新闻传播史》,三民书局1992年版,第145—147页。

沉寂。

最近三十年来,学界对新文化运动中报纸副刊的研究热情有了较大幅度的提高,但也呈现出较明显的个案研究不平衡现象,对《学灯》的研究非常缺乏。

一方面,近年出版的中国新闻事业通史,如方汉奇的《中国新闻事业通史》、吴廷俊的《中国新闻史新修》、黄瑚的《中国新闻事业发展史》、李彬的《中国新闻社会史》、陈昌凤的《中国新闻传播史——媒介社会学的视角》和刘家林的《中国新闻通史》都在"新文化运动中报刊业务改进"一目中对这些副刊作了基本记述;而新近出版的副刊专著,如姚福申的《报纸副刊学》、冯并的《中国文艺副刊史》和陈昌凤的《蜂飞蝶舞:旧中国著名报纸副刊》,其中有关《学灯》、《晨报》副刊和《觉悟》的部分观点尽管是总结了前人的研究成果,但他们对新文化运动中其他副刊的相关研究,也有益于后人增加对这些副刊的了解。此外,还有多篇对"四大副刊"进行总体评价的论文,观点与《五四时期期刊介绍》中的相关内容并无二致,在此不作详述。

与此同时,这些新闻通史和副刊史已经对新文化运动中报纸副刊的某些问题达成共识。首先,大部分研究者认为由《新青年》发起的新文化运动是五四时期报纸副刊改革的主要动因。① 第二,从副刊改革后的内容来看,大部分著作倾向于从整体概括其特点,如"以宣传新思潮,新文化相标榜,形成五四时期副刊综合性的新特点"②。第三,大部分学者肯定报纸副刊对五四时期新文化运动的积极作用,如方汉奇、宁树藩、曾虚白等人就持类似观点,方汉奇认为,报纸副刊已经改变了以前消闲的低级趣味性质,变成介绍新文艺、新思想、新知识,反对封建主义思想文化的重要阵地。③

另一方面,从个案研究来看,近年来有关五四新文化运动中报纸副刊的研究成果大部分集中在《晨报》副刊,学者们对《学灯》和《觉悟》的关注极少。最近几年,无论是新闻史研究者还是文学研究者,都在《晨报》副刊研究上获得了

① 冯并:《中国文艺副刊史》,华文出版社 2001 年版,第 175 页。

② 同上书,第 176 页。

③ 见方汉奇:《中国新闻事业通史》,中国人民大学出版社 2000 年版,第 111 页;曾虚白:《中国新闻史》,台湾政治大学新闻研究所 1969 年版,第 317、329 页;宁树藩:《中国近代报刊的业务演变概述》,《新闻大学》1981 年第 1 期,第 84—90 页。

较大进展，他们大多围绕《晨报》副刊的内容及其编撰人展开研究，并深入阐释这份副刊的历史意义。有关《晨报》副刊研究的单篇论文和学位论文非常多，其中以樊亚平发表的系列论文和张涛甫根据博士论文为蓝本出版的专著《报纸副刊与中国知识分子的现代转型——以 <晨报> 副刊为例》为主要代表。张涛甫的专著以《晨报》副刊历任编辑为线索，分析并概括在不同编辑时期《晨报》副刊的特征和贡献，阐述副刊为现代知识分子转型提供公共空间的历史意义。但是，在《晨报》副刊研究进行得热火朝天的同时，关于《学灯》或《觉悟》的成果却非常稀少。笔者在期刊网上能查到有关《觉悟》的少量研究，至于《学灯》的研究则几近冷清。在中国期刊网的文献资料数据库中进行检索，以"《学灯》"为主题或标题的单篇文章或学位论文数仅为有限几篇，在研究精力和资源的投入上表现出明显的不平衡现象。

由此可见，尽管《学灯》的重要性已经得到后人的认可，但相关研究工作却非常滞后，学界对它的认识也相当模糊。因此，这种历史意义与研究现状之间的反差，使笔者认为有必要对《学灯》在新文化运动中的重要贡献和历史地位进行深入的分析研究。

（二）《时事新报》副刊《学灯》研究

从笔者所能搜集到的文献来看，专门针对《学灯》进行比较详细分析的论文主要有以下几篇。

在 1959 年出版的《五四时期期刊介绍》有关《学灯》的篇章中，丁守和等主要作者虽然也看到了《学灯》在新文化运动中的特殊地位，但对它的评价贬多于褒，这种观点也在一定程度上影响了后来研究者对《学灯》的基本判断。在文章中，他们简单介绍了《学灯》的出版情况，并从批判的角度解读《学灯》在新文化运动中的多次讨论活动，主要结论为："'学灯'虽然标榜宣传新思潮，实际上是反动的，属于新文化运动的右翼。"①而且他们还提出，《学灯》"质量比'晨报'副刊差得多，和'民国日报'的副刊'觉悟'更不能比"，②但没有对这种说法进行论证。在此后的较长一段时间里，这篇文章曾经对新闻史研究产生过重要影

① 中共中央马克思恩格斯列宁斯大林著作编译局研究室编著：《五四时期期刊介绍》第 1 集上册，生活·读书·新知三联书店 1979 年版，第 183 页。

② 同上书，第 271 页。

响，后来出版的不少新闻史或副刊史在评价《学灯》的时候，无论从史料上还是观点上都基本没有超出它的范围和基调。

直到最近10年出版的新闻史和副刊史才逐步扭转以往对《学灯》的态度，开始关注这份副刊的正面意义。方汉奇在2000年出版的《中国新闻事业通史》中提出《学灯》的特点是："初期着重评论学校教育和青年修养。五四运动以后，加强西方文化和科学知识的介绍，积极宣传新思潮。发表不少研究社会主义和马克思主义的文章"，"这个副刊还登载了郭沫若、张闻天等作家早期的文艺作品。它曾是传播新文化的一个重要阵地。"①

历史学博士彭鹏在论文《研究系与五四新文化运动——以1920年前后为中心》中有关《学灯》的研究可算是比较深入、客观的一个。彭鹏的这篇论文以研究系在五四前后创办的报刊为中心，透视研究系与新文化运动的关系，其中有关《学灯》的章节介绍了《学灯》在1919—1920年间的表现，提出"《学灯》在五四后名重一时，一方面和他在内容上较多地介绍西方哲学、文化科学学说有关，另一方面，它对新文艺的扶持，对于近代文学的贡献也是引人注目的"。②该篇论文虽然着重讨论研究系与新文化运动的关系，但它对《学灯》的分析和对研究系的解读，给予笔者不少启发。

朱寿桐的论文《 <学灯> 与"新文艺"建设》则主要从文学的角度介绍了《学灯》对新文艺的贡献，但新材料较少，论证也不很充分。其实，研究中国现代文学的学者大都对《学灯》有一定认识，其原因是郭沫若在一些重要回忆录和文稿中忆述了《学灯》对他在文学创作上的特殊意义。此外还有几篇简述性文章在此不作介绍。

从以往的总体情况看，学者们对《学灯》比较忽视，但已有的成果体现了前人对这份副刊的认识过程，也为现在的研究提供了重要依据和必要基础。而前人对《学灯》等副刊的研究依然存在一定的局限性，主要表现在以下两个方面。

第一，以革命化话语为主导的研究忽视了媒介发展史的丰富性和复杂性。

---

① 方汉奇：《中国新闻事业通史》，中国人民大学出版社2000年版，第116页。

② 彭鹏：《研究系与五四新文化运动——以1920年前后为中心》，中山大学出版社2003年版，第172页。

由于学术界在较长一段时间里受到革命化范式的影响①,以往不少学者在研究五四新文化运动中的副刊时,便很自然地把革命化的是非标准看成是评价副刊的唯一准则。具体表现为,研究中过分强调五四时期报纸副刊的革命化倾向,以致对某些报刊或人物的评价与事实有一定出入。而且,受到早期"极左"思潮的引导,以往研究中对报纸副刊的左、右翼划分一直影响着后来的研究者。尽管最近10年来不少学者的态度已经有了明显转变,但由于相关研究没有及时跟进,导致学界对《学灯》等副刊的认识和评价依然停留在比较模糊的阶段。虽然从革命化的视角进行研究能够在一定程度上揭示某些副刊的部分特质,但这种比较单一的研究视角却易于忽略五四新文化运动中报纸副刊在出现和变化过程中所呈现的复杂性,内涵丰富的媒介史可能由此被简单化、模式化地处理。

更重要的是,五四新文化运动是近代中国一场伟大的思想启蒙运动,它对国家和民族的重要影响是难以估量的。因此,我们在肯定这段历史的同时,也不应该忽视甚至扭曲在当时曾经参与过这场运动并为之付出努力的人和事,以及对他们作出客观的评价。历史应该公正地为他们留下真实的一笔,对待《学灯》的态度也同样应该如此。新闻史学者姚福申就曾经说过:"过去由于政治原因,一些学术文章对《学灯》的价值评估有故意贬低的倾向,不够公允,应予纠正"。② 事实上,近年来一些研究者已经开始抛弃陈旧的研究框架,并试图从新闻事业发展本身的立场来评价五四新文化运动中的报纸副刊。可以说,多样化的研究视角应该会成为今后该领域的发展方向。

第二,在研究方法上,缺少比照的视野和比较的方法。

在方法上,以往关于五四新文化运动中报纸副刊的研究存在着两种倾向:一种是把几份副刊捆绑在一起评价,突出副刊的共性却导致个性模糊;另一种是注重对某份副刊进行孤立的考察,只见"树木"却不见"森林"。出现这种现象的原因,往往是因为研究者在思路和方法上缺乏比照的视野或比较的方法,尤其是忽视报纸副刊与新文化运动中的主导杂志之间进行同时态的比对。其结果是,导致研究成果难以对这些报纸副刊的贡献和历史地位作出比较客观、

① 李彬:《中国新闻社会史(1815—2005)》,上海交通大学出版社2007年版,第89页。

② 姚福申、管志华:《中国报纸副刊学》,上海人民出版社2007年版,第103页。

准确的评价。另外,从材料来看,已有的研究为本论题提供了重要的参考和基础,但就实质而言,其中大部分成果较少深入挖掘第一手材料,对材料的评价分析也缺乏较强的解释力。

四、研究思路及研究方法

基于以上分析和思考,为了开拓《学灯》这份在新闻史研究中长期被忽略或误解的重要副刊,追溯五四新文化运动中报纸副刊被部分掩盖的历史面貌,并在前人成果的基础上有所创新,本研究希望在以下几方面作出尝试。

第一,本文的分析视角不同于以往《学灯》研究中看到的革命史或政治史的分析框架,而是站在中国思想文化现代化的角度,把五四新文化运动看成一场思想启蒙运动,从而考察《学灯》等副刊在推动现代中国思想文化现代化过程中的贡献和意义。

第二,在研究立场上,本文试图始终站在媒介史的立场对副刊进行研究。过去,报纸副刊是文学研究者的一个重要研究领域,他们大多从文学理论或文学史的角度对副刊及其文学作品进行分析。为了在新闻史、文学史和思想史之间进行必要的区分,笔者在进入本研究之初就不断廓清研究立场,并努力从五四新文化运动中的媒介传播史的立场去解读《学灯》等副刊。

第三,在材料上,本研究试图在认真研读第一手材料的基础上,打破以往研究五四新文化运动报刊时按照既定思路选择材料的方式,依靠笔者对原始材料的感受和提炼去重新发现和认定史料的价值,力图重新勾勒出《学灯》等副刊的状貌特征和历史意义。

第四,在研究内容上,本论文不仅关注报刊中的文本内容,还强调对报刊的历史文化背景、编辑、作家和读者相结合的研究。从新闻专业的角度来说,副刊研究不能仅限于报刊的文本内容,这是因为副刊的生成需经历一个从编辑、创作、发行到读者的复杂过程,具有明显的集体化和社会化特征,这就要求在研究时需要兼顾报刊文本和外部环境的双重因素。

基于研究需要,本文主要采用质化的研究方法,具体方法如下:

（一）个案研究法

选择《学灯》作为五四新文化运动中报纸副刊的典型代表进行深入考察，全面分析其详细状况和发展过程，是笔者采用的主要研究方法。在讨论《学灯》的文化本位、公共论坛和渐进式启蒙等问题时，笔者也有意识地选择了这份副刊在投入新文化运动中的典型事例进行分析。

（二）文本分析法

对五四新文化运动中的报刊文本进行深入解读，也是本研究的重要研究方法。笔者一方面是仔细阅读《学灯》等报纸副刊上刊载的基本内容，特别注意副刊编辑对刊物定位和办刊方式的阐述，以及报刊对新文化运动中焦点话题的相关讨论，深度解读其内涵和意义，辨析《学灯》对新文化运动的基本立场。另一方面，笔者还对《学灯》的传播方式，如栏目、版面、公共讨论、图片等进行深入分析，并试图挖掘编辑与作者、读者之间的互动关系和思想碰撞。

（三）比较分析法

比较分析法是贯穿整篇论文的研究方法。为了能够比较明确地勾勒和表现《学灯》在五四新文化运动中的贡献和历史地位，本文在研究过程中还把《学灯》与被公认为新文化运动宣传核心的《新青年》杂志进行同时态对比。此外，在讨论《学灯》的特征和历史地位时，笔者也把《晨报》副刊和《觉悟》作为比照对象，试图比较全面、客观地对《学灯》进行评价。

第一章

五四新文化运动的深入与《学灯》的崛起

从《新青年》杂志的冲锋陷阵到报纸副刊共同投入新文化传播，五四新文化运动随着传播工具的不断扩充发展，也逐渐地走向更广泛的受众群体。新文化运动对传播媒介的选择和兼容，是运动本身深化发展的需要，也是报刊在特定历史条件下兼顾自身特性的必然选择。而《学灯》作为参与新文化运动副刊中的重要代表，它的出现和在运动中的突出表现，则与研究系在遭受政治挫败后的文化意欲和努力有着密切关系。

第一节　副刊的参与是新文化运动深入发展的需要

报纸副刊参与五四新文化运动并不是一种偶然现象，而是副刊呼应时代的重要表现和中国报业发展到五四时期的历史选择。《新青年》创刊拉开了新文化运动的序幕，对中国现代思想启蒙具有开创性意义，但运动早期阶段存在的种种问题也呼唤新的传播媒介加入支持新文化运动的队伍。正在这时，日报以多种传播优势成为新文化运动扩大影响的理想传播工具，而最终选择副刊投入思想文化革新，更是报纸在权衡各种内外因素后作出的历史选择。

一、早期新文化运动的功绩与问题

（一）《新青年》的开创性功绩

1915年9月，《青年杂志》创刊，1916年9月易名为《新青年》。这份杂志坚决反对封建道德和封建迷信，明确提出了"民主"和"科学"的口号，掀起了对中国现代史产生深远影响的文化革新和思想启蒙运动，成为新文化运动开始的标志。《新青年》对新思想的积极传播，为新文化运动最初的开展营造了必要的舆论环境，对现代报刊从内容到形式的革新具有启发性的意义。

从方汉奇等学者的大量研究成果来看，《新青年》在五四新文化运动中的开创性意义主要体现在以下几个方面。

首先，《新青年》通过一连串的批孔运动和抨击封建迷信现象，率先批判了封建君主专制思想和伦理道德，阐明了追求民主和自由的政治伦理观念。虽然这些批判中存在某些偏激的因素，但它们最早触及桎梏人们心灵的枷锁，是新文化运动前期最为突出的思想启蒙和文化革新。

民国初年，袁世凯和之后的北洋军阀政府一度为复辟封建帝制大造舆论，掀起以鼓吹孔教为目的的尊孔运动。袁世凯死后，掌握政权的北洋军阀依然希望以孔教作为维护封建统治的工具。段祺瑞就曾公开支持保留《天坛宪法草案》中关于"国民教育以孔子之道为修身大本"等尊孔条文；当时的孔教头目陈焕章等人，也在1916年9月又向国会提出"请定孔教为国教"的意见书。① 面对这样的现实，《新青年》发表了一系列文章猛烈地抨击了这股复古潮流，如《敬告青年》、《一九一六年》和《吾人之最后觉悟》等。这些文章反对以孔教维护封建统治的做法，力倡追求自由和解放。

在《青年杂志》第1卷第6号和《新青年》第2卷第1号上，易白沙发表《孔子平议》，打出了《新青年》批判孔教的第一枪。此后，陈独秀对孔教发起进攻，从《新青年》第2卷第2号至第3卷第6号，先后发表《驳康有为致总统总理书》、《宪法与孔教》、《孔子之道与现代生活》、《袁世凯复活》、《旧思想与国体问

① 方汉奇：《中国新闻事业通史》，中国人民大学出版社2000年版，第5页。

题》和《复辟与尊孔》等文章，展开了一场激烈的反孔运动。在这些文章中，陈独秀尖锐地指出了中国共和立宪失败的根本原因，在于国民缺乏相应的思想基础，以孔学为核心的封建传统思想阻碍了人们客观地认识世界和生活。陈独秀还通过激进的言词，鼓励青年人与禁锢人们头脑的封建儒家思想作斗争。《新青年》反封建的号角打破了思想界的沉寂，得到了社会上一些读者的回应。《新青年》在通信栏展开了对孔教问题的讨论；1917 年初，四川名宿吴虞向陈独秀写信并寄稿支持批孔运动；1918 年 5 月，鲁迅在《新青年》发表第一篇白话文小说《狂人日记》，以文学创作的形式批判封建礼教。"《新青年》的批孔运动，拉开了五四时期反对封建文化思想和新文化运动的序幕"。①

在反对封建专制的同时，《新青年》还大力提倡民主和科学观念，与封建迷信思想作斗争。辛亥革命失败后，中国社会出现了一些扶乩降坛、神鬼附言的怪现象。1917 年至 1918 年间，上海中华书局陆费逵等人开设"盛德坛"，组织"上海灵学会"，大肆宣扬"鬼神之说不张，国家之命遂促"谬论，并出版刊载各种扶乩和神怪"灵学"文章的《灵学丛志》。《灵学丛志》中刊载了不少关于欧战、俄国革命及国家大事的"判词"，散布所谓"先圣遗训"，实则以鬼神宣传欺骗群众。更甚的是，灵学会还为他们的迷信宣传披上"科学"的外衣，并通过各种手段迷惑人心，他们声称："最近欧美研究斯学者，日新月盛，英哲格罗芬氏谓二十世纪将有极大极要发明，而人类从兹进一解，即指是也"。②

针对灵学会这种蛊惑人心的迷信现象，《新青年》的编辑部成员承担起反封建迷信的任务，发表了大量批判"灵学"、反对鬼神论的文章。其中有理科教授陈大齐、王星拱、刘叔雅等人以科学知识和科学道理解释了扶乩现象，介绍西方所谓"灵学"史，揭开了灵学派所谓"科学"的虚伪外衣；钱玄同、刘半农等人则凭借其在文字学和音韵训诂学方面的特长，揭露盛德坛大搞先秦诸子临坛作诗的虚伪面目；陈独秀、鲁迅都以雄辩和犀利的笔锋批判并讽刺灵学派的鬼神论。③ 这次对灵学派的批判，有力地宣扬了真正的科学精神和科学知识，对当时社会文化意识的进步产生了积极作用。

---

① 方汉奇：《中国新闻事业通史》，中国人民大学出版社 2000 年版，第 7 页。

② 转引自方汉奇：《中国新闻事业通史》，中国人民大学出版社 2000 年版，第 15 页。

③ 方汉奇：《中国新闻事业通史》，中国人民大学出版社 2000 年版，第 15 页。

在这一阶段，大张旗鼓地开展白话文运动和文学革命是《新青年》另一个开拓性的功绩。胡适是这一时期文学革命的最早倡导者。1917 年 1 月，胡适在《新青年》第 2 卷第 5 号首先发表《文学改良刍议》，提出文学改良的“八不主义”：“一曰须言之有物，二曰不模仿古人，三曰须讲求文法，四曰不作无病之呻吟，五曰务去滥调套语，六曰不用典，七曰不讲对仗，八曰不避俗字俗语。”①随后，陈独秀当即在《新青年》第 2 卷第 6 号发表《文学革命论》对胡适的观点表示支持。在文章中，陈独秀提出了彻底反对旧文学的三大主义，即“曰，推倒雕琢的、阿谀的贵族文学，建设平易的、抒情的国民文学；曰，推倒陈腐的、铺张的古典文学，建设新鲜的、立诚的写实文学；曰，推倒迂晦的、艰涩的山林文学，建设明了的、通俗的社会文学”②。胡适、陈独秀二人的文学革命理论，对当时文学观念和思想文化的启蒙起到了先锋作用，“突破了清末白话文的局限，即把原来白话文只是为了便于向下层群众进行宣传，尚不足登大雅之堂的附庸性质，一下提高为正宗地位”③，意义重大，影响深远。为扩大文学革命的影响，《新青年》在 1918 年第 4 卷第 3 号还导演了一出“双簧戏”，由钱玄同化名为王敬轩致信《新青年》反对文学革命，再由刘半农撰《答王敬轩》痛斥其反对理由，引起了学术界的注意。

在文学革命思潮的影响下，《新青年》在理论争鸣和文学实践方面也展开了初步的尝试。文学革命首先带动了对外国文学作品的翻译。尽管在新文学开始广泛试验以前，《新青年》上的文学翻译作品还是较少，但也显示了文学革命者的初步努力。当时翻译的主要作家作品有屠格涅夫的《春潮》、《初恋》，王尔德的剧本《意中人》，梅里尔的短剧《琴魂》，莫泊桑的小说《二渔夫》等等。1918 年以后，新文学开始进入全面试验阶段，《新青年》从第 4 卷第 1 期开始刊载新诗，胡适、刘半农、刘大白、沈尹默、周作人、陈衡哲等“新文学的第一代诗人开始登上历史舞台”④。与此同时，鲁迅在《新青年》上发表的白话文小说和随感录，

---

① 胡适：《文学改良刍议》，《新青年》1917 年第 2 卷第 5 期。

② 陈独秀：《文学革命论》，《新青年》1917 年第 2 卷第 6 期。

③ 方汉奇：《中国新闻事业通史》，中国人民大学出版社 2000 年版，第 12 页。

④ 张涛甫：《报纸副刊与中国知识分子的现代转型——以＜晨报＞副刊为例》，广西师范大学出版社 2007 年版，第 25 页。

成为反封建专制的武器和文学革命的里程碑。其中,《狂人日记》是鲁迅在《新青年》发表的第一篇白话文小说,是新文学的重要标志;而《我之节烈观》、《我们现在怎样做父亲》等随感录"为五四后报刊上文艺杂文的发展奠定了基础,也为白话文的普遍应用提供了光辉的典范"①。此外,《新青年》从第4卷(1918年)开始使用白话文和新式标点符号,对新文化运动中开白话文的风气发挥了重要作用。在《新青年》的影响下,报刊白话文的潮流迅速扩大,带动了报刊的语言改革。1919年后,白话报刊空前发展,"有人估计,这一年之中,至少出了400种白话报"②。

(二)早期新文化运动存在的问题

以《青年杂志》创刊为标志的这场新文化运动,到1918年前后《新青年》与北京大学相结合,已经发展到一个更为热烈的新阶段。但是,作为各种新思想主要载体的《新青年》杂志在早期宣传新文化运动的过程中,也暴露了一些为当时新文化界人士和后来的研究者所察觉到的主要问题。而且当时的知识分子已经敏感地认识到,这些问题的存在很可能会影响新文化运动的深入发展。

理论解释上的简单化和对西方思潮缺乏学理上的考察,是《新青年》在传播新文化时的主要问题。在新文化运动初期,《新青年》毫无疑问地成为了发起运动的急先锋,但由于这份杂志更多地着眼于制造震撼人心的轰动效应从而引起读者的关注,因此在理论建设和深入讨论方面就有所欠缺。比如,虽然胡适的《文学改良刍议》提出了白话文运动的主张,陈独秀的《文学革命论》应声附和。但据文学史家看来,无论是胡适提出的"八事"还是陈独秀的"三大主义",都不是仅仅使用白话文就能解决的问题,且《新青年》上主张文学革命的文章,大都观点过于简单化,缺乏透辟分析。③ 而且,以《新青年》为中心的讨论在当时还并不太重视理论上的建设,对西方思潮的输入也以分散、零碎的片断为主,缺乏比较系统的理论介绍。比如"民主"一向被认为是《新青年》倡导的精神核心,但金观涛、刘青峰等学者通过对这本杂志中"民主"一词的量化研究,发现《新青

---

① 冯并:《中国文艺副刊史》,华文出版社2001年版,第175页。

② 胡适:《文学革命运动》,阿英编选:《中国新文学大系·(第十集)史料索引》,上海良友图书出版公司1936年版,第18页。

③ 于根元:《中国现代应用语言学史纲》,中国经济出版社2005年版,第41页。

年》同人对西方民主观念的理解就存在较大分歧，并显示出思想上的不成熟。①当时已为上海著名哲学家的李石岑在1920年已经看到了运动中存在的问题："然同时随附发生一种现象，即思想之浅薄是已。由浅薄之思想，而对于一切道德、宗教、政治、法律，或不免加以种种无识之解释"。② 学者周策纵也曾就此问题作出评价：

"五四"时期新知识分子对于从国外输入的新思想又过于轻信。虽然他们也声言要进行批判的研究，但在事件中却做得很不够。他们往往大谈空泛的"主义"，而对其内容却没有作认真细致的考察。结果，尽管有一些要防止不清楚的思想的告诫，但他们对于西方思想仍是常常含混不清地要么大力提倡，要么全盘否定。这或许是任何一个群众性思想转变过程初期的一种自然现象。③

与此同时，《新青年》从思想文化向社会政治批判方面的较早转向，也有可能导致思想文化启蒙在继续开展过程中出现空档。《新青年》初创时以改造思想文化为主要目标，并不以政治为业。1915年，陈独秀就提出"本志之天职"为"改造青年之思想，辅导青年之修养"，"批评时政，非其旨也"④。虽然后来的实践也曾经逾越这一宗旨，但到1918年《新青年》成为同人轮流主编的刊物后，编辑部又再约定《新青年》"不谈政治"，主张从教育、思想、文化等方面破旧立新，防止刊物被军阀政客利用。⑤ 在"不谈政治"方针的指导下，《新青年》在1918年一度取消了时政专栏和针砭时弊的论文而集中介绍和讨论西方的思想文化和新文艺。虽然到1918第4卷时，刊物销路仍然"不大佳"⑥，但它对思想文化的努力却是实质性的。但是，从1918年第4卷第4号开始，《新青年》增辟《随感录》专栏，陈独秀带头撰写时评短文批评段祺瑞政府穷兵黩武、蔑视国会的行为，之后评论时政的文章日渐增多。五四运动发生后，《新青年》内部由于两种编辑方针的分歧导致编辑部分裂，由陈独秀主编的《新青年》迅速转化为倾向于

---

① 金观涛、刘青峰：《<新青年>民主观念的演变》，《二十一世纪》1999年12月号，第29—40页。

② 李石岑：《学灯之光》，《时事新报·学灯》1920年5月22日第四张第一版。

③ 周策纵：《五四运动——现代中国的思想革命》，江苏人民出版社2005年版：第368页。

④ 陈独秀：《陈独秀答王庸工》，《青年杂志》1915年第1卷第1期。

⑤ 方汉奇：《中国新闻事业通史》，中国人民大学出版社2000年版，第10页。

⑥ 同上书，第11页。

以社会和政治批判活动为主导的刊物。虽然有论者认为这是《新青年》政治认识提高的表现，使“新文化运动在更广阔的领域展开”①，但也说明《新青年》在逐渐偏离原来设定的进行思想文化建设的轨道，使新文化运动在报刊宣传上可能出现难以接续的缺陷或空挡。

而且，《新青年》同人杂志编辑机制的形成也在一定程度上影响了新文化和新思想在更广泛的读者中展开讨论和激荡。1918 年 1 月，《新青年》从第 4 卷第 1 号起改陈独秀一人主编为“社友”轮流编辑，并宣布“自第四卷第一号起，投稿章程，业已取消。所有撰译，悉由编辑部同人，公同担任，不另购稿”②。此后，原来回答读者问题的通讯栏也削减了反映读者思想问题的来信，成为小圈子学者、教授们讨论问题的园地。正如学者李宪瑜所言，这种向同人杂志的转变，使《新青年》从“公共论坛”变为编辑部同人“自己的园地”。③ 这种现象，一方面增强了《新青年》在文化思想上的舆论引导力，但另一方面，也大大削弱了大众传媒集思广益的普及性和交流性。忽略与读者的交流引起了某些青年的不满，曾经有读者致信《新青年》道：“贵志的通信栏，不过一个雄辩场罢了，没有一些商榷的事情，我想我们中国正有无数青年男女，要与诸君商榷种种要事：你们可以新辟一栏么？”④

此外，激进的言论态度也是《新青年》被时人诟病的主要方面，赖光临就曾用“议论激昂，态度刚愎”⑤八个字来概括《新青年》的这种言论态度。比如，在对待旧文学和汉字问题上，《新青年》论者就采取了非常激进的态度。钱玄同在《新青年》第 4 卷第 4 号上发表《中国今后之文字问题》，主张废汉字代之以世界语，“欲使中国不亡，欲使中国民族为二十世文明之民族，必以废孔学、灭道教为根本之解决；而废记载孔门学说及道教妖言之汉文，尤为根本解决之根本解决”。⑥ 虽然陈独秀等人支持钱玄同批判传统的勇气，但这种过于偏激的主张

---

① 方汉奇：《中国新闻事业通史》，中国人民大学出版社 2000 年版，第 11 页。

② 《本志编辑部启事》，《新青年》1918 年第 4 卷第 3 号。

③ 李宪瑜：《“公众论坛”与“自己的园地” <新青年> 杂志“通信”栏》，《中国现代文学研究丛刊》2002 年第 3 期，第 32—44 页。

④ Y. Z：《对于“新青年”的意见种种——Y. Z 致记者》，《新青年》，1918 年第 5 卷第 3 号。

⑤ 赖光临：《中国近代报人与报业》，台湾商务印书馆 1980 年版，第 532 页。

⑥ 钱玄同：《中国今后之文字问题》，《新青年》，1918 年第 4 卷第 4 号。

事实上引起了社会上的非议。1919 年,《新青年》在与保守派争论新旧文化问题时,也表现出过于偏激的态度,这一点容笔者在第四章中详述。对于这种现象,毛泽东也作过评价:“他们反对旧八股、旧教条,主张科学和民主,是很对的。但是他们对于现状,对于历史,对于外国事物,没有历史唯物主义的批判精神,所谓坏就是绝对的坏,一切皆坏;所谓好就是绝对的好,一切皆好。”①最近 10 年,已经有学者就《新青年》的激进与理性的问题进行深入研究②,周策纵也曾对此问题作过精辟的论述:

改革者们在对中国旧传统进行批判时,很少有人对之作过公平的或怀有同情心的考察。他们认为几千年的社会停滞不前,给进步和改革之途留下无数障碍,为了清除这些障碍,对于整个传统过火的攻击和对其价值的低估是难免的。这使得儒家学说和民族遗产中的许多精华遭到忽视或避而不提。从长远观点来看,改革者们的批判在一些方面是肤浅的、缺乏分辨的和过于简单化的。③

还有一点很值得注意的是,《新青年》在创办早期并没有引起社会的太多注意,还曾经多次因为销量太少而停刊,它在新文化运动中仍然处于孤军奋战的状态。1915 年到 1916 年间,《青年杂志》“销售甚少,连赠送交换在内,期印一千份”④。陈独秀当时的努力,也多是处于单枪匹马的阶段,既无和应之声,也无反驳者,“本志出版半载,持论多与时俗相左,然亦罕受驳论,此本志之不幸,亦社会之不幸”⑤。1916 年 2 月,《青年杂志》出够 1 卷 6 期后暂告休刊,同年 9 月复刊后由于陈独秀某些言论遭到读者和作者的非议,杂志于 1917 年 8 月再度停刊,直到 1918 年 1 月才又再复刊。由此可见,《新青年》在宣传新文化的道路上并不平坦,虽然斗志昂扬,却几经波折。直到 1919 年初,《新青年》的销售才见兴旺,同年益群书局翻印再版第 1 卷至第 5 卷,这本杂志对青年学生的影响效果才显露出来。而且,《新青年》在早期对白话文的倡导并没有获得大多数人的支持,那些在后来被史家看好的文章,在当时的周氏兄弟眼中也并无特色,

① 毛泽东:《反对党八股》,《毛泽东选集(一卷本)》,人民出版社 1964 年版,第 787—803 页。

② 参见金观涛、刘青峰:《新文化运动与常识理性的变迁》,《二十一世纪》1999 年 4 月号,第 40—54 页。

③ 周策纵:《五四运动——现代中国的思想革命》,江苏人民出版社 2005 年版,第 368 页。

④ 张静庐:《中国近代出版史料(二编)》,中华书局 1959 年版,第 316 页。

⑤ 陈独秀:《陈独秀答陈恨我》,《新青年》1916 年第 2 卷第 1 期。

既不怎么“谬”,也不怎么“对”。① 当时的《新青年》仅是一份并不出众的普通刊物而已。对此,张国焘晚年的回忆道:《新青年》创办后的一两年间,北大同学知道者非常少。②

1919年以前,《新青年》除了自身缺少读者以外,社会上支持新文化运动的杂志也不多,尤其是在《每周评论》和《新潮》出版之前,尽管《新青年》同人对封建文化的批判不遗余力,雄辩滔滔,但和者甚寡。以下是五四新文化运动期间因传播新思想而著名的杂志及其出版日期的排列表③:

表1.1　五四时期著名杂志及出版日期一览表

期刊名称	创刊日期	出版地点
新青年(月刊)	1915年9月	上海/北京
太平洋(月刊)	1917年4月	上海
每周评论(周刊)	1918年12月	北京
新潮(月刊)	1919年1月	北京
国民(月刊)	1919年1月	北京
新教育(月刊)	1919年1月	上海
星期评论(周刊)	1919年6月	上海
少年中国(月刊)	1919年9月	上海
解放与改造(半月刊)	1919年9月	上海

从表格中可见,1919年以前,《新青年》在传播新文化早期,杂志界的和应者和支持者较少,《新青年》的努力也是处于势单力薄的阶段。要改变这一局面,《新青年》就迫切需要有更多的报纸杂志与之站到同一个文化阵营,共同为新文化运动摇旗呐喊。

可以说,《新青年》在出版过程中的诸多周折,以及它在新文化运动的传播过程中出现的某些不足,说明了新文化运动要进一步的深化和发展,就要广泛争取有觉悟的知识界人士和社会大众的响应。因此,呼唤更多的报刊加入到传

① 周作人:《知堂回想录》,三育图书有限公司1980年版,第333—334页。
② 张国焘:《我的回忆》第1册,东方出版社1998年版,第39页。
③ 周策纵:《五四运动——现代中国的思想革命》,江苏人民出版社2005年版,第247页。

播新思想和新文化的队伍中去,成为《新青年》在思想文化宣传上的支援和接续力量,是新文化运动深入发展的需要。

二、副刊参与新文化运动是中国报业发展的历史选择

1918 年前后,《新青年》同人已经清楚地意识到呼唤同道创办刊物支持新文化运动深入发展的重要性,因此,陈独秀、李大钊在 1918 年底创办的《每周评论》和北京大学学生刊物《新潮》都应时代之需成为声援《新青年》的有生力量。但是,由于杂志在传播效果上依然存在某些局限性,新文化运动对日报副刊传播的需求便呼之欲出,只有当面向大众的日报也投入到传播新思想和新文化的队伍中来的时候,报刊传播新文化运动的阵线才能算正式形成。事实上,从《学灯》1918 年 3 月创刊开始,《晨报》副刊和《觉悟》等报纸副刊相继投入到新文化运动中去,使文化革新在更大的读者范围中展开。曾虚白肯定报纸在新文化运动中的作用时,曾明确提出"立大功的,不是掌报社大旗的言论栏,而是被认为报屁股,敬陪报纸末座的'副刊'"。① 赖光临也说过:"新文化运动彭湃,报纸副刊扮演了重要角色,发挥了绝大功能"。② 笔者认为,这种报纸副刊参与新文化运动的现象,正是中国新闻事业发展到五四时期的历史选择。

第一,日报的各种传播优势是它走向新文化运动历史舞台的重要依据。

与杂志相比,报纸在出版周期和时效上占据较大优势,特别有利于社会、文化运动的广泛传播。杂志出版时间最短的为周刊,然后是半月刊、月刊、双月刊、季刊以至半年一刊,其时效性难以与日报匹敌。虽然杂志可以从报道和分析新闻的深度方面弥补时效上的不足,但对于参与和推动社会运动而言,其影响力是难以与日报相媲美的。马克思和恩格斯在分析报纸与杂志的不同特点时指出:"报纸最大的好处,就是它每日都能干预运动,能够成为运动的喉舌,能够反映出当前的整个局势,能够使人民和人民的日刊发生不断的、生动活泼的

---

① 曾虚白:《中国新闻史》,台湾政治大学新闻研究所 1969 年版,第 317 页。
② 赖光临:《七十年中国报业史》,(台湾)中央日报社 1981 年版,第 62 页。

联系。至于杂志，当然就没有这些好处。”①马、恩在这里结合政治运动的宣传报道阐发了杂志与报纸的区别，在时效性和与广大群众读者的接触面来看，报纸的确优胜于杂志。

这个原理同样适用于新文化运动之中。在运动初期，杂志可以承担先行者的角色，引领文化风气的变革，但到了运动以急风暴雨之势在更广泛的人群中展开的时候，杂志的推动作用和影响力就大大逊于每天都与读者见面的日报了。而且，由于日报时效性强，它还可以把新文化运动的最新动向和最新思想以最快的速度呈现给读者，也有条件对读者的疑问和意见作出及时反馈，报纸这种快速传播和反馈的机能，也是杂志传播所望尘莫及的。曾虚白也明确肯定了报纸在五四新文化运动中发挥的巨大作用，“在新文化运动中，杂志虽然打了头阵，抢了头功，但是如果没有报纸支持，收效还是有限。因为报纸天天出版，读者多，只要登高一呼，声势自然很大”②。

在出版物的容量方面，日报在同一周期内比杂志的容量也大得多。虽然就单篇作品的篇幅来看，杂志的容量可能比报纸大。但在设定的一定周期内，日报的总字数和篇幅容量一般胜于杂志，而且，日报可以对长篇大作进行每日连载，它在文章的总体规模和长度的容纳性方面，并不比杂志差。而日报这种大容量的特点，正好符合新文化运动在发展过程中的需要。在杂志掀开了运动的序幕之后，广大的青年读者急需大量的思想文化滋养，新文化运动也需要更多的思想资源为其再添几把火，日报在参与文化革新的传播中，就成为了一个不断为新文化运动供给养料的思想库。赖光临就曾经指出：“以往读者之与报纸，消闲的成分多，求知的成分少；商界读者多，学界读者少。新文化运动开展之后，青年学生求知欲昂进，成为报纸的新读者群，并‘逼使’报纸在精神与内容上刷新。由是报纸对新文化运动，发挥促进与扩大的功效”。③

从读者面来看，综合性日报的读者面往往要比杂志要宽。虽然杂志和报纸都属于大众传播媒介，但杂志一般都有比较明确的主题和定位，所面向的读者

---

① 马克思、恩格斯：《<新莱茵报·政治经济评论>出版启事》，《马克思恩格斯全集》第7卷，人民出版社1959年版，第3页。

② 曾虚白：《中国新闻史》，台湾政治大学新闻研究所1969年版，第317页。

③ 赖光临：《七十年中国报业史》，（台湾）中央日报社1981年版，第59页。

也相对集中在某个领域之内；但综合性日报面向各阶层的广大读者，一般来说都能满足大部分读者的共同需求，因此，日报的读者群比普通专业杂志的读者群要大。而日报这个在读者占有量上的优势，与新文化运动深化发展、扩大社会影响和增强运动效果阶段的需要正好吻合，从而把原来仅限于少数几个知识分子的新思想逐渐传播到更多的公众中去。

正是由于日报的积极参与，新文化运动终于走到了面向广大社会读者的前沿，它以简便的方式和快捷的速度，把新文化运动各阶段的新思想源源不断地输送到社会各个角落，与杂志一起推动着新文化运动向纵深发展。当时全国各类新式报刊层出不穷，据周策纵估算，在1917年至1921年间，全国新出的报刊有1000种以上。① 周策纵还认为，这些报刊"最大的价值在于它们把中国青年的知识分子介绍给人民大众，并为青年知识分子提供了一条交流的渠道，他们在后来的几十年中成为中国著名的社会、政治、文学方面的领导人物"②。可以说，日报参与新文化运动，是大众传播媒介及时呼应时代的结果，尤其是在运动深入发展和向大众普及等方面，日报所扮演的角色丝毫不逊于《新青年》等杂志。

第二，从报纸版面格局来看，副刊承担传播新文化的任务是报纸版面分工的最佳选择。

一方面，从副刊的产生来看，副刊一直作为报纸发展过程中的一种衍生物而存在，与报纸上的新闻版存在功能互补的关系。③ 1897年11月24日，《字林沪报》集诗词、掌故、笔记、传记、谐文和某些新闻材料于一体的专门版面《消闲报》的出版，是为我国"第一个报纸副刊"④。副刊出现初期，主要刊登各类旧体诗文、小说连载，目的是要满足报纸读者的文化需要。后来，尽管商业性报纸的副刊在提供文化消费的内容方面表现出多元化取向，但副刊与新闻版面的分工也在中国报纸逐渐的发展过程中越来越明显。新闻版面主要刊登最新的时事动态、社会消息，力求以最快的速度向公众传播新闻事实信息；而副刊则是以刊

---

① 周策纵：《五四运动——现代中国的思想革命》，江苏人民出版社2005年版，第247页。
② 同上书，第249页。
③ 姚福申、管志华：《中国报纸副刊学》，上海人民出版社2007年版，第27页。
④ 宁树藩：《我国的副刊是怎样诞生的》，《新闻学研究》1980年12月，第41—43页。

登文艺、小说、游记等文化消费品为主，以满足读者的文化消费需求、增加报纸的知识性和趣味性为目的。而新文化运动所传播的内容大部分都是涉及思想文化领域的作品，还有新文艺的创作，从形式和功能上都比较适合刊登在报纸副刊上。

另一方面，五四时期，中国报纸已经进入新闻时代，以新闻为本位的新闻思想在报刊界占主流地位。① 十九世纪末到二十世纪初，是国人创办报刊的最早阶段，这一时期的办报活动以挽救国家民族危亡为目的，与维新变法运动和辛亥革命息息相关，报纸为政治宣传之喉舌的新闻观念是指导报纸实践的基本理念。② 在这种新闻思想潮流的影响下，当时的报纸主要承担政治宣传的"喉舌"作用，是各党派对外宣传和政治斗争的工具。这种情形一直持续到民国成立、"二次革命"前后才有所转变。民国的建立使本来以抨击封建专制为目的的政论报纸暂时失去了抨击的对象，而此前政党之间的相互对垒已经使报纸沦为为角逐政治利益而进行互相攻击和漫骂的工具，对读者的吸引力也大大降低。而当时由于国内局势动荡、欧战爆发等因素，极大地推动了人们的新闻需求，通过真实的新闻报道来把握局势，成为人们普遍的心理需求。③ 新闻界中人已经意识到新闻报道在报纸中的决定作用，如徐宝璜在《新闻学》中提出，报纸最根本的任务是"以真正之新闻，供给社会"④。《时事新报》编辑张东荪也提出过他对商业性报刊的理解："何谓社会报。曰止（笔者注：只，下同）传播新闻，而对于新闻之内容，无所偏袒，但求取得消息之速报告新闻之确而已"⑤，而他这种观点也必然会带到报纸的版面安排当中。在这种情况下，五四时期报刊实践的新闻报道得到前所未有的加强，报纸新闻版作为新闻报道的固定场所的作用也比较稳固。尽管新文化运动本身是一次从思想文化层面入手的启蒙运动，但报刊刊登的内容依然存在宣传的成分，因此，新文化和新思潮的内容出现在报纸副刊，也是报纸自身发展到一定阶段的历史选择。

---

① 黄旦：《中国百年新闻思想主潮论》（复旦大学博士论文），1998 年，第 53 页。
② 同上书，第 38 页。
③ 同上书，第 53 页。
④ 徐宝璜：《新闻学》，余家宏主编：《新闻文存》，中国新闻出版社 1987 年版，第 284 页。
⑤ 张东荪：《论报纸（上）》，《时事新报·学灯》1918 年 5 月 27 日第三张第一版。

第三,从当时的政治社会环境来看,报纸以副刊传播新文化,也是出于保障自身生存需要的考虑。

民国建立以后,孙中山领导的南京临时政府已经确立了民国言论出版自由制度,但袁世凯政府及以段祺瑞为首的北洋军阀政府都对新闻出版事业进行控制,言论自由面临压力。①《时事新报》、《晨报》等综合性日报选择从副刊突围,以文化建设辅助新闻报道,乃是报纸与封建军阀政府进行言论斗争的重要策略。

1912年中华民国成立后,南京临时政府制订和颁行了宪法性文件《中华民国临时约法》及相关新闻事业的法律、法令,确立了以言论出版自由为根本原则的新闻法律制度。② 但1912年3月袁世凯就任临时大总统后,他通过解散国会,强行颁布《中华民国约法》,使中华民国实际上处于他个人独裁统治之下,并通过颁布命令或指使部下等方式压迫和残害具有民主革命立场的报刊,钳制新闻事业。③ 导致在1912年间,有多家报纸被查封,如《大江报》、《民听报》、《帝民报》、《群报》、《民哭报》、《民言年报》、《四川公报》、《蜀报》等等,一些记者还因揭露政府不法行为被杀害。1913年"二次革命"爆发后,袁世凯进一步加强对新闻出版事业的控制,并对国民党系统的报纸进行大规模的摧残,广州、上海、福州、北京等地大批国民党报纸被查禁,全国报纸数量锐减,炮制了震惊报界的"癸丑报灾"。袁世凯死后,继任的北洋军阀进一步强化了袁世凯统治时期已初步建成的新闻法律制度。④ 1917年以后,北洋政府宣布恢复邮电检查,对新闻出版活动实施更严厉的控制,设立"新闻检查局"控制舆论,并打击异己报刊的出版。五四运动后,为了防止共产主义在中国的传播,限制不利于军阀统治的报刊出版,北洋政府还先后颁布了《查禁俄过激派印刷物函》、《管理印刷营业规则》和《管理新闻营业条例》等限制新闻出版的条例。

在这样的舆论环境下,大部分报纸都噤若寒蝉,既不敢发表过分激烈的言

---

① Lee - hsia Hsu Ting, Government Control of the Press in Modern China(1900—1949), Cambridge :Harvard University Press,1974,pp. 49—57.

② 黄瑚:《中国近代新闻法制史论》,复旦大学出版社1999年版,第110页。

③ 同上书,第121页。

④ 同上书,第131页。

论，也小心谨慎地经营新闻报道，因此，管理和查处相对宽松的副刊版就容易成为报人着意开拓的新领域。20 世纪二三十年代为《世界日报》编辑副刊《明珠》的资深报人左笑鸿，曾在回忆文章中解释过这个问题：

副刊之受到重视，在过去，除了活跃人们的文化生活之外，是还有其时代背景的。

不论在北洋政府、军阀混战时期，还是国民党统治时期，刊登新闻是受到种种限制的。一方面是官府统制，不准随便刊载，以至新闻版面只能登已经公布的消息，而且如有违犯，报社负责人轻则坐牢，重则送命。……另一方面是适应读者的需要，新闻既无可读，而又不能没有精神粮食，于是转而趋向于副刊，拿副刊作为精神上的慰藉。另外，新闻从业者往往因为新闻版面被卡得太死，有时就设法在副刊上旁敲侧击透露一点消息，于是把注意力就略略放在副刊上面，尤其对当局搞些小小的讽刺，在那民不聊生的时代，也替一般人小小地'长吁三两声'，这样就更受到读者的重视了。①

事实上，鲁迅在回忆五四时期给《学灯》、《觉悟》和《晨报副刊》撰稿的情况时，也解释过五四副刊革新与报社自我保护的微妙关系：

有的是办报人有意识地给副刊以相对的自由，这对进步的副刊的编辑人实际上是一种支持。他们的基本观点是一致的。有的是办报入在可以允许的范围内，开放部分篇幅，为自己装点门面，以广招徕，并不一定同意其中的观点。但在实际上，则给自己办不了报的进步团体和个人提供了可以利用的讲坛，……利用副刊的相对独立性宣传自己的观点，是革命舆论战士在反动统治地区迫于形势而采取的一种权宜之计。②

《时事新报》、《晨报》等报纸一向有支持言论自由、监督政府的传统，这使它们在报纸利用副刊宣传启蒙思想文化方面走在最前面。1911 年 12 月，《时事新报》就曾因为《危言》一文有批评民军的言论，而被《中外日报》指责威胁政府。幸得民国建立最初两年的新闻环境相对宽松，当时沪军都督的陈其美对此

---

① 左笑鸿：《世界日报和世界晚报的副刊》，《新闻研究资料》第 19 辑，中国社会科学出版社 1983 年版，第 210 页。

② 方汉奇：《鲁迅的报刊活动和他的办报思想》，《报史与报人》，新华出版社 1991 年版，第 329 页。

事还作出专门批示:"《危言》一则,非但无反对之意,且足为各处民军之砭石。此后正当时时有此箴规,庶足以保言论自由,俾为政者得闻得失"①,《时事新报》才避过一难。1912年3月,南京临时政府草拟《中华民国暂行报律》发至全国报馆遵照执行。当时,中国报界俱进会和上海主要报刊一致反对法令的实施,《时事新报》和《申报》、《新闻报》、《时报》、《神州日报》、《民立报》等主要报刊联名致电孙中山并通电全国,反对《暂行报律》的颁布实行,最终使孙中山撤回报律。在北洋军阀统治期间,《时事新报》除了继续大胆发表言论、争取新闻自由外,还曾有过因为言论触犯军阀政府而被查封的遭遇。1918年9月,《晨报》的前身《晨钟报》曾因为揭露段政府向日本借款,而被京师警察厅查封,后才以《晨报》继续出版。② 正因为有这样的经历,《时事新报》、《晨报》才会借助副刊这个原来不能入大雅之堂的版面,发挥报纸引导舆论、改造国民的作用,改变报纸副刊以往仅仅作为"报屁股"的角色,开创性地赋予它以思想启蒙和文化传播的功能。应该说,这是报纸编辑在考虑进行文化启蒙和思想宣传中的一个重要策略,也是一种积极的创举。

第四,以副刊传播新思想和新文化,是民国时期报纸副刊进行变革的自身需要。

民国初年的报刊业在受到政治压制的同时,报纸副刊也出现了追求消闲、甚至是低俗趣味的倾向。新文化运动的开展使不少报人和知识分子意识到改变报纸副刊的消闲状态是报刊改革的需要。

副刊的创办是中国近代报业的重要经验,是报纸为了满足社会大众,尤其是中下层读者的阅读趣味而出现的。据新闻史学家宁树藩教授研究,1897年11月24日,《字林沪报》集诗词、掌故、笔记、传记、谐文和某些新闻材料于一体的专门版面《消闲报》的出版,是为我国"第一个报纸副刊"③。副刊出现初期,主要刊登各类旧体诗文、小说连载,传统士大夫文化比较浓厚。随着近代以来城市现代化脚步加快,市民文化消费的需求不断增加,市民阶层的大众文化也

---

① 方汉奇等:《中国近代新闻事业史事编年(二十一)》,《新闻研究资料》第29辑,中国新闻出版社1985年版,第212页。

② 方汉奇:《中国新闻事业通史》,中国人民大学出版社2000年版,第11页。

③ 宁树藩:《我国的副刊是怎样诞生的》,《新闻学研究》1980年12月,第41—43页。

开始逐渐向报刊渗透。20 世纪初，中国的民办商业性报纸迅速兴起，它们的编辑手段比以往更加灵活多样，报道的内容更加丰富全面，已经囊括了外电、新闻、评论、广告、文艺等方面；在发行上，也注意以市民读者为本位，依托近代城市中如邮局、书局等通信设施，以商业化方式建立民间发行网络。① 而这种报纸对大众文化消费需求的满足，在副刊上则体现得特别明显。民初时期，报纸副刊上大量刊登各种言情、武侠、侦探等社会小说，鸳鸯蝴蝶派小说占据主要地位，以《申报·自由谈》、《新闻报·快活林》等商业性报纸副刊为主要代表。这些在城市消费文化影响下的消闲娱乐副刊，一方面迎合了市民大众的文化消费欲求，但另一方面也因为刊登了一些品味比较低下的逸闻，甚至还涉及色情内容，所以对社会文化造成了难以避免的负面影响。

在新文化运动的影响下，近代报人和知识分子对报纸副刊的性质和作用有了新认识。其实，从 19 世纪传教士在华创办的报纸开始，报刊就已经具有了文化启蒙的意味。例如《遐迩贯珍》、《六合丛谈》、《万国公报》等，都向中国人介绍了许多有关西方先进科技和社会文化的信息；及至具有强烈变革思想的中国近代知识分子，如冯桂芬、王韬、郑观应、康有为、梁启超等人创办报刊，也是通过报刊讨论民族救亡和社会变革的问题，从思想上唤起民众，直指文化启蒙的方向。但是，呼吁革新报纸副刊的文化形态，在一向强调消闲性和娱乐性的副刊上传播文化启蒙的信息，要求报纸副刊承担启蒙者的社会角色，在新文化运动前后才刚刚开始。可以说，这是中国现代知识分子和报人在文化启蒙方面，利用自身的报刊经验而进行的一次极为重要的尝试。

《新民意报》副刊的编辑就曾经提出：

为什么用一种游戏的消遣的态度去看报，玩视那神圣的纯洁的言论？而一般只知谋利的新闻报纸，处处只要迎合阅者的心理，把神圣而纯洁的新闻事业变成供人们娱乐的游戏品。世界思潮怎样趋向，他们亦不管，国民的责任怎样重大，他们亦不管，只是终日地在报纸上，以逛窑子为雅事，以捧坤角为清高，去迎合一般人们的劣根性……所以我们对于本报第三张建议增加游戏文章及侦探小说的人们，只是怜惜他们完全没有知道社会上为什么要有报？人们为什么

① 谢庆立：《中国早期报纸副刊编辑形态的演变》（复旦大学博士后研究工作报告），2004 年，第 22 页。

要看报?①

主张副刊革新的人也明确指出,报纸是社会的言论机关,副刊应该"介绍关于政治的社会的文化的论著或批评","介绍各国民众的思潮到中国来","要以艺术的力量去滋润"读者。②

而且,在五四新文化运动的影响下,青年读者的阅读趣味也有所改变,这对报纸副刊的内容也提出了新的要求。有读者在《学灯》上对当时的报刊提出批评意见,其中提到:

……还有几家报馆特地附设一张小报,专登一切小说,——优良的小说很有改良社会的效力——不是言情,就是哀情,致使一般青年看了不忍放手,你道这种材料是有好处的吗?③

但对于《学灯》的表现,同一个读者却做出了肯定的评价:"照我的眼光看来,现在这般报馆要算你的报馆顶好了。因为你所出的报纸都不犯以上的三种毛病,所以我们的同学,都很佩服你的"。④ 1919 年前后,这种对报纸、尤其是副刊作用认识的改变与提高,是与新文化运动的展开相吻合的。随着新文化运动反封建专制的步伐逐渐加快,思考国家和民族的出路成为民众迫切关心的议题,社会知识阶层和各派政治力量纷纷寻找改革社会的思想武器。从达尔文的进化论到如实验主义等西方国家的各种思想,像潮水一样涌入中国社会,出现在各种报章和印刷品上,从另一个方面促成了报纸副刊的改革。

报界环境的现实和知识分子的忧虑,使怀有进步思想的报人决定把学术文化思想通过报纸副刊传播到大众中去,以充分挖掘以学术文化为代表的精英文化资源,"力图建构规范社会群体的文化价值观"⑤。而且,由于传统副刊凭借市场力量迅速占领了大片受众市场,拥有了庞大的文化消费群,而这正是迫切需要媒介资源的新文化启蒙者所缺乏的。因此,在与传统文人争夺文化资源的竞争中,现代知识分子向传统战场发起进攻,而《时事新报》副刊《学灯》正是他

---

① 转引自冯并:《中国文艺副刊史》,华文出版社 2001 年版,第 175 页。

② 同上书,第 175 页。

③ 李崎:《李崎致编辑》,《时事新报·学灯》1919 年 12 月 17 日第三张第二版。

④ 同上。

⑤ 谢庆立:《中国早期报纸副刊编辑形态的演变》(复旦大学博士后研究工作报告),2004 年,第 30 页。

们进入的第一块阵地。可以说，以《学灯》为代表的五四新文化运动中的报纸副刊，利用了副刊较正刊更为灵活的编辑话语，比杂志更加频繁的传播密度，以副刊特有的传播方式，传播了新文化和新思潮，在精英文化和广大市民读者之间搭建了一条日常化的精神通道。

第二节　《学灯》的出现及其对新文化运动的贡献

《学灯》的出现及投入五四新文化运动与研究系有着密切关系。清末民初，以梁启超为首的研究系在政治活动中屡遭挫败，这使他们转向文化领域继续进行社会改良的努力，《学灯》投入新文化运动正是研究系的政治力量转化为文化意欲的结果①。由于研究系在思想文化上的敏感和自觉，使《学灯》成为第一份参与新文化运动的报纸副刊，并成为传播新思想和新文化的重要代表。

一、研究系脱胎于政治的文化努力

（一）《时事新报》与研究系的渊源

《时事新报》是研究系在上海的发言机关，其副刊《学灯》的出现与研究系的政治遭遇和文化意欲有着密切关系。

事新報
時事新報
國民公報
晨報
啟事
原版西書特價發售
教育雜誌

《时事新报》是上海一份历史悠久的报纸，于1911年5月18日由著名出版家张元济、高梦旦等人筹办，由《时事报》和《舆论日报》合并而成。《时事报》1907年12月5日创刊于上海，主编汪剑秋；《舆论日报》创刊于1908年，是早年维新派的言论机关。两报初合并时，称为《舆论时事报》，1911年5月更名为《时事新报》。该报创刊时，已经是“维新运动

① 彭鹏：《研究系与五四新文化运动——以1920年前后为中心》，中山大学出版社2003年版，第43页。

中从事于文化建设工作的话题的一员”[①],民国建立后成为研究系在上海的机关报[②]。办刊经费方由研究系的核心人物梁启超委托藉忠寅、黄溯初等人筹措[③],直到1926年被出售之前,它都与研究者有着密切关系。特别是在五四新文化运动期间,《时事新报》直接受研究系领导,与北京的《国民公报》和《晨报》相呼应,成为研究系在上海参与新文化运动的主要据点。这三份报刊经常互相发表对方文稿,《时事新报》广告中有言:“本报为迎接世界新潮流起见,共同延揽海内外同志从事著译,由三家轮迭发表。此后凡有转录此类文字者,务请注明转录字样为要”。[④]

《时事新报》在上海租界出版,言论上拥有较大自由度,以编译中外报章和西方学术文化为主要内容,政治上反对袁世凯复辟,曾首先刊登密电,揭露袁世凯称帝的阴谋,并大量报道云南反袁起义消息,被北洋军阀禁止销往内地。[⑤]《时事新报》在民国初年的舆论界已经声名鹊起,梁启超称之为护国军时期“唯一之言论机关”[⑥]。1916年4月,研究系骨干张君劢任《时事新报》主笔,以激烈的言论反对袁世凯复辟,使该报在上海的影响越发扩大。1917年,张东荪接任主编一职,开始了《时事新报》在教育、文化事业上的努力。也正是由于在租界出版的关系,这使《时事新报》在新文化运动中能够更自如地发挥宣传文化的作用。“新文化运动策源于北京,但是主力线却在上海,这因为北京在军阀的统治下,受限制很大。上海有租界作庇护,‘言论比较自由’。”[⑦]

《学灯》在文化、教育方面的作为与研究系的主张有关,因此认识和了解研究系的渊源及其基本主张非常必要。

---

① 彭鹏:《研究系与五四新文化运动——以1920年前后为中心》,中山大学出版社2003年版,第163页。

② 同上。

③ 同上。

④ 《北京国民公报、北京晨报、上海时事新报紧要启事》,《时事新报》1919年7月16日第一张第一版。

⑤ 姚福申、管志华:《中国报纸副刊学》,上海人民出版社2007年版 ,第101页。

⑥ 左玉河:《张东荪传》,山东人民出版社1998年版,第87页。

⑦ 曾虚白:《中国新闻史》,台湾政治大学新闻研究所1969年版,第328页。

研究系是一个资产阶级改良组织,具有明显的党派色彩。① 史学家认为,研究系的骨干人物,可以追溯到清末新政中的立宪派,其主张是召开国会,建立资产阶级立宪制。1913 年 5 月,由原立宪派骨干组成的进步党成立,标志着"中国清末立宪派力量完成了由清末民间势力而变成新共和体制中合法政党"②的转变,而后来通常所谓"研究系"最近的渊源也来自进步党。③ 进步党由民初的共和党、统一党、民主党合并而成,意在正式国会中与国民党抗衡,并争取袁世凯政府支持。进步党的主要领袖是梁启超、汤化龙、张謇、蒲殿俊等清末立宪运动的核心人物,而党内骨干也是立宪派的知名人士,有孙洪伊、罗伦、丁世峰、蓝公武、王家襄、林长民、梁善济等人。1916 年护国战争后,社会大众对混乱的政局产生了厌恶心理,政界也出现了不结党的思潮。为迎合这种民间意向,梁启超等人顺势提倡"不党主义",组建"宪法研究会"。该会表面上是民间的学术性组织,实际上作为政治力量继续在国会中与国民党进行力量角逐。其实,在当时的社会政治气氛下,很多原来的政治势力都重新组合以"研究会"、"俱乐部"等新面目出现,而"研究系"作为一个名词,则与交通系、安福系一样,成为外界指称不同政治党羽的代名词。据记载,到 1919 年,可以称作"研究系"的进步党人有梁启超、汤化龙、林长民、蒲殿俊、汪大燮、林志钧、蓝公武、刘崇佑、张君劢、梁善济、陈博生、藉忠寅等。④

研究系虽是民初的一股政治力量,主要从事政治活动,但其骨干人物一直对教育和文化事业抱有相当的重视。作为研究系灵魂人物的梁启超,一早就以创办报纸、发展文化事业,作为教育国民、改造社会的重要途径。梁启超曾经转述过日本政治家犬养毅的观点,称学校、报纸和演说为"传播文明三利器"⑤。《新民丛报》是梁启超创办的最有影响力的报纸之一,其缘起正是鉴于此前中国

---

① 张涛甫:《报纸副刊与中国知识分子的现代转型——以 <晨报> 副刊为例》,广西师范大学出版社 2007 年版,第 29 页。

② 彭鹏:《研究系与五四新文化运动——以 1920 年前后为中心》,中山大学出版社 2003 年版,第 23 页。

③ 同上。

④ 同上书,第 30 页。

⑤ 梁启超:《自由书·传播文明三利器》,《梁启超全集》第 2 卷,北京出版社 1999 年版,第 359 页。

报刊的落后状况,他说:“非剿说陈言,则翻译外论,其记事繁简失宜,其编辑混杂无序,殆幼稚时代固有不得不然者耶。本社同人有慨于是,不揣梼昧,创为此册。其果能有助于中国之进步与否,虽不敢自信,要亦中国报界中前此所未有矣”。① 再看《新民丛报》的办刊宗旨,也可见研究系中人重视教育文化启蒙的思想线索。《新民丛报》的宗旨主要有三。第一,取《大学》新民之义,以为欲维新中国,当先维新国民,“务采合中西道德以为德育之方针,广罗政学理论,以为智育之原本”②;第二是“以教育为主脑,以政论为附从”;第三,以国运前途为基础,以国民公共利益为目的,“……不为灌夫骂坐之语,以败坏中国者,咎非专在一人也。不为危险激烈之言,以导中国进步当以渐也”③。而梁启超这种注重文化教育、强调改造国民性的办刊思路,对《时事新报》的办报方针应该是有影响的。他在游历欧洲期间,曾与张君劢等人筹划“文化运动”,其中就有创办月报和印书以传播进步文化。④此后,梁启超还创办过《庸言》杂志、《大中华》杂志,由进步党人撰稿,都旨在以时事、文艺、学术为主要内容启发国民。

除了重视文化教育事业的建设外,研究系在政治角逐上遇到的挫折也激发了他们投入文化运动的意欲。研究系的政治道路并不平坦,一方面是与袁世凯合作的失败对这群怀有立宪理想的知识分子造成重大打击。民国初年,进步党人希望通过袁世凯建立理想的共和政体,并企图借助袁世凯的势力在政治斗争中击败由同盟会转化而来的国民党。但事实上,袁世凯在1913年《中华民国宪法草案》颁布后,就暴露出他反对立宪、藐视法律的封建专制本质。1914年,袁世凯还解散国会,颁布《中华民国约法》,逼迫梁启超等人组织的“第一流人才内阁”倒台,使中华民国名存实亡。另一方面,在与国民党的对抗中接连失败也使研究系人颇感失望。主张立宪改良的研究系与改组自革命派的国民党从清末到民初都存在政见分歧,政治立场和态度上的差异导致两党相互攻击。在民初的中国政坛中,研究系和国民党也成为主要的竞争对手。1913年,宋教仁被刺,

---

① 丁文江、赵丰田:《梁启超年谱长编》,上海人民出版社1983年版,第271—272页。

② 周佳荣:《言论界之骄子:梁启超与新民丛报》,中华书局有限公司2005年版,第22页。

③ 丁文江、赵丰田:《梁启超年谱长编》,上海人民出版社,1983年版,第271—272页。

④ 王晓渔:《知识分子的“内战”——现代上海的文化场域(1927~1930)》,上海人民出版社2007年版,第99页。

研究系的核心梁启超被列入嫌疑；同年国会召开，国民党获得胜利，而进步党的前身共和党失利。袁世凯败亡后，研究系以为破坏立宪共和的最大障碍已经消除，便寄希望于段祺瑞的军阀政府。但现实政治的黑暗逐渐使研究系人认识到军阀政府的专制本质，混乱的局面让他们失去了对政治的信心和希望。

这些政治上的挫败使研究系领袖梁启超一度萌生厌倦政治、退出政坛的想法，投入文化教育事业的热情也由此勃发。早在 1915 年护国战争爆发前，梁启超就声言：

自今以往，除学问上或与二三朋辈结合讨论外，一切政治团体之关系，皆当终止，乃至生平最敬仰之师长，最亲习之友生，亦惟以道义相切靡，学艺相商榷；至其政治上之言论行动，吾决不愿有所与闻，更不能负丝毫之连带责任。①

护国战争时，梁启超在天津与蔡锷相约：

今兹之役，若败则吾侪死亡，决不亡命，幸而胜则吾侪隐退，决不立朝。盖以近年来国中竞争权利之风太盛，吾侪任事者宜以身作则以矫正之，且吾以为中国今后之大患在学问不昌，道德沦坏，非从社会教育痛下工夫，国势不可救，故吾献身于此，觉其关系视政治尤为重大也。今蔡君既以养病闲居，吾亦将从事于吾历年所经营之教育事业，且愿常为文字以与天下相见，若能补国家于万一，则吾愿遂矣。②

护国战争后，进步党成为段祺瑞政府的支持者，但这种政治上的成功随着 1917 年 11 月段政权的垮台而结束。1918 年 12 月，梁启超在出游欧洲前夕与张东荪、黄溯初彻夜长谈，"着实将从前迷梦的政治活动忏悔一番，相约以后决然舍弃，要从思想界尽些微力。这一席话要算我们朋辈换了一个新生命了"③。从这些言论中，已经可以看出研究系对民国政治的失望，也说明他们看到文化教育事业的重要性和社会伦理的缺失，决定从文化教育领域进行努力是他们主动参与社会变革的选择。

研究系政治上的失败和文化意欲，与《学灯》的创办在时间上有前后的承接

---

① 梁启超：《伤心之言・吾今后所以报国者》，《梁启超全集》第 9 卷，北京出版社 1999 年版，第 2805 页。

② 丁文江、赵丰田：《梁启超年谱长编》，上海人民出版社 1983 年版，第 801 页。

③ 同上书，第 874 页。

关系,可见《学灯》正是研究系在文化教育上寻求努力的表现。藉忠寅在自述中曾经回忆道:

安福部握政柄,各省分崩益甚,研究会人以政府无望,相与抛弃政治,退而尽力于文化事业。尚志学会者,昔余与留学旧友所创也;新学会者,余与研究会同人所建也。皆以砥砺学问为宗旨,适梁公创设讲学社,相与合力聘欧美学者杜威博士、罗素博士等来华公开讲演,青年学子教职员奋起力争,风潮陡紧,而以言论机关指导之者,厥为报纸。京有《晨报》、《国民公报》,上海有《时事新报》,皆研究会人所为。此三报者,代表文化,为舆论所集中。而其资金之募集,由予与梁伯强、黄溯初二君任其责者,亘五六年。今《国民公报》虽殉于直言,而《晨报》、《时事新报》固犹蔚然为文化派标帜焉。①

藉忠寅自述中提到的《国民公报》本为立宪派在清末立宪运动中创办的一份报纸,1917 年 7 月由蓝公武任社长后,也开始逐渐讨论新文化运动的问题,1919 年 10 月,因为公开支持学生运动和对政府持批判态度被查封。而《晨报》的前身是《晨钟报》,由汤化龙、梁启超创办于 1916 年 8 月,后因言论开罪北洋政府被查禁,于 1918 年 12 月更名为《晨报》继续出版。1919 年 2 月李大钊进入《晨报》,开始在第 7 版刊登新文化内容,成为宣传新思想的重要阵地。事实上,在当时的《时事新报》上经常可以看到《晨报》、《国民公报》和《时事新报》互相协助轮流发表新文化译著的广告,“本报为迎接世界新潮流起见,共同延揽海内外同志从事著译,由三家轮迭发表。此后凡有转录此类文字者,务请注明转录字样为要”。② 曾虚白也曾经说过:“宣传新文化运动最早,和最有力的报纸,是上海《时事新报》。该报属研究系。梁启超、张东荪、蓝公武等一班人,搞政治失败以后,就致力于文化的革新,使《时事新报》成了鼓吹新文化运动的一支主流。”③可见,《时事新报》的《学灯》在 1918 年底开始全面介入新文化运动,其实是研究系同人文化努力的一部分。

---

① 藉忠寅:《困斋文集》(卷三),北京大学藏,第 23 页。

② 《北京国民公报、北京晨报、上海时事新报紧要启事》,《时事新报》1919 年 7 月 16 日第一张第一版。

③ 曾虚白:《中国新闻史》,台湾政治大学新闻研究所 1969 年版,第 324 页。

（二）编辑群体的决定性作用

假如说研究系的政治经历和文化倾向可以为《学灯》的出现提供依据的话，那么时任《时事新报》主编的张东荪则是《学灯》投入新文化运动的决定性人物，而在张麾下的各任《学灯》编辑也是这份副刊致力于文化建设的重要驱动力量。

张东荪，原名张万田，字圣心，1886 年出生直隶内邱县，一生大部分时间和精力都从事学术和文化事业。自幼接受正统儒学的系统训练，旧学功底深厚。1904 年前后获得官派留日资格，次年东渡日本寻求佛学和哲学的近代西方教育。1912 年回国后，张东荪开始从事报刊工作，直到 1915 年，他连续担任上海《大共和日报》和梁启超主持的《庸言》、《大中华》的编辑，并为上海反袁刊物《正谊》撰写有关宪法问题的文章，同时为章士钊办于日本东京的《甲寅》杂志提供政治理论文章。可见，张东荪在接手《时事新报》之前，已经对新闻出版工作怀有热情，在当时的出版界也是知名人士。

尽管张东荪在政治上并没有加入宪法研究会，但他也被史学研究者看成是“研究系圈子”中人。① 主要原因是，虽然张东荪一生都没有参与过梁启超组织的进步党和研究系，但他的许多老朋友，如蓝公武、张君劢都是研究系的骨干成员。受其影响，张东荪在政治认同和文化态度上与研究系相近。而且，张东荪本人又以朋友身份在研究系的文化机构中担任主要工作人员，如《时事新报》总编辑，并参与到研究系的文化活动中。因此，他与研究系的密切关系是可以肯定的。

事实上，张东荪在对待政治和文化上的态度与研究系非常相近，研究系建设文化事业的意欲也投射到他的身上。1917 年接任《时事新报》主编后，张东荪开始投身思想文化建设。而这种从政论到思想文化启蒙的转变，也正是张东荪对民国初年报刊业的失望和在文化领域追求革新的结果。在 1917 年前，张东荪已意识到共和政体在中国的失败源于中国缺乏必要的社会基础，他在《政治革命与社会革命》一文中指出：“政治革命若离社会革命而独立，则为全无意味。故政治革命已告成而社会革命方在进行中者，其功用隐微而不易见”，主张

① 彭鹏：《研究系与五四新文化运动——以 1920 年前后为中心》，中山大学出版社 2003 年版，第 31 页。

"政治革命必与社会革命同时而存在","社会革命者,政治革命之根本也,政治革命之后盾也",中国政治革命尚未成功是因为"政治革命太速,社会革命太迟耳"①。另一方面,张东荪也看到了当时报刊界存在的问题,改革副刊的文化形态、宣传新文化和新思想,是他作为《时事新报》编辑对报界和社会承担的文化责任。完全出自张东荪之手的《学灯宣言》也正说明了他和《时事新报》希望以改革副刊来促进社会文化风气变革的希望:"今方社会为嫖赌之风所掩,政治为私欲之毒所中,吾辈几无一席之地可以容身。与其与人角逐,毋宁自辟天地,此学灯一栏,之由立也。"②由此可见,《学灯》投身五四新文化运动也可以说是张东荪本人在对政治社会感到失望以后,对思想文化追求的重要表现。

但是,张东荪负责《学灯》的时间仅为1918年到1919年1月间,后来他为了提高副刊的质量和吸引力,"专聘名人担任编辑"③。虽然此后到1922年,《学灯》编辑几经换手接替(见表1.2),但依然明确保持副刊在建设新文化上的目标,并为之努力。应该说,《学灯》在推进新文化建设方面的突出表现,与这个优秀的编辑群体也是有密切关系的。

表1.2 《学灯》编辑更替表(1918—1922)

姓名	笔名	负责时间	学历背景	专长
张东荪	东荪	1918年3月—1919年1月	东京帝国大学	哲学、政治学、政论写作
匡僧	(不详)	1919年2月—1919年4月	(不详)	(不详)
俞颂华	澹庐	1919年4月—1919年7月	东京政法大学	我国最早报道苏联十月革命的记者,著名报人
郭虞裳	虞	1919年7月—1919年11月	(不详)	(不详)
宗白华	白华	1919年11月—1920年4月	同济大学预科、1920年代留学德国	美学、哲学、新诗创作与理论

① 张东荪:《政治革命与社会革命》,《正谊》,1914年第1卷第4号;转引自左玉河:《张东荪传》,山东人民出版社1998年版,第86页。

② 张东荪:《学灯宣言》,《时事新报·学灯》,1918年3月4日第三张第一版。

③ 《本报启示》,《时事新报》,1918年12月8日第一张第二版。

续表

姓名	笔名	负责时间	学历背景	专长
李石岑	石岑	1920 年 5 月 —1921 年 7 月	东京高等师范学校	哲学、心理学
郑振铎	西谛	1921 年 7 月 —1922 年 2 月	北京铁路管理学校	文学、翻译、艺术史
柯一岑	一岑	1922 年 2 月—	卸任后赴德国留学，获心理学博士学位	心理学

从表 1.2 中呈现的编辑群体来看，《学灯》先后几任编辑皆为学有所长的新知识分子，也是新文化运动的主要力量，在当时的文化界产生过重要影响。其中，既有像张东荪、李石岑（见第二章有具体介绍）这样在当时已经成名成家的人物，也有在新文化运动中成长为先锋分子的进步青年，如俞颂华、宗白华、柯一岑等。无论在年龄和背景上有何差异，但他们的学识和名声在当时同龄知识分子里都是较优秀的，其中还有一些人在五四新文化运动中还引领过思想潮流，而后来都在各自的文化学术领域作出了杰出的贡献。正是因为有这些积极投入新文化运动的精英分子的参与和引导，才使《学灯》在整个五四新文化的建设中保持了较高的文化水准和持续的影响力。

尽管《学灯》建设新文化的方向和目标始终没有改变，但每位编辑在位期间却表现出略有不同的文化偏向，也使这份副刊在参与新文化运动的过程中表现出不同侧面的光彩。张东荪时期，《学灯》遵循初创时的基本特色，以教育为主要内容，紧扣教育问题进行思想启蒙。1919 年以后，在匡僧、俞颂华主政下的《学灯》明确介入新文化运动，开始发表关于新文化运动和五四运动的评论文章，跟随思想文化变革的主要潮流。郭虞裳和宗白华时期则以文艺见长，尤其是在宗白华的努力下，《学灯》发表了一批在当时极具影响力的新诗等新文学作品，例如郭沫若的新诗，在中国的新诗坛和文学界产生了巨大的影响。作为哲学名家的李石岑，则把《学灯》的趣味转移到哲学等人文社会科学的学术理论上来，刊物的学术色彩浓重，为新文化建设提供了思想资源。到了郑振铎时期，《学灯》再一次把重点偏向文学，成为继《小说月报》、《文学旬刊》后，文学研究会发表作品、实现文学理念的又一个重要平台。虽然，每任编辑在主持《学灯》

期间都有一定的兴趣偏向,而且由编辑改变而产生的作者网络变化也会连带对《学灯》的作者群体产生一定的影响,但这种重点的转移只是微观层面的调整,并没有影响《学灯》整体上围绕教育、学术而展开文化启蒙的基本风格,反而更丰富和提高了这份副刊在新文化运动中的角色和地位。

至此,我们可以看到,《学灯》认同新文化运动的基本精神和投入新文化建设的主要表现,其内在的方面既是受到研究系基本价值观念的影响,是研究系遭受政治挫败后的文化追求,同时,也是张东荪等编辑群体在新文化上的努力和追求的表现。

二、《学灯》:最早传播新文化的报纸副刊

较长时间以来,新闻学界一直把北京《晨报》第七版视为五四时期副刊改革的先驱。实际上,《时事新报》副刊《学灯》才是副刊改革的真正发起者,对副刊革新发挥了推动作用。正如赖光临所言:"自《学灯》问世以来,在同业间迅速引起反应,'南北各大报作同声之应的,几于不胜枚举'"。①

中華民國七年三月十一日

學燈

●隨想錄

教育小言

《学灯》创于 1918 年 3 月 4 日,其前身是《时事新报》的《教育界消息》,专门刊登教育领域的各种新闻和信息。初创时为周刊,1918 年 5 月后每周出版二次,同年 11 月 25 日起,每周出版三次。12 月 16 日,《学灯》改版为日刊(除周日),直到 1929 年 5 月中旬停刊。《学灯》的版式也经历了多次变化,初期仅为半版,并与以趣闻花絮为内容的《新闻屑》合共一页。1918 年 11 月开始扩展为一版,后来版面逐渐增加,到 1919 年 2 月变为两版,1922 年改为四开四版的附张。在版面编排

① 赖光临:《七十年中国报业史》,(台湾)中央日报社 1981 年版,第 63 页。

上,1922年7月之前,《学灯》为分栏编排,1922年下半年改为横排,不分栏目。

《学灯》是五四时期第一份传播新文化和新思想的报纸副刊,在中国新文化运动史和新闻事业史上具有开创性意义。赖光临就曾经指出,五四时期最著名的副刊是"时事新报的《学灯》","为报纸有学术性副刊的创始"。①

《学灯》的开创性意义首先体现在投入新文化运动的时间上。《学灯》是第一份参与五四新文化运动的报纸副刊,相比其他杂志,《学灯》也是传播新思潮和新文化的先驱。如前文所述(见表1.1),单从《新青年》等杂志来看,《学灯》也算是其中的先知先觉者。《新青年》作为新文化运动最为核心的传播媒体,直到1919年初,销路才日渐兴旺。② 而它最有力的盟友,《每周评论》由陈独秀创办于1918年12月,《新潮》由傅斯年、罗家伦创办于1919年1月,它们的出现标志着"新文化运动便从此全面展开"③。但是,这两份刊物都出现在《学灯》之后。另外,相比《晨报》第七版从1919年2月开始传播新思想,《觉悟》直到五四运动后的6月才出现,《学灯》无疑是第一份投入新文化运动的报纸副刊。因此,从创办和参与新文化运动的时间来看,《学灯》不仅是最早刊登新文化和新思潮的报纸副刊,也是报刊宣传新文化运动的先行者。这可以说明两点问题,首先,《学灯》编辑对新文化的思想动向具有相当高的敏感和自觉,较早地意识到报纸副刊对宣传新文化和新思想,对于大众读者的普及具有重要意义;第二,《学灯》的出现和成长与新文化运动的全面展开几乎是相同步的,甚至在某些关键阶段,《学灯》曾经发挥过引领新文化运动的作用。可见,尽管《新潮》、《每周评论》等杂志的出版的确扩大了《新青年》所发动的新文化运动的影响,但以《学灯》为首的报纸副刊也较早地加入了新文化运动的潮流,它们的出现才真正结束了《新青年》在新文化运动中孤军奋战的局面。

《学灯》对新文化运动的另一个重要贡献,是它在整体风格上始终侧重和强调对新文化的建设,而不是对传统文化的破坏。因此,在内容特点和形式上也表现出以下明显特征。

内容上,《学灯》在五四新文化运动期间始终坚持了文化本位,以思想革新

---

① 赖光临:《中国新闻传播史》,三民书局1992年版,第145—147页。

② 方汉奇:《中国新闻事业通史》,中国人民大学出版社2000年版,第11页。

③ 余英时:《重寻胡适历程》,广西师范大学出版社2004年版,第163页。

实现文化建设为贯穿始终的主题。在1918年初创时期,《学灯》以教育为主题,以"促进教育,灌输文化"为根本宗旨,这也成为它贯彻始终的办刊方针。1919年以后,随着新文化运动的深入展开,以"学术研究为根本"又成为《学灯》新的办刊理念,有关西方学术、新思潮等栏目和内容也逐渐占据版面的主要地位。《学灯》遂成为第一份引入学术文化的报纸副刊,开创了副刊刊登具有思想性、学理性内容的先河。五四运动以后,新文化运动进入了深化发展的阶段,《学灯》又注重从新文艺的角度扩大了文学革命的成果,促进了新诗和现代文学的发展成熟。

在版面编辑上,《学灯》通过全面而细致的栏目设置,为知识阶层提供了自由交流的公共园地,构筑了新文化建设的公共论坛。在几份参与新文化运动的报纸副刊中,《学灯》首先开展了分置栏目的实践。在1918年创刊之初,《学灯》就设置了"教育小言"、"教育界消息"、"学校指南"、"青年俱乐部"等相关栏目17个之多。在此时,《晨报》副刊和《觉悟》尚未出现。到1919年五四学生运动到来之前,新文化运动的影响不断扩大,《学灯》也早已敏锐地把握住进步的思想文化气候,开始大规模地宣传新文化和新思潮。当时,除原来颇受读者关注的各种教育专栏外,《学灯》还推出了不少新栏目,如"小言"、"讲坛"、"译述"、"新文艺"、"思潮"等等。在这一阶段,《晨报》副刊才开始加入到宣传新文化的阵营中来。1919年6月前后,新文化运动在学生运动的影响下被推向了高潮,《学灯》中的栏目也更加全面和具体,除了先前已有的关于教育和新文化的栏目外,它还根据最热门的讨论话题、最新鲜的思想动向设置专栏,如"妇女问题"、"劳动问题"、"社会问题"等等,并把相关的文章集纳到相关专栏中,增强了新文化的传播效果和影响力。

先前有研究者把五四新文化运动时期的《学灯》、《晨报》副刊和《觉悟》的栏目进行横向比对,且把三刊的众多栏目划分为七大类,①笔者认为此种分类基本符合新文化副刊的主体面貌,故将其修正如下以供分析。这七大类栏目分别是:

一、言论类:"评论"、"思潮"、"演讲"、"论坛"、"随感录"等;

---

① 谢庆立:《中国早期报纸副刊编辑形态的演变》(复旦大学博士后研究工作报告),2004年,第108页。

二、信息类："学校指南"、"学校纪事"、"教育界消息"、"介绍新刊"等；

三、社会热点讨论："妇女问题"、"劳动问题"、"社会问题"等；

四、文艺创作类："新文艺"、"新诗"等；

五、引介西方思想文化类："译述"、"名著"、"名人"等；

六、科普类："科学丛谈"等；

七、编读互动类："青年俱乐部"、"通讯"、"来函"、"读者论坛"等。

除了栏目数量众多、异彩纷呈外，《学灯》还在这些栏目中培育了不少著名品牌，并以这些栏目为基础组织新文化人进行议题讨论，为新文化运动提供了自由交流的公共论坛，为传播新的观念意识和思维方式作出了应有的贡献。

在态度立场上，《学灯》采取渐进式的思想启蒙，为五四新文化运动的建设提供持续的思想动力。《学灯》既是新文化运动坚决的支持者，也注重在文化建设上的稳健态度，突出报纸副刊在社会中的思想启蒙功能，并以此作为副刊传播新文化的基本原则。为激进主义为主流的早期五四新文化运动提出了另一个重要的文化建设方案和启蒙策略。

《学灯》这些在新文化建设上的投入和努力已经得到了当时新文化界的认可，并在报刊界产生了不容小视的影响。一方面，《学灯》在新文化运动中的突出表现在报刊界引起了较大反应，同业间纷纷模仿。比如，《学灯》首先发表的许多评论和新文学作品，都纷纷被其他新文化刊物转载，如宗白华的新诗《问祖国》发表于《学灯》1919 年 8 月的"新文艺"栏，而 9 月 15 日的《少年中国》就立刻转载。宗白华在 1919 年 2 月 7 日《学灯》上发表的《新诗略谈》，又被 1 卷 8 期的《少年中国》转载。① 当时的新文化报刊纷纷围绕《学灯》上发表的文章发表进一步的评论意见。而且，新闻史对此也有过简单记载："自《学灯》问世以来，在同业间迅速引起反应，南北各大报作'同声之应'的，几于不胜枚举"。② 另一方面，《学灯》的出版扩大了《时事新报》的读者和发行。《时事新报》在多篇周年纪念文中承认了这一事实："本报已有了十二年的历史，向来抱一种创造新中国的宏愿，对于新闻为公平的记载，对于问题下彻底的批评，所以销路也就逐天的推广。虽中间为了反对袁世凯做皇帝，被袁政府勒停邮寄，销数不免减

---

① 邹十方：《宗白华评传》，香港新闻出版社 1989 年版，第 46—47 页。

② 赖光临：《七十年中国报业史》，（台湾）中央日报社 1981 年版，第 63 页。

缩。然而,自从恢复邮寄以来,创辟学灯,宣传文化,本报的销数却和新潮一般的涨起来了"。① 后来的新闻史学家对《学灯》也有较高评价,曾虚白就曾提出:"宣传新文化运动最早和最有力的报纸,是上海《时事新报》"②,这里所指的应该就是该报副刊《学灯》。赖光临也说过《学灯》是报纸有学术性副刊的创始。③

可以说,作为率先进行改革的《学灯》不仅是最早投入新文化运动的报纸副刊,而且它对文化本位的坚守、公共论坛的构建和渐进式思想启蒙的倡导,都使其呼应和满足了新文化运动对报刊传播力量的需要,成为五四新文化运动期间最为重要的宣传刊物之一。

本章小结

五四新文化运动期间,以《学灯》为代表的传播新思想和新文化的报纸副刊的出现,是新文化运动深化发展的时代要求,也是中国报刊业发展到五四时期的历史选择。《学灯》作为第一份参与新文化运动的报纸副刊,在新文化建设方面的突出表现与研究系脱胎于政治的文化意欲以及它的编辑群体有着密切关系。

从外部因素看,报纸副刊参与五四新文化运动是副刊呼应时代的重要表现和中国报业发展到五四时期的历史选择。

一方面,《新青年》杂志作为新文化运动前期的核心力量,在反对封建思想文化,传播民主、科学精神和倡导文学革命等方面具有开创性的意义。但在早期新文化运动的发展过程中,《新青年》在传播新思想方面存在的问题,客观上向新的报刊媒介提出了接续和扩大新文化传播力量的要求。

另一方面,副刊参与新文化运动是中国报业发展的历史选择。第一,与杂志相比,综合性日报在向社会大众传播新思想方面具有时效性强、范围广、容量大等优势,是推动新文化运动进一步发展的理想媒介。第二,从报纸的版面格

① 《本报大扩充广告》,《时事新报》1919年12月12日第一张第一版。

② 曾虚白:《中国新闻史》,台湾政治大学新闻研究所1969年版,第324页。

③ 赖光临:《七十年中国报业史》,(台湾)中央日报社1981年版,第62页。

局看，副刊承担传播新文化的任务是报纸各版面分工的最佳选择。第三，从当时政治背景看，报纸以副刊传播新文化也是出于保障自身生存的考虑。第四，以副刊传播新思想和新文化是民国时期报纸副刊变革的自身需要。

从内部因素来看，《学灯》的出现与投入五四新文化运动与研究系有着密切关系。研究系在政治屡遭挫败后转向文化领域继续进行社会改良，而《学灯》参与新文化运动正是研究系的政治力量转化为文化意欲的结果。同时，以张东荪为首的优秀编辑群体也是《学灯》保持新文化建设主要风格的重要因素。

《学灯》在五四新文化运动的传播史上具有开创性意义。首先，《学灯》是第一份传播新文化运动的报纸副刊。第二，《学灯》在内容和形式上突出表现了建设新文化的风格，表现出坚守文化本位、构建公共论坛和渐进式思想启蒙的特点。因此，《学灯》是五四新文化运动期间最重要的刊物之一。

第二章

文化本位的坚守

《学灯》诞生之时，五四新文化运动也开始进入深化发展阶段，这为《学灯》在思想文化领域施展拳脚提供了宝贵的机会。从1918年4月起，作为早期新文化运动主导刊物的《新青年》在内容上开始出现向政治转向的趋势；五四学生事件后，《新青年》、《新潮》和《每周评论》等著名刊物由于主办人被捕等原因而暂时或永久性停刊；1920年前后，《新青年》同人在编辑方针上出现了路线分歧，由陈独秀编辑的《新青年》迅速转向成为讨论社会主义和政治问题的刊物。尽管有论者认为这是《新青年》使“新文化运动在更广阔的领域展开”①的表现，但也同时说明它在逐渐偏离创刊时设定专注于思想文化建设的初衷②。可见，新文化运动在报刊宣传上已经出现需要填补的缺陷和接续的空挡。而《学灯》在此时坚守文化本位的立场，接过从《新青年》传递过来的精神火炬，成为五四新文化运动中最重要的刊物之一。

自1918年投入新文化运动以后，《学灯》就一直坚持在传播内容上的思想文化性质，为新文化运动在深化发展阶段作出了关键性的贡献。《学灯》主要从三个方面接续新文化运动的努力，一是从教育入手参与新文化建设，拓展了新文化运动的启蒙图景；二是以学术研究建设新文化，从根本上构筑新文化运动的思想文化根基；三是扩大了文学革命的成果，承担了新诗的创作研讨中心和现代文学社团支持者的重要角色。

---

① 方汉奇：《中国新闻事业通史》，中国人民大学出版社2000年版，第11页。

② 《社告》，《青年杂志》1915年第1卷第1期第1页。

第一节　从教育入手参与新文化建设

近代以来,中国在教育方式、教育观念及教育内容上的变革对于思想文化和社会观念的更新具有决定性意义。同时,文化观念的更新也会在教育改革上有所体现,两者相互影响,关系密切。在以往的思想启蒙运动中,教育不仅是非常重要的社会变革领域,也是推动相关启蒙思想文化成长的基础环境和影响因素。因此,讨论和研究教育事业的发展与改革,当不可避免地成为以思想启蒙为核心的新文化运动所关注的重要议题。遗憾的是,活跃于早期新文化运动的主要刊物较少留意到这个影响思想观念变革的关键性问题,而《学灯》正是抓住了教育这个切口进入文化革新,把改革教育视为发展文化、改良社会的主要途径,拓展了新文化运动的领域。

一、发端于新文化建设的教育情结

(一)"促进教育,灌输文化"的提出及缘由

通过促进教育改革来发展思想文化,是《学灯》从创刊之日起就提出并长期坚持的办刊宗旨,虽然这份副刊从1919年开始转向新文化建设,但关注教育却也是它始终不变的情结。这种办刊理念的由来与梁启超、张东荪等人注重以文化教育来改良社会的思想有着一脉相承的关系。

在《学灯》的创办宣言中,编辑阐释了教育对社会个人修养和社会发展的重要意义,也说明了刊物强调教育问题的主要原因。《学灯》编辑认为人们的表现有高低之分,是因为所受教育水平不同,要解决社会问题、发展文化,必须倡言教育。因此,《学灯》提出的第一条宗旨便是"促进教育,灌输文化"。宣言写道:

予尝于无聊时,与三五友人纵论当代人物,评隲高下。甲与乙其行事相同,而甲优于乙。丙与丁其性格相似,而丙优于丁。绎有数事。□为一例,即以读书之无有与多寡为衡耳,始信学之为力大矣。方今社会为嫖赌之风所掩,政治

为私欲之毒所中,吾辈几无一席之地可以容身。与其与人角逐,毋宁自辟天地,此学灯一栏,之由立也。其旨有三:一曰籍以促进教育,灌输文化;二曰屏门户之见,广商友之资;三曰非为本报同人撰论之用,乃为社会学子立说之地。发端之始,用志一言。①

宣言中的"吾辈",应该是指当时《时事新报》编辑张东荪及其友人,他们创办《学灯》是希望在黑暗的社会现实和政治环境之外,另外开辟一个"容身之地",其作用正是"促进教育,灌输文化",其最终目标是要培养行为品行皆优的国民。宣言里所见"学之为力大矣",说明在《学灯》编辑的眼中,教育之优劣是个人优劣的关键和社会改良的根本,也是有识之士最应该充实和努力的基础。从评论的视角来看,《学灯》编辑早已把教育问题直接上升到改造国民、改良社会的层面,把教育视为社会改良的一部分。

可以说,《学灯》在创版初期,以教育为主题的基调和风格是明确的,但它并非就教育谈教育,而是着眼于发展文化、培养新人。正如第一条编辑宗旨所言,"促进教育"只是前半部分的任务,但不完整、不确切,"灌输文化"是后半部分的职责,也是办刊的最终目的。编辑张东荪把"促进教育"和"灌输文化"放在并列的位置,可见其用心不仅仅在教育。

后来,这种兼顾教育和文化的理念在《学灯》中表现得越来越明显。据笔者查证,《学灯》第一次在公开场合对文化问题提出比较明确的态度,是在1918年9月发表《本栏之提倡》上。这份宣言详细陈述了《学灯》对"发展教育、灌输文化"的基本立场:

一、于教育主义,提倡道德感化之人格主义,以为职业教育之实用主义之辅助。二、于教育制度,反对抄袭得制度与反对固执不化得制度。三、于教育事情,揭穿各种教育流弊。四、于教师,主张改造以身作则之良教师,反对现在与恶社会同流合污之教师。五、于学风,主张改造活泼朴实之学风,反对现在萎靡不振之学风。六、于原有文化,主张尊重,而以科学解剖之。七、于西方文化,主张以科学与哲学调和而一并输入,排斥现在流行之浅薄科学论。②

由此可见,《学灯》希望通过批判不合理的教育制度和黑暗的教育现状,倡

① 张东荪:《学灯宣言》,《时事新报·学灯》1918年3月4日第三张第一版。
② 《本栏之提倡》,《时事新报·学灯》1918年9月30日第三张第一版。

导良好的教育风气,从而实现改造新人、促进文化发展的目标。正因为《学灯》希望通过教育来宣传文化,所以在注意教育问题的同时,它已经敏感地关注到了当时思想界所关注的文化问题,对“原有文化”、“西方文化”表明了一种明确的态度。

到了1919年,《学灯》越来越张扬它在文化事业上的努力和表现。1919年12月,《学灯》再次扩版,它在宣言中把自己直接定位在发展文化事业上:“自从恢复邮寄以来,创辟学灯,宣传文化,本报的销数却和新潮一般的涨起来了”。① 这里可能有几分自夸之嫌,但也是事实。《学灯》创办之时,《时事新报》仍然是一份上海地区以时政新闻为主的报纸,在新闻界已有一定的知名度。但它在文化界影响力的迅速提升,却是与《学灯》从教育出发、放眼文化的编辑理念有直接关系。

《学灯》这种从教育入手发展文化事业、实现社会改良的思路,与研究系梁启超、张东荪等人的思想取向有着一脉相承的关系。如上一章所述,《学灯》所在的《时事新报》是研究系的机关报,主编张东荪和《时事新报》均在梁启超等研究系主要人物的支持下开展活动,《学灯》也是研究系在遭遇政治挫折后转而投入文化事业的重要表现。因此,《学灯》在办刊理念上也受到研究系中人对教育和文化基本态度的影响。

从梁启超强调教育诸多论述中我们可以发现其中存在的一脉相承的关系。梁启超曾经转述并认同日本政治家犬养毅的观点,认为学校、报纸和演说为“传播文明三利器”②。而且,他还曾经在很多不同的场合表达了对教育的重视,如在《论教育当定宗旨》中,梁启超就明确提出强调教育的态度:

一国之有公教育也,所以养成一种特色之国民,使之结为团体,以自立竞存于优胜劣败之场也。……故有志于教育之业者,先不可认清教育二字之界说,知其为制造国民之具;决不可不具经世之炯眼,抱如伤之热肠,洞察五洲各国之

---

① 《本报扩充大广告》,《时事新报·学灯》1919年12月12日第一张第一版。

② 梁启超:《自由书·传播文明三利器》,《梁启超全集》第2卷,北京出版社1999年版,第359页。

趋势,熟考我国民族之特性,然后以全力鼓铸之。①

梁启超所提出的"教育","可以理解为广义的文化启蒙之意"②,其目的在于思想启蒙,改造国民。他认为,中国的教育宗旨应该是:

使其民备有人格,享有人权,能自动而非木偶,能自主而非傀儡,能自治而非土蛮,能自立而非附庸。为本国之民,而非他国之民;为现今之民,而非陈古之民;为世界之民,而非陬谷之民。此则普天下文明国教育宗旨之所同,而吾国亦无以易之者也。③

梁启超这种通过改良教育进行文化启蒙的观念与《学灯》的宗旨应该说是一致的。

张东荪主张办《学灯》的初衷和用心,与梁启超等人的发展教育、改良社会的思想是相互呼应的。1918年,由《时事新报》撰写的《学灯》启事正表达了这一思想:

本报同人慨夫社会之消沉,青年之堕落,以为根本救治之策,惟教育事业是,赖爰将原有教育界为之扩张更名曰学灯。……凡此数端皆同人所愿,竭其绵薄以为贡献者,非敢自诩为学界之明灯,然亦期不负初衷,区区微意,幸海内外明达,有以教之,特此预告。④

根据这里的叙述,《时事新报》编辑部计划把原来只承担发布信息任务的《教育界》版改为《学灯》,是希望通过讨论教育事业的问题,传播一种新的思想文化观念,最终目的是拯救青年、挽救社会。

总体而言,由于《时事新报》编辑张东荪与梁启超等研究系核心人物保持着良好而密切的联系,他在思想和文化观念上与研究系有许多共同之处,再结合张本人的改良意识和社会关怀,可以说,《学灯》从教育入手参与新文化建设是研究系中人以思想文化改造国民的社会改良观念的体现。

---

① 梁启超:《新大陆游记·论教育当定宗旨》,《梁启超全集》第4卷,北京出版社1999年版,第911页。

② 周佳荣:《言论界之骄子:梁启超与新民丛报》,中华书局2005年版,第22页。

③ 梁启超:《新大陆游记·论教育当定宗旨》,《梁启超全集》第4卷,北京出版社1999年版,第911页。

④ 《本报特设学灯一栏预告》,《时事新报·学灯》1918年2月25日第一张第一版。

（二）“发展教育，灌输文化”的理念贯彻：“黑幕”文学让位

“发展教育，灌输文化”的理念在《学灯》的办刊实践中得到有力贯彻。编辑不仅在《学灯》上开设了诸多有关教育和文化的栏目，而且《时事新报》还通过撤销“黑幕小说”等方式从整体上配合《学灯》在文化上的努力，使《学灯》从教育入手进行文化建设的计划得以顺利展开，并确立《学灯》在教育界的重要地位。

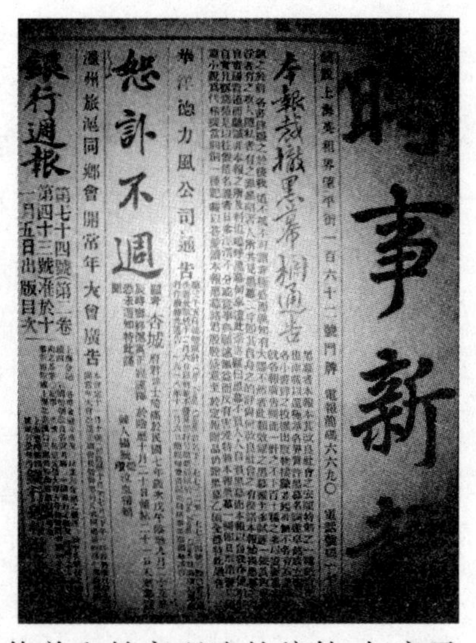
事新
本報裁撤黑幕欄通告
力風公司通告
懇訃不週
同鄉會開常年大會廣告
銀行週報

创版之初，《学灯》就紧扣教育主题来设置栏目，当时主要有“学校指南”、“青年俱乐部”和“教育小言”三个栏目，分别刊登各地学校消息和编辑部内外或青年学生的自由言论。① 后来，《学灯》上有关教育的新栏目不断增加，如“教育小言”、“教育研究”、“教育界消息”、“学校指南”、“学校消息”、“青年俱乐部”等等。《学灯》这种通过议论教育问题向新文化运动入手的思路，在版面的内容上也得到贯彻。在多次征稿启事中，《学灯》一再表示欢迎介绍各地中等以上学校的历史和现状、批评和揭露教育界的黑暗、讨论青年修养和教育理论的稿件，如启示有：“本栏征求全国中等以上学校调查报告（详述历史沿革及现在状况），如能将校长照片及校舍摄影附寄，尤所欢迎”②，事实上它也发表了大量有关教育的文章。

正是由于对教育问题的热切关注，《时事新报》得到了大批在校师生读者的支持。在创刊后的10个月间，《学灯》已经改版三次，从每周出版一次，到除周日外每天出版，其目的都是为了满足不断增加的师生读者的需求。

为了配合《学灯》在教育和文化上的努力，加强《时事新报》在读者中的正面形象，《时事新报》在1918年底还撤销了一向很有读者市场的“黑幕”文学，这种做法充分体现了这份报纸在文化建设上的决心和努力。

---

① 《本报特设学灯一栏预告》，《时事新报·学灯》1918年2月25日第一张第一版。

② 《本栏特别启事》，《时事新报·学灯》1918年8月22日第三张第一版。

“黑幕”小说,是中国近代专以揭露社会黑暗内幕为题材的小说流派,萌芽于清末民初,正式发端于1916年9月1日《时事新报》发起“黑幕大悬赏”开辟“上海黑幕”专栏之后。① 当时,《时事新报》征集《上海之黑幕》,开列了若干题目,广征文题,其意旨在揭露社会黑暗现实。征文启事以正义言辞的讨伐展开:“上海五方杂处、魑魅魍魉群集一隅,名为繁盛之首区,而实则罪恶之渊薮,魔鬼之窟穴而已。……本报本其救世之宏愿,发为下列之问题,特备赏金,广征答案。世之君子,倘有真知灼见,务乞以铸鼎象奸之笔,发为探微索引之文。本本源源,尽情揭示。……共除人道蟊贼,务使若辈无逃形影,重光天日而后已。”② 此后,“黑幕”征稿由于社会反响强烈,投稿甚众,报纸发行量也因而激增。《时事新报》为了满足读者的需要,便扩充“黑幕”版面,还把报纸刊登过的黑幕小说专印成单行本作为吸引订报的赠品,黑幕小说也成为《时事新报》吸引读者、增加发行的商业化营销手段。“黑幕征文”引发了民初小说界的黑幕潮,当时很多报纸都大肆征集“黑幕”文章。但过分追求轰动效应也使黑幕小说走向了反面,由于小说中充斥着贪官、黑社会、娼妓等内容还掀起了犯罪和色情文字的大展览,它非但没有实现《时事新报》当初揭露社会黑暗内幕的“宏愿”,还引来了社会各界的批评。结果,1918年9月教育部发表《教育部通俗研究会劝告小说家勿再编黑幕一类小说函稿》后,社会舆论对《时事新报》更为不利。

1918年11月,《时事新报》以高姿态主动撤销“黑幕”小说,该报在公开启事中写道:

> 揆诸本报始,揭黑幕之宗旨,实属背道而驰。诚非本报之所及料也。呜呼,黑幕何辜遭此荼毒。虽曰黑幕不负人,人自负黑幕,而本报以自我作俑引咎自责,且认为循是以往假借名义者日多,泾渭不分或竟事与愿违,无益而反有害。爰特将本报黑幕一栏即日取消,暂以短篇小说为代,稍缓当别创一种记载,以答爱读本报黑幕诸君殷引盛意。③

应该说,这种做法是报纸维护自身声誉和影响的策略,也是它支持《学灯》在新文化建设方面的重要体现。从“黑幕”小说与《学灯》的此消彼长中,可见

---

① 黄森学:《“黑幕小说”研究(之一)》,《黄石教育学院学报》2003年第4期,第13—20页。

② 《征稿启事》,《时事新报》1916年9月1日第三张第四版。

③ 《本报裁撤黑幕栏通告》,《时事新报》1918年11月7日第一张第一版。

当时《学灯》对读者的吸引力和对报纸增加发行量的作用，已经在一定程度上超过了原来作为《时事新报》"招牌"栏目的"黑幕"文学。由于读者群体的变化，阅读口味的改变，以及对文化建设事业的考虑，都使《时事新报》必须重新建立在读者中的文化形象。

从 1918 年的频繁改版和"黑幕"小说的消失可见，《学灯》通过研讨教育问题、宣传新文化的策略已经得到了初步成功。这种策略和思路，使青年学生和教育界的读者逐渐聚拢在《时事新报》周围，读者在关注《学灯》同时还源源不断地向编辑部投稿，这促使了版面的扩大，也为读者提供更广阔的言论空间，其结果是又吸引更多的读者和作者，《学灯》与教育界读者之间的交流形成了一种良性循环。

1919 年以后，随着新文化运动的进一步深入展开，《学灯》逐渐把办刊的侧重点偏向学术思想文化领域，但谈论教育问题是它坚持的主线之一。《学灯》这种通过讨论教育切入文化建设的努力是富有成效的，著名的出版界张静庐先生在《中国的新闻纸》一书中有这样的回忆：

最初，上海和内地的教育界所喜欢看的日报，莫过于上海的《时报》，因为《时报》当时，对于教育界的新闻记事特别详细之故。从新文化运动以后，全国青年的思想为之一新，《时报》的主编者，不晓得迎合时代潮流，连一张副刊都不肯出版，仍保留其《余兴》、《小时报》的老套头。因此，《时事新报》的副刊《学灯》，应时而起，延宗白华为主编，撰述者都是一时之选，于是学界极表欢迎，《时报》十余年来在教育界里打下的根基，不能不动摇，以致于倾圮。①

由此可见，《时事新报》通过创办《学灯》，从教育的角度切入新文化运动的策略，以教育话题吸引青年学生读者，已经初步成功地确立了《学灯》在教育界的地位。

二、推动教育事业的努力

作为一份希望通过发展教育以传播新文化的刊物，《学灯》不仅明确宣扬它

---

① 张静庐：《中国的新闻纸》，上海光华书店 1928 年版，第 33 页。

关注教育文化的办刊理念,也的确围绕教育问题做了很多实质性工作,对当时的教育改革和青年思想启蒙发挥过不可忽视的作用。总体而言,《学灯》主要从沟通教育信息、反思教育问题和传播教育思想三个方面推动教育事业的发展。

(一)沟通教育信息

《学灯》的前身是《时事新报》的《教育界》版,主要刊登有关教育界、学术界的最新消息。创版后,《学灯》不仅保持了《教育界》发布教育信息的传统,而且还强化了版面作为教育界信息平台的功能。

首先,《学灯》开辟专栏向教育界广泛征稿。为了增强信息沟通,《学灯》在创版之初就开设了"学校指南"、"学校纪事"、"教育纪事"、"教育新著"等多个栏目专门刊登各类教育信息。而且,编辑部对这类稿件的需求也非常迫切,多次在版面上发表征稿启事。一方面,《学灯》征集关于全国中等以上学校的历史和现状的介绍或调查报告,并要求投稿者附寄校长和校舍的照片。此类稿件,大多由各校校长执笔,"本馆承各学校校长寄下摄影,络绎不绝"①。另一方面,《学灯》还征集各校学生活动和教育界消息。响应征稿的,多为上海、江浙一带的青年师生。《学灯》的呼吁得到了教育界的支持,仅在1918年,它就刊登了教育界消息的稿件共64篇,其中包括北京、江苏、浙江等地从小学到师范院校的情况介绍,还有大量教育部视察浙江和江苏学校的报告。按照《学灯》1918年的出版频率计算,几乎每期都刊登至少一篇这样的消息。

随着版面的扩大和读者需求的增加,《学灯》上的教育信息呈现出多元化的趋势。到1919年,《学灯》中有关教育界信息的栏目更加丰富,除了原有的"学校指南"外,还增加了"学校消息"、"教育纪事"、"教育界消息"、"教育法令"、"教育行政界消息"、"教育研究"等。稿件的内容也随着版面的扩大而更加多样,各地学校的最新动态和调查报告,如校长更替、童子军校、盲童学校、女子学校和职业学校的情况都有体现。在数量上,教育消息占《学灯》总内容的比率维持在一个较高水平。1919年2月至4月,是《学灯》经过多次改版后比较稳定的阶段,由于还没有受到五四学生运动的冲击,当时的版面和内容分布较能体现编辑对《学灯》的设计。

---

① 《本栏特别启事》,《时事新报·学灯》1918年3月25日第三张第一版。

表2.1　《学灯》教育类文章统计表(1919年2—4月)

	教育类(篇次)	文章总数(篇次)	教育类占比率
2月	115	239	48%
3月	94	281	33%
4月	79	279	28%

笔者认为,虽然这类稿件属于时事陈述的消息报告,缺乏精辟的观点和慷慨的陈词,但却是《学灯》以传播教育信息启发青年思想的开始。《学灯》通过讨论教育问题吸引了学校师生的关注,提供园地让他们交流和讨论与自己关系最密切又最熟悉的信息和话题,正是以最贴近青年的方式进行启蒙思想的灌输。而且,通过这个介绍教育消息、讨论教育问题的版面,《学灯》成功地吸引了教育界人士的目光,他们既是报纸的读者,也是作者,这使各地教育界的信息有机会自由流动,从而也使他们相互间的联系得以实现。

(二)反思教育问题

既然教育问题被《学灯》视作社会改良和传播文化的根本途径,那么改革现行的教育体制便成为这份副刊开展社会改良的起点,因此它对教育现实的批判态度也表露得特别明显。

正如发刊辞所言,《学灯》的产生是由于社会现实黑暗,激发了知识分子另觅发表言论、实践理想的途径,因此它始终以批判社会现实为立场。对于教育问题的讨论,《学灯》也同样坚持了这种立场,并要求来稿采取批判的态度,倡导作者反思教育改革的问题。《学灯》最早的征稿就是针对学界中存在的腐败问题展开的,刊物告事曾经提出:

近来吾国教育弊端百出,如学制之荒谬,教员之堕落,学风之卑下,此外邪说披猖,道德陵夷,尤为伤心之象。苟有人焉,以铸鼎燃犀之笔,为之一一揭发,与纰缪之主义激战,以其文字投诸本报,当敬为披露,并愿以优厚之酬资,为定交之纪念。①

在这种编辑思想的指导下,《学灯》发表了大量反思和批判教育现实的文章。据统计,在1918年的“教育小言”中,共刊登文章72篇,其中持反思或批判

---

① 《本栏特别启事》,《时事新报·学灯》1918年4月1日第三张第一版。

现实角度的37篇;“青年俱乐部”刊登文章59篇,对现实持反思或批判角度的占18篇。其中比较重要的篇章有驽牛的《论国人读书力减退之原因》、《对于上海教育界之意见》、张九如的《我国小学不见信于社会之原因及其补救之方法》等多篇报社内外评论。可见,《学灯》虽然提出要通过办报纸另辟一个“容身之所”,但他们并没有把自己排除在社会环境之外,而是通过教育切入现实,反思和批判社会中的种种不良现象,充分表现了《学灯》对教育现实乃至社会问题保持着高度的敏感和反思能力。当时有读者这样评价《学灯》:“他(笔者注:它)对于社会的现状,也肯用相当的力量去调查批评,其有益于社会,确实不浅”。①

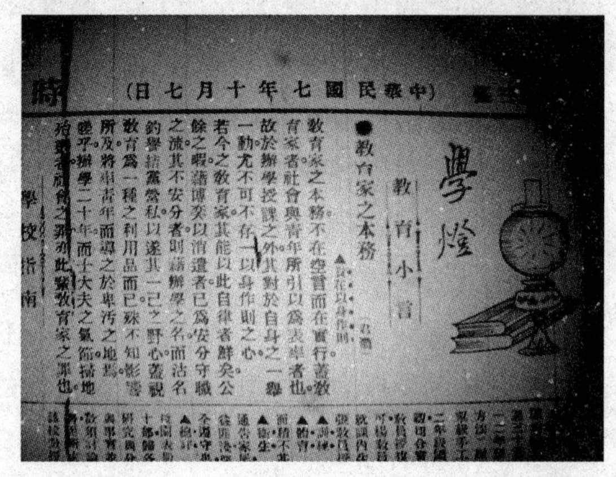

《学灯》对民初教育现状的批判,主要针对教育者、学生和当时的学风三方面展开。《学灯》首先把批判的火力倾泻在社会上那些沽名钓誉号称教育者的人身上。署名君潜的作者在《今之办学者》中写道:“试观全国官私立学校中,主持其事者非为饭碗与地位计,即用以为沽名钓誉之具,求其有献身的精神者,渺不可得。是办学者用以培植自己耳”。② 署名“好学”的作者在代表编辑部意见的“小言”栏中多次抨击教育者的流弊,他在《教育家不当自行标榜》中说:“中国之大不幸,即出风头之教育家太多,而坚忍劳苦之教育家太少耳”。③ 他还提出,当时的教育家大都犯了两种病,“一曰见异思迁,二曰沽名钓誉,前者其心不专乎教育;后者虽不敢外乎教育,而其心则不诚”④。

对于青年学生,《学灯》主要批评当时青年人萎靡不振的精神状态。君潜感

① 王无为:《各地文化运动的调查——批评之(一)上海报界的文化运动》,《新人》1920年第5期,第138页。

② 君潜:《今之办学者》,《时事新报·学灯》1918年3月11日第三版第一张。

③ 好学:《教育家不当自行标榜》,《时事新报·学灯》1918年6月17日第三版第一张。

④ 好学:《二大病》,《时事新报·学灯》1918年9月9日第三版第一张。

慨道:“昔之青年咸有慷慨激昂之气概,今之青年多带怠惰轻薄的色彩。昔之青年喜读革命文章,今之青年喜观艳情小说。……然此为外魔之诱惑欤?或因自身之暴弃欤?愿我青年之早自觉而自振焉”。① 好学也多次批评了青年的萎靡风气:“人谓今之青年,其共同之缺点,无坚确明晰之理想,一也;乏活泼进取之精神,二也;不能屏除社会上一切之恶习,三也。……吾见北京之青年,终日捧坤角,吾见上海之学生,终日游游戏场,凡此种人可谓其心已死,可焉。哀莫大于心死,尚可言哉”。②

除了批评教育者和学生的缺失,《学灯》还发表了多篇读者来稿,对国民教育也进行了全面反思,表现出对教育现实的忧虑和不安。章垚发表的《中国之教育》中反对政府盲目扩充教育,建议改良当时中国教育存在的几大问题,一是“用才之谬误”,二是荒废体育锻炼的“无完全之教育”,三是缺乏科学评价体系的“无一定之程度”③。又如,隐青的文章《吾国国民教育之实况》,揭露了国民教学难以发展的三大原因,即“被地方官吏之摧残”、“被豪暴绅董之盘踞”、“被学界人士之蔑视”④。

通过反思教育问题,《学灯》实现了对青年学生进行最早的思想启蒙,对当时教育界的黑暗现实进行了无情的鞭挞。它在这一批判和反思过程中为青年揭露了社会现实,表面上是聚焦教育问题,实际上是在灌输一种批判的勇气和思维方式,对青年学生的思想启蒙具有积极意义。

(三)传播现代教育思想

中国教育的现代化是在不断引介和借鉴外国教育经验和教育理论中完成的。⑤ 在这一过程中,《学灯》在传播西方现代教育思想方面也作出过重要贡献。

《学灯》对现代教育思想的传播,首先体现在对国外教育经验的引进上。《学灯》最早开设的“教育研究”专栏,就是供教育界人士针对教育问题畅所欲

① 君潜:《青年之今昔》,《时事新报·学灯》1918 年 3 月 4 日第三版第一张。
② 好学:《青年之堕落》,《时事新报·学灯》1918 年 8 月 26 日第三版第一张。
③ 章垚:《中国之教育》,《时事新报·学灯》1918 年 4 月 8 日第三版第一张。
④ 隐青:《吾国国民教育之实况》,《时事新报·学灯》1918 年 4 月 8 日第三版第一张。
⑤ 杜成宪、丁钢:《20 世纪中国教育的现代化研究》,上海教育出版社 1999 年版,第 3 页。

言、推广国外教育经验的自由场地。在这里,《学灯》讨论过体育教育的方法、学校教材的研究、儿童心理研究、美术教育的新方法,也介绍国外的教育经验和教育改革,被介绍过的国家有美国、日本、英国、俄国、德国、南亚各国等等。可以说,《学灯》已经成为了知识界人士了解外国教育动态、思考本国教育问题的平台。

除了教育经验的总结外,《学灯》对现代教育理论的传播更是不遗余力。作为以教育为主题的副刊,它曾用过大量篇幅登载各种现代教育思想,尤其是对西方教育理论的介绍,如《教育上天然倾向 Unlearned Tendencies 之利用》、《教育思想的根本改革》、《教育在社会化的过程中之功能》等,都对当时知识界的教育观念更新产生了一定的影响。但让《学灯》倾注了最多版面和力量的,是对杜威等西方名家教育思想的传播。

杜威(John Dewey)是现代西方教育史上最有影响的代表人物之一。他的实用主义教育思想在美国及世界许多国家,都产生了深刻的影响。在中国,"杜威的教育思想支配了中国教育界三十年"①。1919 年 4 月至 1921 年 7 月,杜威偕夫人应邀来中国进行学术访问,他先后在北京、上海、江苏、浙江、广东等十四个省市发表演讲二百多场,向中国教育界传播其教育学说。五四前后,伴随着杜威的来华演讲,国内报刊纷纷转载杜威的著作和演讲内容,中国的知识界和教育界掀起了一股杜威实用主义教育思想的热潮。

在这股杜威"旋风"中,《学灯》是较早引入杜威实用主义教育学说的报刊之一。杜威来华前后,中国知识界已经开始发表介绍杜威教育学说的文章。1919 年 3 月,《新教育》在第 1 卷第 2 号上发表郑宗海的《杜威氏之教育主义》,后又在第 3 号刊发"杜威专号"。1919 年 4 月,胡适在《新青年》第 6 卷第 3 号发表《实验主义》。这些文章或专栏都是较早介绍杜威教育哲学的篇章。此后,随着杜威的到来,知识界、教育界对杜威教育学说的宣传更加集中,数量也更多。《学灯》不仅没有落后于这股潮流,还是较早地介绍杜威实用主义教育理论的报刊之一。1919 年3 月,《学灯》在"思潮"栏发表署名"雨虎"的《近世教育与新思潮》,其中比较详细地评论了杜威的教育思想。3 月 14 日,《学灯》专门撰

---

① 曹孚:《曹孚教育论稿》,华东师范大学出版社 1986 年版,第 23 页。

写《杜威博士将来游我国》,对杜威来华作出热情的预告。5 月 8 日,《学灯》发表了编辑俞颂华的《欢迎杜威博士》。应该说,杜威所提出的教育是社会改良的工具,教育可以改造社会的观点与《学灯》创办的思想如出一辙,《学灯》通过引入杜威的教育思想,不仅宣传了新思潮,也进一步明确自身的办刊立场和编辑理念。

杜威来华期间发表了大量演讲,把实用主义教育理论在中国的传播推向高潮,《学灯》也是大量刊载杜威著作和讲稿的主要刊物之一。1919 年 9 月至 1920 年 11 月,《学灯》在历时超过一年的时间里连载了杜威的著作《思想与教育》全文。同时,它还开辟"杜威演讲"专栏,连载杜威在中国发表的教育和哲学演讲词,如《教育哲学》、《近代教育之趋势》、《教育与社会进化之关系》等数十篇(见表 2.4),在社会上特别是在教育界引起强烈反响。

由于《学灯》等报刊对杜威的广为传播,使中国的知识界加深了对杜威教育思想的认识。杜威的教育学说通过报刊走向广大青年学子,并被当时中国的各级师范院校、大学,乃至中小学所接受。教育史论者认为,杜威教育理论对二十世纪二三十年代的中国教育改革产生过重要影响。① 其一,是在 1919 年 10 月全国教育会联合会第五次会议通过的"废止教育宗旨,宣布教育本义"建议案中,可明显看出实用主义教育理论的决定性影响;其二,杜威教育理论是 1922 年完成的新学制改革的灵魂②,而新学制的颁布,"改变了旧学制'三不管'的弊端,标志着我国现代学校教育体制的基本确立,是中国现代教育史上里程碑式的进步。从这个意义上说,杜威对中国现代教育的影响堪称功德无量"③。

应该说,在中国现代教育思想的转型和革新的关键时期,《学灯》等报刊所发挥的重要作用,是使一种新的教育观念从教育界走向社会大众,成为深入人心的思想理念。假如没有《学灯》等流传广泛的报纸副刊对杜威思想的大力传播,迅速风靡全国的实用主义教育思潮的形成是难以想象的。而且,《学灯》创刊后一直以在校师生为主要读者对象,它对杜威教育思想的广泛传播,在这个群体中所造成的影响,可以说是难以估量的。因此,在现代教育观念的更新和

---

① 元青:《杜威的中国之行及其影响》,《近代史研究》2001 年第 2 期,第 130—169 页。

② 同上。

③ 同上。

教育改革的贯彻实施方面,《学灯》等报刊的贡献值得记上一功。

第二节　以学术研究构筑新文化根基

五四事件之后,新文化运动在知识分子和青年学生的支持中迅速走向了高潮。在新文化支持者的努力下,各国的新思想和新文化像潮水一般涌进了中国的大门,冲击着广大谋求救国救民之路的知识分子的思想世界。但是,在历史车轮运动得最迫切的关键时刻,思想文化的革新难免会出现某种急就章式的功利主义倾向,新文化运动中对西方理论解读肤浅、断章取义等情况也开始逐渐浮现。近年来已经有学者通过研究提出,尽管在新文化运动中处于主导地位的杂志不断鼓吹西方自由、民主观念,但作者中真正理解并把握其思想精髓的人并不多①,而且各地读者在拾获了这些杂志文章的只言片语后就开始大肆发挥②,不少在运动中流行的西方思想理论的准确度和适用性也相当有限。在迫切渴求西方思想文化资源的近代中国,这种急于求成的现象其实是完全可以理解的,但同样身处这种文化环境中的《学灯》已敏锐地发现了这些问题,并提出以学术研究为本推进新文化运动深化的解决办法。这实际上是为知识界提供西方经典的思想养料,从根本上为新文化运动构筑思想文化根基。

一、最早引入学术研究的报纸副刊

(一)从教育到学术的理念转变

1919 年以后,《学灯》从原来以"促进教育,灌输文化"的努力方向逐渐向思想文化领域转变,最终确立了以"学术的根本研究""建造中国的新文化"的办刊宗旨,并在这种思想的指导下闻名于五四时期的新文化界。而《学灯》也成为中国第一份引入学术研究内容的副刊。

---

① 金观涛、刘青峰:《<新青年>民主观念的演变》,《二十一世纪》1999 年 12 月号,第 29 ~ 40 页。

② 王汎森:《<新青年>如何影响了旧中国》,《国际先驱导报》2005 年 9 月 15 日第 4 版。

《学灯》的转向表现出纯教育色彩淡化和学术特色增强的渐变过程。1919年2月4日,《学灯》发表改版宣言《本栏之扩充》后,从一页扩充为两页,在教育方面的内容减少,而关于宣传新思想、新文化的栏目则明显增多,如"小言"、"新文艺"、"妇女问题"、"劳动问题"等等。此前,代表主编立场的"教育小言"栏,于1918年11月29日被讨论新文化的"小言"所取代,成为宣传新思想的园地。

直到1919年下半年,《学灯》逐渐明确以学术为特色的综合性副刊的风格,这与编辑宗白华有着密切关系。在1919年9月至1920年4月间,宗白华主持《学灯》的编辑工作,他不仅通过发表郭沫若等人的新诗和组织新诗讨论,为《学灯》奠定了它当时在文学界的地位(第三节详论),还增加了大量有关哲学和美学的内容,使《学灯》在新文化运动处于相对低潮的阶段,成为引人注目的文化阵地。少年中国学会会员魏时珍在晚年回忆提到《学灯》的转变经历:"白华被聘为上海《时事新报》副刊编辑,主编副刊《学灯》。刊登文史哲学方面的文章,开副刊之先声,深得学术界好评,我也经常在此副刊写文章,……"①也可以说,《学灯》从一个以教育为主题的专版,转向成为注重学术的综合性新文化副刊,其主要表现是从宗白华主编期间开始的。

从编辑思想和办刊宗旨来看,宗白华负责主持编辑工作是对《学灯》的一次重要提升。1920年1月1日,《学灯》发表由宗白华撰写的改版宣言,这与初创时的宣言及1919的《本栏之扩充》所宣扬的宗旨及编排分类,已经有明显的不同。

此前,《学灯》虽有"促进教育,灌输文化"的宗旨,以教育为主题的风格定位也颇为明确,但对于"灌输文化",特别是在新文化运动方面的努力却是比较含蓄的。但在宗白华的主持下,《学灯》在新文化运动中的目标第一次得到明确而清晰的表达。宗白华在《学灯栏宣言》中正式提出《学灯》的"主义":

本栏今后的主义和理想,简括言之,就是从学术的根本研究,建中国的未来文化。②

应该说,相比原来的"灌输文化",《学灯》对建设新文化有了更深刻的理解:

---

① 邹士方:《宗白华评传》,香港新闻出版社1989年版,第37页。

② 《学灯栏宣言》,《时事新报·学灯》1920年1月1日第四张第一版。

我们从文化的意义上已知道，文化就是人类精神、思想继续不断的工作，以谋人类精神生活和物质生活双方的进化与发展。文化的实际是活动的潮流，不是静止的典型，是创造的工作，不是因袭的模仿，新文化的创造是我们应有的责任，是我们可能的事业。中国文化的进化，停顿已久，我们中国的民族，人人都有创造中国斯文化的责任。①

从这篇新宣言来看，它把《学灯》对新文化的任务，从原来的"灌输文化"提高到"建造文化"的高度。也就是说，《学灯》对新文化的发展方向已经有了自己的构想和设计，而不是简单地跟在文化潮流之后被动地呼应。应该说，这体现了《学灯》引导新文化发展方向的决心和责任感。

至于为什么要做学术的根本研究，《学灯》认为有两个重要理由：

一、新文化的运动，本有学术、艺术、道德、伦理的各方面，但本栏是学术界的出版品，本栏的能力，只能从学术上研究各种艺术、道德、伦理、学术的价值和内容，发挥而介绍之，不能直接地去做艺术或道德的运动。所以本栏的主义和责任，是学术的根本研究。

二、本栏以为文化的起源和建设，本是由于人类的经验与思想。而我们有系统有条理有组织的经验思想，正是我们的学术。所以本栏承认学术是斯文化运动的一个重要基础，学术的根本研究是我们创造新文化的重要手段。②

因此，《学灯》通过以学术为基础建造新文化的理念是非常清晰的：

所以本栏的主义，简括言之，就是奉学术作本栏新文化运动的指导明灯。借着这学术的灯，做我们积极的、基础的、稳固的、建设的新文化运动。这正是本栏取名《学灯》的本意。

但本栏对于学术又取的什么态度呢？本栏以为学术的实际是经验与思想并重，没有思想的经验是盲目的经验，离开经验的思想是无效果的空想，所以本栏的主义是尊重有思想组织的经验学术和不背实际的哲学理论。本栏所推崇的学术方法是实验的、归纳的、科学方法。③

至此，《学灯》对于投入新文化建设的指导思想和目标策略，可算是相当明

---

① 《学灯栏宣言》，《时事新报·学灯》1920年1月1日第四张第一版。

② 同上。

③ 同上。

晰。在这样一种编辑理念的指导下,版面体例也与此前有了较大变化。笔者把前三次宣言中的体例及排列顺序进行对比:

表 2.2 《学灯》栏目体例变化对比表(1918—1920 年)

篇名	本报特设学灯一栏预告	本栏启示	学灯栏宣言
日期	1918 年 2 月 25 日	1919 年 3 月 25 日	1920 年 1 月 1 日
体例	1. 学校指南,揭载教育法令、学校章程、视学报告等,以为办学者及求学者之指南针 2. 青年俱乐部,专备各校教员及学生诸君之投稿,凡有益青年身心者,内容不拘门类,文字不拘长短,均所欢迎 3. 教育小言,用以涣发兴会辅助修养。	1. 小言,述记者之感想。 2. 讲坛,载名人之著述。 3. 思潮,披露学术社会革新之意见。 4. 教育研究,对于制度主义及教授训练诸问题之商榷。 5. 科学丛谈,揭科学常识及新发明之事迹。 6. 译述,载迻之名著。 7. 青年俱乐部,登各界杂著之投稿。 8. 学校指南,详述各校之内容。 9. 教育界,各学校之消息,记教育界及各校之近事。 10. 新文艺,载新体之诗文。 11. 佛门汇载,搜佛教之遗著。	1. 评论,发表记者或读者对于各种社会问题或学理问题的意见。 2. 讲坛,登录名家的讲演,或当代学者的言论。 3. 研究,登载各种学术或社会问题的精密研究。 4. 译述,登载欧美名著的翻译或叙述。 5. 学术丛谈,介绍科学哲学文学与社会学术的新思想。 6. 文艺,披露文学的著作、新体诗文和剧本。 7. 社会问题,登载各种社会问题,如教育问题、妇女问题、新生活问题等的讨论。 8. 读者问答,发表读者对于学术上或社会上各种问题的问答。 9. 青年俱乐部,发表各界投稿的文字。 10. 通讯,登载读者,或记者往来的通讯。①

从表格中可见,《学灯》的栏目设置明显出现了教育色彩淡化和学术内容增加的趋势。1919 年后,《学灯》的栏目相比初创时大有增加,但原来针对"教育"

① 《学灯栏宣言》,《时事新报·学灯》1920 年 1 月 1 日第四张第一版。

的三个栏目到1920年已被全部撤销，而专事西方学术思想的专栏，如“研究”、“译述”、“学术丛谈”，则得到加强。此外，刊物越来越重视编辑与读者的互动栏目，如“读者问答”、“通讯”在当时都占有很重要的位置。其实，《学灯》的栏目并不止上述所列，按其说法，“本栏的门类本不能有绝对的固定，须跟着学术的新思潮和社会的新问题随时移动，但有以下的数门，可以得常常的披露”①，虽然如此，编辑的重点和最常出现的内容还是可以从栏目启示中有所体现的。

从办刊宗旨和版面栏目的变化可见，从1918年到1920年，《学灯》偏重教育的特色逐渐被学术研究和思想文化的内容所取代，它已经从一份偏重教育的副刊走向以学术为特色的综合性副刊。

（二）强调学术研究的办刊理念

《学灯》实现了向偏重学术研究的综合性副刊的成功转型后，还在办刊方针上进一步强化这种学术研究的办刊特色，立志通过在学术文化上的努力投入到新文化运动的建设中。

《学灯》强调学术研究的风格在李石岑任编辑时期表现得最为突出，他希望通过这种新的努力来弥补新文化运动的某些不足，并把运动推向纵深发展。而这种思路与李石岑本人的兴趣偏向和对新文化运动的认识密切相关。

李石岑（1892—1934），原名邦藩，枧头洲人。幼年时聪敏好学，后来在长沙湖南优级师范理化科就读。1913年入读日本东京高等师范学院。1915年，与潘培敏、李大年、丘夫之等在东京组织“学术研究会”并编辑出版《民铎》杂志，抨击军阀专权和日本的侵略行径，后被日本政府查封。李石岑回国后，任上海商务印书馆编辑并继续主编《民铎》。② 1920年4月至1921年7月，李石岑接替宗白华任《学灯》编辑。李石岑在五四时期已经是上海的知名学者③，他精研哲学，尤其对人本主义的人生哲学有比较透彻的认识，先后出版了《人生哲学》、《哲学概论》、《哲学浅说》、《现代哲学小引》、《体验哲学浅说》、《超人哲学浅说》、《希腊三大哲学家》、《西洋哲学史》、《哲学概论》、《中国哲学十讲》等哲学

---

① 《学灯栏宣言》，《时事新报·学灯》1920年1月1日第四张第一版。

② 孙立军：《李石岑人生哲学思想研究》（南昌大学硕士学位论文），2007年，第5页。

③ 刘立平：《徘徊于科学与玄学之间——试论李石岑的人生哲学》，《长沙电力学院学报（社会科学版）》2002年第11期，第18—21页。

专著十余本。在李石岑担任编辑期间,他对学术及哲学的旨趣必然会对《学灯》的办刊风格有所影响,但这也为《学灯》在新文化运动深入发展阶段继续确立其在文化思想领域的地位提供了可能。

而且,《学灯》希望从学术研究方面在新文化运动上有所突破,也与以李石岑为首的编辑对当时新文化运动的基本判断有关。《学灯》的学术文化转向,已经充分说明了这份副刊以《新青年》为核心的新文化运动的认同和支持,但当时的《学灯》编辑部已经敏感地认识到了新文化运动的存在问题,如内容比较肤浅等,而发展学术研究正是它试图努力修正这些问题的办法。由李石岑主笔的《学灯之光》正表露了编辑部的这种观点和志向。在《学灯之光》中,李石岑把《学灯》努力的目标直指正在发展中的新文化运动,他首先提出运动存在的阶段性问题,即"思想之浅薄",然后富有针对性地提出解决问题的两个方法,一是"注重学问的生活",二是"共营编译之事业"。编辑部还提出,《学灯》应该建设为新文化运动支持者的精神家园:

学灯之主义与理想,为学术的根本研究,曾于本栏宣言中分别论之。今后惟力求此主义之贯彻与理想之实现,务去浅薄思想,以建造无限之人生。则生命之火花,可以环射,而学灯之光,亦庶乎其四照矣。①

在强调学术研究和学问生活的编辑思想的指导下,《学灯》刊登了大量西方的学术译著和研究西方学术思想的评论,在当时的学术界引起了较大的反响,可见这种研究学术发展文化的方针的确颇具眼光。1926 年元旦,《学灯》曾发表一篇署名为"编者"的文章《学灯的第九年》,回顾了这份副刊创办 8 年的历程,给自己作出了朴实而中肯的评价:"回顾既往,虽然十分惭愧,然而也有一点觉得是可以使我们稍稍慰藉的,就是我国报纸之有讨论学术的副刊,《学灯》实首为倡。而《学灯》对于介绍西方的文化和西方人治学的精神和方法,也曾尽过相当的努力"。②

---

① 李石岑:《学灯之光》,《时事新报·学灯》1920 年 5 月 22 日第四张第一版。

② 编者:《学灯的第九年》,《时事新报·学灯》1926 年 1 月 1 日第四张第一版。

二、西方学术文化传播的主要特点

在“为学术的根本研究”的编辑方针的指导下,《学灯》务求通过深入的学术研究、在读者中开展学术生活来修正新文化运动中思想肤浅的毛病。为了达到这一目标,《学灯》在引入和介绍西方学术文化方面投入了巨大的精力,它一方面组织大量翻译西方各学科的学术著作,另一方面开辟专栏版面刊载中西学者的学术演讲,表现出在学术视野上的多元化和注重经典的基本特点。

(一)沟通学术信息,注重学术经典

《学灯》从教育主题转向偏重学术研究的综合性副刊后,就开始以高品位的学术性闻名于文化界。在新文化运动期间,《学灯》广泛沟通中外学术界的消息,刊发、翻译过很多至今仍闪耀着学术光芒的高质量学术著作,为新文化运动的深化打下了宝贵的思想理论基础。

在1917年前,中国对西方知识的输入是非常有限的,出版业也十分不景气。① 胡适在1917年夏天从美国回国的时,在上海竟然找不到一本适合看的中文书籍,他因此认为:“上海的出版界——中国的出版界——这7年来简直没有两三部以上可看的书！不但高等学问的书一部都没有,就是要找一部轮船上火车上消遣的书,也找不出!”②而且,当时介绍到中国的西方著作主要限于17或18世纪的作品③,新近的著作基本没有,但报刊中引入的西方学说大多是“转手货”或者是只言片语,李石岑也提到当时出版业的情况:“其弊在介绍西洋学说,大都首尾不具,或其学说之根据与真价,未能析出,即析出矣,零星散落,乌足以概学说之全体”。④ 因此,这些资料都不能为青年人提供思考的根据,更不足以做深入的研究。这种情况直到五四运动后才开始有所改善。因此,《学灯》从学术建设新文化,以翻译西方著作从根本上构筑新文化根基的策略就显得特别珍贵。

---

① 周策纵:《五四运动——现代中国的思想革命》,江苏人民出版社2005年版,第178页。
② 胡适:《归国杂感》,《新青年》,1919年第4卷第1期,第20—27页。
③ 周策纵:《五四运动——现代中国的思想革命》,江苏人民出版社2005年版,第178页。
④ 李石岑:《学灯之光》,《时事新报·学灯》1920年5月22日第四张第一版。

《学灯》首先担当起学术流通机关的任务。从1919年8月起,《学灯》特辟“学术界消息”栏,专门用以通报学术界的最新成果和信息,成为学术信息交流的集散地。郑振铎接手编辑工作后,就曾在1921年的改版宣言《今后的学灯》中表述过《学灯》成为“学术界消息的流通机关”的作用:

我们今后的最大的注意点就在——

(一)研究到自由之路的方法,与——

(二)介绍关于哲学、文学、社会科学、自然科学各方面的知识。

报告现代世界与中国的学术界的消息,与介绍最新出版的书籍的内容,便是我们所要注意的。我们住在中国这个地方的人,与住在地球上别的地方的人也隔离得太远了。世界学术界里所有的消息,在我们未知道以前,已都变成很陈旧的了。国内的消息更是不相闻问。这是非常可怜的现象。我们今后愿意尽力的做一个学术界消息的流通机关。还希望国内外同志能够帮助我们进行。①

“学术界消息”专栏为沟通学术信息倾注了不少心血。这里曾刊登过全国各种研究会的成立和活动情况、各地学术演讲消息、最新学术杂志的出版、国外科学界的新发现等等。这些国内外学术研究的最新动态被编辑纳入信息流通的范畴,《学灯》也成为学术界中外资讯交流的窗口,尤其是对国内学术界和青年学生开阔视野、往来信息都有相当的裨益。

尽管信息交流可以使《学灯》成为学术界资讯的集散地,但要站在引领新文化运动发展的高地,实现“建设文化”的抱负,必须在副刊的内涵上有所建树。因此,《学灯》秉承“注重学问的生活”、“共营编译之事业”的旗号,把刊物定位在传播世界学术知识、改造国民性这个基础上,刊载了多部西方学术经典的译稿,力求在学问深度上有所突破,希望以最快的速度和最简要的方法把世界上最新的思想和学术介绍给中国读者。编辑李石岑就曾在《学灯之光》中深入阐述了这种注重学术译著的编辑宗旨:

至于编译之事业,尤为目前之要举。国中一部分所以致疑于新思想者,为其所主张、所孕育,大率不出吾国固有之文化以外;或虽吾国固有文化所无,而

① 《今后的学灯》,《时事新报·学灯》1921年8月1日第四张第一版。

新输入之学说，转资吾人之簧惑，不足以语于安心立命。此两种人，随处遇之。吾人所提倡之新文化，不能不予此辈以相当之满足也。此其弊在介绍西洋学说，大都首尾不具，或其学说之根据与真价，未能析出，即析出矣，零星散落，乌足以概学说之全体。就哲学论之，如斯宾塞所著“会通哲学”，斯氏毕生精力荟萃之作也，国人至今尚无研究及之者，遑云译述。然尚幸有严又陵氏所译之群学肄言，不然，斯氏学说之大凡，无从得之矣。又如萧宾霍尔之“意志与现识之世界”，国中尚鲜发见其真价者，而征引萧氏之断章片语者，触目皆是。一有未合，即致萧氏之学说，此种蔽罪法，宁非儿戏？又如杜威，杜威入我国已一年有余，而国中至今不见有其译者。“平民主义与教育”一书，日人已重译之者，我国尚无人执笔焉。译事既不具足，则西哲有系统之学说，乌能源源本本，以介绍于国人。故自已具备吾国固有文化之人视之，未有不藐焉者也。吾国编译事业，虽已见端倪，然非有一种具体之计划与组织不为功，此在提倡新文化之人所尤当亟亟也。①

在这种思路的指导下，《学灯》译载过十分丰富的西方学术经典，其内容几乎涉猎了从人文科学到自然科学的各个学科，有哲学、美学、历史学、文学、社会学、法学、教育学、经济学、新闻学、生物学、物理学、化学等等。总体来看，《学灯》翻译的人文社会科学方面的作品比较多，这与新文化运动整体偏重思想文化内容相吻合，如伯克纳(Frank W. Blacknar)的《社会学史》、欧文(Washington Lrving)的《文章的变异和衰落》等等。但是，《学灯》翻译西方科学著作的数量也不在少数，尤其是关注与进化论有关的各种生物学知识，以及能够灌输科学精神的方法论著作。曾经登载了介绍爱因斯坦(Albert Einstein)相对论的《恩士敦比较论的学说》和《穆勒底实验方法》等等。在学术作品的来源上，《学灯》不拘国别，广泛刊载西方各国的学术作品。如英国、法国、德国、日本、俄国等国家的名家名作都曾在《学灯》上出现过。

《学灯》这种在西方学术经典上投入的精力，既是在新文化运动急需深入拓展之时及时为运动添火加薪的积极表现，也是在为运动构筑思想文化根基。尤其是作为日报副刊的《学灯》，它能够用比一般杂志多得多的版面资源投入到这

① 李石岑：《学灯之光》，《时事新报·学灯》1920年5月22日第四张第一版。

项基础性建设的工作中去，对新文化运动所产生的积极意义是不言而喻的。

（二）突出哲学研究，引导思想变革

在《学灯》翻译的许多西方学术经典中，哲学理论一直是它最为重视和表现得最为突出的方面。在作为思想启蒙的新文化运动中，《学灯》以哲学为重点传播思想文化，实际上也是把握了影响人们头脑思想变革的根本方法，这正是《学灯》的明智之处。

哲学理论是《学灯》最重视的西方学术思想。如前节所述，《学灯》第一次正式提出其宗旨"奉学术作本栏新文化运动的指导明灯"是在 1920 年 1 月 1 日的《学灯栏宣言》中，编辑还指出"借着这学术的灯，做我们积极的、基础的、稳固的、建设的新文化运动"。至于需要哪类学术，《学灯》说明是："尊重有思想组织的经验学术和不背实际的哲学理论。本栏所推崇的学术方法是实验的、归纳的、科学方法"。① 在这里，《学灯》把哲学理论单列出来，使之与其他学科的学术知识总和并列，姑且勿论这种思维的逻辑关系正确与否，仅就其对哲学与学术紧密关系的理解，已经能够窥见《学灯》对哲学的重视。

事实上，《学灯》对哲学理论所投入的精力和篇幅也是最多的。从 1918 年到 1923 年底，《学灯》翻译连载过多部的国外哲学著作和哲学家的演讲稿，其中有：

表 2.3　《学灯》所刊主要西方哲学作品简表

日期	篇名	作者	译者
1919 年 9 月	哲学之价值	罗素	张赤
1919 年 10 月	思想自由史	柏雷	罗家伦
1920 年 5 月	遗传和教育	Horne	天声
1920 年 8—9 月	科学底基础	W. O. D Whetham	邹恩润
1920 年 10 月	穆勒底实验方法	T(不详)	邹恩润
1920 年 8 月	哲学之新倾向	(不详)	明权
1920 年 8 月	罗素之哲学	(不详)	明权
1920 年 9 月	最近经济哲学之使命	(不详)	明权

① 《学灯栏宣言》，《时事新报 · 学灯》1920 年 1 月 1 日第四张第一版。

续表

日期	篇名	作者	译者
1920 年 9 月	最近代哲学之特征	（不详）	明权
1920 年 11 月—12 月	哲学底要旨与论据	Jarusalem	王平陔
1921 年 2 月	相对律	于律奥忒	王崇植
1921 年 3 月	道德批判底对象	J. H. Muirhead	王平陵
1921 年 3 月	相对论	博尔顿	郑清云
1921 年 11 月	空间与时间之新概念	佛兰希思	郑清云

（此作者姓名以《学灯》刊载为准）

在诸多对西方哲学作品的翻译和介绍中，《学灯》对杜威和罗素（Bertrand Russell）二人哲学思想的关注尤为突出，这与他们曾经来华访学有着直接关系。如前文所述，1919 至 1920 年间，作为哲学家的杜威来华访学，他公开演讲的内容除了前章所提到的教育问题外，大部分都与哲学有关。杜威在华期间，胡适等人挑选了几位很好的记录员把他的所有讲词记录下来，送给日报和杂志发表，而《学灯》也刊登了其中的绝大部分篇章（见表 2.4）。继杜威之后，享有盛誉的英国哲学家罗素于 1920 年 10 月到 1921 年 7 月间应邀来华演讲访学。罗素到上海后受到了热烈欢迎，《申报》、《时事新报》的《学灯》等对他进行了报道。在不到一年的时间里，罗素先后在上海、南京、长沙、北京等全国多个城市发表演讲，各地主要报刊对罗素在华的言行进行过跟踪报道，在当时的中国掀起过一场罗素旋风。《学灯》一直追踪着当时的这场罗素热，并对他的哲学思想推崇备至。在 1920 年 10 月开设"罗素名著"和"罗素演讲"专栏，几乎登载了罗素的全部演讲稿，如《哲学问题》、《心的分析》、《宗教之信仰》、《物之分析》、《布尔扎维克与世界政治》、《社会构造学》等。

表 2.4 《学灯》所刊杜威演讲目录表

日期	题目
1919 年 6 月	美国之民治的发展
1919 年 6 月—7 月	现代教育的趋势
1919 年 9 月—1920 年 11 月	教育哲学（十六讲）
1919 年 9 月—10 月	思想与教育

续表

日期	题目
1919年9月—1920年4月	社会哲学与政治哲学(十六讲)
1919年11月—1920年4月	杜威博士伦理讲演纪略(三讲)
1919年11月—1920年2月	思想之派别(八讲)
1919年12月—1920年1月	伦理演讲纪略
1920年1月	西方思想中之权利观念
1920年1月	西方思想中之权利观
1920年3月	现代的三个哲学家詹姆士、伯格森、罗素(三讲)
1920年3月	杜威论中国人心理的改造
1920年4月—6月	哲学史
1920年4月—6月	新人生观
1920年4月—6月	试验伦理学
1920年5月	社会进化之标准
1920年5月	教育家之天职
1920年5月	教育之要素
1920年5月	近代教育之趋势(三讲)
1920年5月	教育与社会进化之关系
1920年5月	知慧量度的方法
1920年5月	自动之真义
1920年5月	智慧度量的方法
1920年5月	教育与社会进化之关系
1920年6月	专门教育的社会观
1920年6月	新人生观
1920年6月	普通教育与职业教育之关系
1920年6月	工艺和文化底关系
1920年6月	新社会进化
1920年6月	德谟克拉西之意义
1920年6月	教育与社会的关系
1920年6月	社会进化问题
1920年6月	教育的新趋势及教材改组

续表

日期	题目
1920年6月—7月	教育者的责任
1920年7月	小学教育之趋势
1920年7月	学生自治的组织
1920年7月	教育与实业
1920年7月	学校与社会
1921年3月	论中国美术
1921年7月	自动的研究

表2.5 《学灯》所刊罗素演讲目录表

日期	题目
1920年11月	布尔扎维克与世界政治
1920年11月	哲学问题
1920年11月—1921年4月	心的分析
1920年12月	布尔塞维克的思想
1921年1月	宗教之信仰
1921年2月	社会主义
1921年2月—4月	社会构造学
1921年7月	中国人到自由之路
1921年11月	物之分析

除了翻译西方哲学作品外,《学灯》还发表了不少介绍和分析西方哲学思想和哲学家的文章,有利于哲学思想进一步推广。新文化运动期间,杜威和罗素来华是当时中国知识界的两件大事,他们所传播的哲学思想也在中国大地上接连掀起了思想理论的旋风。《学灯》针对读者的需求,刊登了许多解读和分析杜威与罗素哲学思想以及与其他哲学家作比较的文章,如《杜威与罗素》、《罗素与柏格森》、《怀罗素》等。除了杜威和罗素外,《学灯》还积极对西方哲学进行整体性的介绍和分析,以长篇连载的方式介绍过不少西方著名哲学家,例如柏格森(Henri Bergson)、康德(Immanuel Kant)、莱布尼(Gottfried Wilhelm Leibniz)、尼采(Friedrich Wilhelm Nietzsche)、叔本华(Arthur Schopenhauer)、黑格尔

(Georg Wilhelm Friedrich Hegel)等。《学灯》通过系统组稿介绍了这些哲学家的生平和哲学思想，实际上是用一种更为通俗易懂的方式传播西方哲学知识，来增强西方哲学在中国的传播。

《学灯》这种以哲学为特色建设新文化的做法，实际上是把握了思想文化革新的关键。哲学理论与人们世界观的形成密切相关，哲学方法也是人们认识世界和改造世界的根本思想和方法，只有实现了对世界认识的根本改变，才有可能实现思维方式的革新。因此，《学灯》在新文化运动中高举起哲学研究的旗帜，引入哲学研究，实际上是为新文化运动增添一件锐利的思想武器，同时也为人们探讨国家和社会问题提供了一种新的思想理论和研究方法。

(三)以科学知识灌输科学精神

除了引进国外人文社会科学的理论外，《学灯》还注重对现代自然科学知识的引介，翻译了不少西方科学著作，向广大读者灌输一种现代的科学精神。"科学"是五四新文化运动中的一个共同话语，《学灯》作为运动的坚决支持者，在传播现代科学知识和宣扬科学精神方面也发挥过重要作用。

首先，《学灯》延续它对西方学术的一贯态度，强调翻译专业学科的翻译著作是传播西方科学知识的第一步。在五四新文化运动期间，《学灯》翻译过大量西方自然科学著作，主要的长篇连载如下表所示：

表 2.6 《学灯》所刊主要科学译作简表

日期	篇名	著者	译 者
1919 年 5 月	物质循环论	(日本)帝国百科全书	吴左丹
1919 年 7 月	化学略史	W. S. Kung	竞仁
1920 年 8 月	科学底基础	W. O. D. Whetham	邹恩润
1920 年 1 月	遗传和进化略说	Coulter	赵天声
1920 年 8 月	科学的发端史	穆勒约翰	邹恩泳
1920 年 9 月	最近五十年来科学发达略史	(美国)Hunry s. prichett	觉明
1920 年 10 月	科学试验的发端史	穆勒约翰	邹恩润
1921 年 1 月	地球及生物之进化	葛拉普	王烈
1921 年 4 月	物质构造新论	(美国)蓝马尔	向达

续表

日期	篇名	著者	译者
1921 年 3 月	动物之精神	（日本）松下祯二	芹塘
1921 年 3 月	遗传法则之应用	（日本）丘浅次郎	芹塘

（作者姓名以《学灯》刊载为准）

第二，发表科学评论和科普小品，宣传科学知识、普及现代科学观念。为了培养广大读者的科学精神，《学灯》除翻译科学著作外，还十分重视通过发表科普文章来指导大众读者科学地认识世界和自身的生存环境。《学灯》在创办之初即开辟“科学丛谈”栏，向读者介绍科普知识。此后，基本每期《学灯》都至少刊登一篇科普文章，其内容常常是富有趣味的科普小品文，其中很多正是翻译自国外的杂志或书籍，它们大都以轻松易懂的语言形式宣传科学知识。当时，这些科普文章已经不满足于仅仅为读者的日常生活中的科学现象提供解释，而是着力展示西方科学技术发展的有趣新成果，如《世界上最大之电气旅馆》、《洗晒衣服之电机》、《点灯之新应用》、《世界最强大之电机火车头》等等；又或者是把读者引向以前从未想象的科学世界，让大家充分领略科学世界的迷人气息，如《地球以外无生物乎》、《火星与地球之信号通讯》、《人类灭亡之兆》等等。

第三，发表科学研究专论，提升刊物的学术性。除了直接移植西方科学知识和灌输科学观念外，《学灯》还注重发表科学研究论文，以增强刊物的学术品位。1919 年下半年，随着《学灯》学术研究气息日渐浓厚，“科学丛谈”栏里的文章已不是仅仅满足于介绍科普常识，而是趋向专业或深入的科学研究性论文逐渐增加。尤其是在进化论成为一股流行的思潮后，“科学丛谈”更积极配合这股潮流，刊登了很多生物学上关于遗传和进化的理论，作为认识和研究进化论的科学思想基础。

从 1920 年 3 月起，“科学丛谈”被“科学”栏取代，此后，《学灯》登载的科学文章的学术性更浓，在研究上的意味更深。虽然每月刊载的文章不及原来“科学丛谈”中的科普小品文多，但文章的分量和意义明显加重，甚至还涉及有关科学研究的方法论问题。1920 年 3 月，“科学”栏连续三天转载毛子水发表在《光明》半月刊上围绕“科学”基本问题展开的研究文章，即《科学的定义和范围》、《科学方法略说》、《科学的分类》、《余论》四篇。这种研究性论文的出现，显示

《学灯》对“科学”栏的研究性质和目标提出了比较明确的高定位。1921 年编辑郑振铎在对外启事中也说明了刊物在科学上的学术性和高要求。启事写道：“我们很愿意学科学的人能够分些功夫来帮我们的忙，把关于科学界消息，科学研究，科学常识这类的稿子，多寄些给我们”，①“科学丛谈”栏“登录科学上最新颖之学说与实验谈。如投寄关于普通常识或抄集各科学教本之作，恕不揭载”。② 可见，编辑部对有关科学知识的传播已开始不满足于肤浅的科普常识，而是主张向最新科学前沿靠拢。

总体而言，《学灯》以学术研究来建设新文化的努力，既达到传播新知、启蒙大众的目的，也有助于中国现代学科的形成和发展，是从根本上构筑新文化运动的思想理论基础。《学灯》在介绍西方各学科的学术思想时，偏重于纯学术领域的思想文化内容，注重经典著作和深入研究，体现出在学术上开放和多元气质。而且，这种学术性和高格调的文化内涵，吸引了当时一批活跃于新文化运动的文化界人士和青年学生，而他们同时又是影响和推动着这场中国现代文化转型的关键变革的主要力量。按照编辑的说法，《学灯》是在为中国国民塑造一种新的人生观：“……所以我们现在的责任，是要替中国一般平民养成一种精神生活、理想生活的‘需要’，使他们在现实生活以外还希求一种超现实的生活，在物质生活以上还希求一种精神生活，然后我们的文化运动才可以在这个平民的‘需要’的基础上建立一个强有力的前途”。③ 因此，《学灯》以学术研究占据新文化运动的高地，通过一批受影响的知识分子引导社会大众开展改造民心的运动，从而达到促动社会变革的目的。

第三节　扩大文学革命成果

五四新文化运动中，《学灯》在新文艺的真空期发挥了积极扩大文学革命成果的关键性作用，它通过培育新诗人和新诗学建立新诗的创作和研讨中心，还

---

① 《我们的启事(一)》，《时事新报 · 学灯》1921 年 7 月 29 日第四张第一版。
② 《本栏特别启事》，《时事新报 · 学灯》1921 年 1 月 1 日第四张第一版。
③ 白华：《新人生观问题底我见》，《时事新报 · 学灯》1920 年 4 月 19 日第四张第一版。

通过扶持现代文学团体和现代作家有力地促进了新文学建设。

五四学生运动后,新文学运动出现了一段空白时期。主要原因是,此前作为倡导新文学的主要刊物《新青年》和《新潮》都因为主编被捕而暂时和永久停刊;《新青年》复刊后,其编辑部又因为办刊路线的不同而分裂,《新青年》在陈独秀的领导下逐渐转为以政治批判为主导的刊物。此外,尽管五四运动后国内"至少出了四百种白话报"①,但它们大多转瞬即逝②,真正能在这一空白期接续新文学运动的报刊非常有限。鲁迅对1919年中期以后在新文艺出现的这个低潮也有过描述:"在北京这地方——北京虽然是'五四运动'的策源地,但自从支持着《新青年》和《新潮》的人们风流云散以来,1920年至1922年这三年间,倒显着寂寞荒凉的古战场的情景。"③文学史家也提出,在当时假如没有足够的后起作家执笔写白话文,没有新的园地支持新文学的扩展,前期文学革命所取得的胜利就有可能失去。④ 而且,新文学运动在1920年后已经逐渐从一般性的思想文化运动中独立出来,并从原来侧重破坏旧文学和理论倡导发展到侧重新文学建设和实践的阶段。⑤

而报纸副刊在新文学运动的重要发展阶段正发挥了关键性的作用。胡适认为在1919年至1921年间最重要的三个白话文机关是《学灯》、《觉悟》及《晨报》。⑥ 文学史家司马长风也说,假如不是这几份副刊的支撑和奋斗,不但新文学运动的高潮不会到来,而且还有中途夭折的危险。⑦ 可见,由于当时新文学运动迫切需要能够成为引领潮流、扩大文学革命成果并扶持新文学建设的中心,而作为新文化运动中副刊之重要代表的《学灯》,在新文学方面的努力正恰恰满足了这一时代需要,这使它成为五四后继续深入推进新文学发展的主导性刊物。

---

① 胡适:《文学革命运动》,阿英主著:《中国新文学大系·(第十集)史料索引》,上海良友图书出版公司1936年版,第18页。

② 司马长风:《中国新文学史》(上卷),昭明出版社有限公司1975年版,第76页。

③ 鲁迅:《导言》,鲁迅主编:《中国新文学大系(第四集)小说二集》,上海良友图书出版公司1935年版,第8页。

④ 司马长风:《中国新文学史》(上卷),昭明出版社有限公司1975年版,第77页。

⑤ 凌宇主编:《中国现代文学史》,湖南师范大学出版社2006年版,第14页。

⑥ 胡适:《文学革命运动》,阿英主编:《中国新文学大系·(第十集)史料索引》,上海良友图书出版公司1936年版,第18页。

⑦ 司马长风:《中国新文学史》(上卷),昭明出版社有限公司1975年版,第77页。

一、建立新诗的创作与研讨中心

（一）最早发现郭沫若诗才

尽管最早举起文学革命旗号的刊物并不是《学灯》，但它却是新文学创作尝试阶段的先行者，它为郭沫若展示诗才提供了最早的平台，也为中国现代新诗的研讨和新诗人的成长提供了自由天地。

《学灯》对新文艺的敏感触动得比较早。1918 年底，《学灯》已经首开"新文艺"专栏，连载泰戈尔（Rabindranath Tagore）的翻译小说《邮政局》。1919 年 2 月，该版第一次正式在栏目中征集新文学作品①，其后零星地登载一些白话文作品。在这个阶段，虽然《新青年》喊出了文学革命的口号，但响应者较少，真正用白话文进行文学创作的人更是不多，可见，《学灯》在新文学创作的尝试阶段已经处于先行者的位置。

但是，《学灯》真正在新文艺领域大展拳脚，却是从 1919 年 8 月郭虞裳、宗白华担任编辑开始。他们通过大量刊登张闻天、康白情、宗白华、茅盾等人的文艺作品，使《学灯》成为五四运动以后新文学界的一个主要阵地，尤其是它在培养郭沫若等诗坛巨人方面的显著贡献，在中国现代文学史上留下了极为鲜艳的色彩。

1919 年 8 月，郭虞裳和宗白华接手《学灯》的编辑工作后，重开"新文艺"栏。1919 年 9 月 11 日，郭沫若的新诗《鹭鸶》和《抱和儿浴博多湾中》以"沫若"署名在"新文艺"栏发表，这也是郭沫若新文学作品第一次公开亮相。郭沫若的出现是《学灯》为中国现代文学史创造的一个奇迹，而他和随后一批新诗人的产生也推动《学灯》在新文化运动中迈向新的高度。

郭沫若与《学灯》的密切关系，首先源于《学灯》在郭沫若早期诗歌创造上的引导。

1918 年，郭沫若在日本九州大学学习时只能看到国内部分报刊，对于当时国内正在开展的新文化运动并没有太多了解。郭沫若说："那时候我最不高兴

① 《宣言：本栏之大扩充》，《时事新报·学灯》1919 年 2 月 4 日第三版第一张。

的是商务印书馆出版的《东方杂志》和《小说月报》,那是中国有数的两大杂志。但那里面所收的文章,不是庸俗的政谈,便是连篇累牍的翻译,而且是不值一读的翻译。小说也是一样,就偶尔有些创作,也不外是旧式的所谓才子佳人派章回体。报章乱七八糟……。《新青年》怎样呢?还差强人意,但都是一些启蒙的普通文章……"①其后,他与福冈的同学组织了一个名为"夏社"的小团体,在编印宣传小报的过程中经常阅读上海的《时事新报》,并被副刊《学灯》中的新诗所吸引。正如郭沫若自己所言,向《学灯》投稿新诗是他"凫进文学潮流里面来的真正的开始"②。他这样回忆道:

我们订的是上海《时事新报》。那个报纸在五四运动以后很有革新气象,文艺附刊《学灯》特别风行一时。订报是从九月起,第一次寄来的报纸上,我才第一次看见中国的白话诗,那是康白情的一首送什么人往欧洲……。我看了不觉暗暗地惊异"这是中国的新诗吗?那么我从前做过的一些诗也未免不可发表了?"我便把我一九一八年在冈山时做的几首诗,《死的诱惑》、《新月与白云》、《离别》和几首新做的诗投寄了去。这次投机算投成了功,寄去不久便在《学灯》上登了出来。看见自己的作品第一次成了铅字,真是有说不出来的陶醉。这便给与了我一个很大的刺激。在一九一九年下半年和一九二0年的上半年,便得到了一个诗的创作爆发期。③

此前,郭沫若虽然有创作和翻译,但寄回国内投稿则屡遭碰壁。所以,在《学灯》上第一次发表白话诗作正是郭沫若生活道路和创作生涯的重要转折。

《学灯》对郭沫若乃至中国现代诗坛的真正意义在于,编辑宗白华是发现和不断激发郭沫若诗才的伯乐,而郭沫若早期最有影响力的诗作都是在《学灯》上发表的。宗白华为郭沫若推出处女作之后,又不断鼓励他继续创作。郭沫若回忆道:

使我的创作欲爆发了的,我应该感谢一位朋友,编辑《学灯》的宗白华。我同白华最初并不相识,就由投稿的关系才开始通信……。那时候,但凡我做的

---

① 郭沫若:《创造十年》,《郭沫若全集》第12卷,人民文学出版社1992年版,第45—46页。

② 郭沫若:《凫进文艺的新潮》,《文哨》,1945年第1卷第2期;转引自《新文学史料》,1979年第三辑,第34页。

③ 郭沫若:《创造十年》,《郭沫若全集》第12卷,人民文学出版社1992年版,第64—65页。

诗,寄去没有不登,竟至《学灯》的半面有整个登载我的诗的时候。说来也奇怪,我自己就好像一座作诗的工厂,诗一有销路,诗的生产便越加旺盛起来。一九一九年与一九二0年之交的几个月间,我几乎每天都在诗的陶醉里……。①

正因为有《学灯》和宗白华的支持,郭沫若才有如此的诗兴大发,这也使宗、郭两人结下了深厚的友谊。郭沫若回忆他与《学灯》的合作时谈到:“应着白华的鞭策,我便做出了《立在地球边上放号》、《地球,我的母亲》、……等那些男性的粗暴的诗来。这些都由白华在《学灯》栏上替我发表了,尤其是《凤凰涅槃》把《学灯》的篇幅整整占了两天,要算是辟出了一个心记录。”②

《学灯》对郭沫若的新诗也是推崇备至,甚至时常用“新诗”栏的大量篇幅来发表他的诗作。据笔者查证,1919年9月至11月,仅郭沫若载于《学灯》的诗就有11首,如《死的诱惑》、《新月与白云》、《两对儿女》、《某礼拜日》、《梦》、《火葬场》、《晚步》、《浴海》、《胜利的死》、《黎明》、《缀了课的第一点钟里》等,都是郭沫若早期新诗最著名的篇章。到1920年初,郭沫若的诗在《学灯》更是频繁出现,宗白华直接将《学灯》原有的“新文艺”栏改为“新诗”,为郭沫若提供了更加广阔的创作天地。有时,《学灯》甚至用整个“新诗”栏发表郭沫若的诗作。例如,1920年1月的“新诗”栏共出了四回,全部被郭沫若的诗作所占。而郭沫若为后人所最为称颂的新诗,如脍炙人口的《地球!我的母亲》、《凤凰涅槃》、《天狗》、《日出》、《光海》,和翻作《风光明媚的地方》(浮士德第二部第一幕)等都出现在这个时期的《学灯》上。“在这样短的时间内,大量地编发一位无名作者的新诗,在《学灯》编辑史上是绝无仅有的,在中国报刊史上也是罕见的。”③事实上,郭沫若在《学灯》上所发表的新诗正是他的著名诗集《女神》的由来。

《学灯》集中式地介绍和推广使郭沫若迅速登上了中国的新诗坛,在新文学界产生了极大影响。1920年1月,《学灯》在“通讯”栏刊载了沈泽民给宗白华的信,末尾提到:“沫若的诗《夜》、《死》真好极了。我希望你多向他要几首

---

① 郭沫若:《创造十年》,《郭沫若全集》第12卷,人民文学出版社1992年版,第67页。
② 邹士方:《宗白华评传》,香港新闻出版社1989年版,第39页。
③ 同上书,第34页。

诗。"①后来,朱自清在为《中国新文学大系》作《现代诗歌导论》时,还直接把郭沫若在新诗界的出现称为"一支异军的突起" ②。

可见,《学灯》与郭沫若在1919—1920年间的密切关系,以及《学灯》在新诗史上留下的巨大影响,其证据是确凿而深刻的。假如没有编辑宗白华的眼力和胆量,没有《学灯》在短时间内为郭沫若发表大量的诗作并为他提供展现才华的舞台,能够"异军突起"也是不可思议的。正因此,《学灯》通过对郭沫若的发现和扶持也奠定了它在新文学运动中诗歌史上的重要地位。

（二）培育新诗人群体

应该认识到,朱自清所提到的"一支异军的突起"是指一个以郭沫若为首的新诗人的群体。《学灯》在宗白华的努力下所扶持和推广的也不仅仅是一个郭沫若,而是在胡适、康白情所倡导的新诗运动后掀起的一个浪漫主义新诗运动高潮③。

在此时期,《学灯》发表了大量新诗作品,一批著名的现代诗人随之诞生,他们有黄仲苏、康白情、宗白华、叶圣陶、王志瑞、成仿吾、左舜生、田汉、唐文黼、吴天放、王独清、胡怀琛、吴江冷、王绍基等等。其中黄仲苏、康白情、左舜生、吴江冷等在五四运动后的几年里连续不断地在《学灯》上发表诗作,与《学灯》建立了长期的合作关系。以现代著名诗人、作家成仿吾为例,正是郭沫若把他的两首诗《青年》和《Storm and Drang》推荐给《学灯》刊出,才使他的这两首处女作得以发表,也成就了他文学道路的开端。④

另一个著名的新诗人徐志摩,也是在《学灯》等报刊的支持下走上文坛。1922年到1923年间,徐志摩的大部分作品主要在的《学灯》、《晨报副刊》、《解放与改造》等处发表,其中在《学灯》发表的占一半以上。⑤ 特别值得注意的是,1922年3月12日《学灯》所载《康桥再会吧》是现代诗歌史上的杰作,更是后世

① 沈泽民:《沈泽民致宗白华》,《时事新报·学灯》1920年1月19日第四张第一版。

② 朱自清:《现代诗歌导论》,蔡元培主编:《中国新文学大系·(第一集)导论集》,上海良友复兴图书公司1940年版,第349页。

③ 郭沫若:《创造十年》,《郭沫若全集》第12卷,人民文学出版社1992年版,第83页。

④ 同上。

⑤ 参见邵华强:《徐志摩文学系年》,《徐志摩选集》,人民文学出版社1983年版,第311—316页。

脍炙人口的名篇。赵景深曾这样评论徐志摩的出现:“我国新文学运动的开始实在是新诗,在小说只出了两三本的时候,新诗倒出了十几种,当时人们习惯了无韵诗和小诗。徐师忽以西洋体诗在《时事新报》的《学灯》栏内刊出,记得这首诗的题目是康桥再会罢……从此我于俞平伯、汪静之等名字外,又记住一个徐志摩。”①《学灯》对徐志摩的栽培,再一次证明了这份副刊在新文艺创作阶段的重要地位。

李石岑接任《学灯》编辑后,把原“新诗”改为“诗”栏,其中作品皆为白话诗的创作或译作。以“诗”取代“新诗”这一不容易察觉的举动已表明在当时新文化界的眼中,白话诗歌已经在很大程度上取代了文言诗词的地位,在新文化运动中成为诗歌的主流。若以赵景深的观点而论,《学灯》对新诗人的培植和对诗作不遗余力的推广,不仅使新诗成为新文化运动中的诗歌主流,而且在《新青年》对新文学方面的努力已大不如前的情况下,它对新文学继续发展所产生的接续力量和推动作用是不可估量的,而《学灯》自身也成为五四运动后新诗创作的重要中心。

(三)形成新诗研讨中心:胡怀琛为胡适“改诗”

《学灯》在1919年通过扶持郭沫若制造了一个新文艺热点后,在1920年又组织了多场新诗讨论,其中不少在中国诗学史上颇有影响力的争论也是在《学灯》中展开。这样,《学灯》一方面把新诗运动推向一个新高潮,另一方面也强化了它在新文化界的重要地位,逐渐形成新诗的研讨中心。

1920年8到9月间,《学灯》先后在8月5日、8月8日、8月21日、9月1日、9月12日出版了五次“诗学讨论号”专版,它们与是年3月《少年中国》的“诗学研究号”一道,是近代诗歌运动中的重要文献。在《学灯》的“诗学讨论号”中,既有诗歌和语言专家的名篇,也有业余爱好者的讨论。其中,最引人注目的当数中国现代诗歌史上颇有争议的公案——胡怀琛为胡适“改诗”事件。

胡适的《尝试集》作为第一本个人新诗集出版后,自然成为诗学方家们讨论的焦点。其中最为人所熟悉的,当是“学衡派”胡先骕对其进行全盘否定的《评

---

① 赵景深:《志摩师哀辞》,陈从周编:《民国丛书(第三编77)历史、地理类:徐志摩年谱》,上海书店1926年版,第2页。

〈尝试集〉》一文,被认为“是文学革命自林纾而外所遇之又一劲敌”①。但是,最早对《尝试集》进行整体批判的并不是胡先骕,而是当时上海的“诗文大家”胡怀琛。② 1920年3月,当胡适的《尝试集》一问世,上海《神州日报》就在4月30日发表胡怀琛的《读胡适之〈尝试集〉》一文,对胡适的诗集大加批评,并自告奋勇为胡适改诗。后来,胡适马上通过《学灯》进行辩驳,刘大白、朱执信、朱侨、刘伯棠等人也纷纷参与讨论,一场沸沸扬扬的笔墨官司由此引发。笔争尘埃未定,胡怀琛于7月19日又在《学灯》上发表《〈尝试集〉正谬》攻击胡适诗中的种种“谬误”,把讨论引入新阶段。这场争论从1920年4月持续到9月,历时半年多,参加讨论的有十余人,在20世纪20年代初的新文艺界可以说是热闹一时。这些讨论文章,主要发表在《学灯》、《神州日报》和《星期评论》上,转载的报刊也有五六种,其中多篇重要文章和胡适、胡怀琛二人的书信讨论就大部分刊登在《学灯》上。

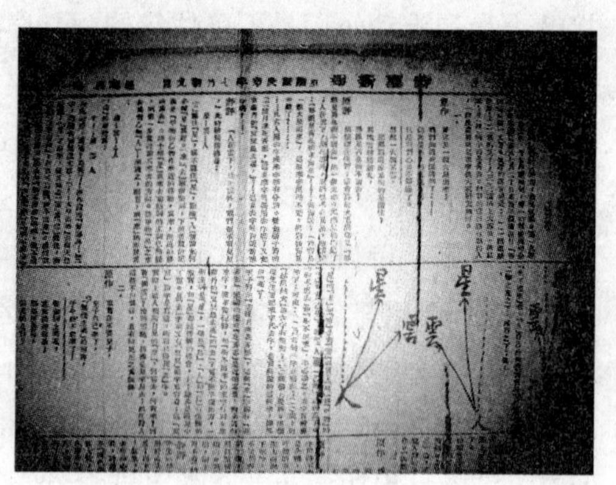

争论的最后解决,也是通过《学灯》来完成。其实,胡怀琛挑起论争后,胡适本人除了一封让张东荪发表在《学灯》的信外就一直保持沉默。钱玄同也在信中劝胡适不要理睬胡怀琛的攻击,因为“这个人知识太浅——他的话实在‘不值得一驳’”③。胡适一派的沉默对胡怀琛造成了一种无形压力,后来还是胡怀琛通过《学灯》致信胡适,题为《评论尝试集最后的解决》,恳请他出面说一句话“解决”这场讨论。最后,胡适无奈出面回复,在9月12日的《学灯》上发表《答胡怀琛先生九月一日的信》给事件一个了结。

① 陈子展:《中国近代文学之变迁·最近三十年中国文学史》,上海古籍出版社2000年版,293页。

② 姜涛:《“为胡适改诗”与新诗发生的内在张力——胡怀琛对<尝试集>的批评研究》,《北京大学学报(哲学社会科学版)》2003年11月第40卷第6期,第130—136页。

③ 耿云志:《胡适遗稿及秘藏书信选》第40卷,黄山书社1994年版,第280页。

虽然这轮新诗讨论的意义和价值还有待文学史家进一步挖掘，但可以肯定的是，《学灯》为有关《尝试集》的讨论提供了争鸣交锋的场地，使它继郭沫若之后，又一次占据了五四后新诗传播的核心地位。我们通过分析胡怀琛的举动也可以从一个侧面理解《学灯》的用心。事实上，胡怀琛在这场争论中并没有占上风，反倒被一些新文化阵营中人有意贬抑嘲讽。但在仅有的少量研究中，文学史家认为，胡怀琛为胡适"改诗"一方面与他身为南社诗人的身份有关，"围绕《尝试集》展开的争论，由此也似乎是新、旧诗坛间相互冲突、摩擦的表现"①；另一方面，胡怀琛有意与胡适争锋，其背后暗含的是争夺"对诗歌之'新'的所谓发明权"的"雄心"②。

由此角度解读《学灯》的表现似乎会有更多启发。一直支持新文化运动的《学灯》何以为一位攻击新诗的文人提供园地，既为其发表诗作，又帮他发表诗评？这可以从两方面来理解。一是《学灯》本身宽容的编辑理念。在创办之初，《学灯》就提出"非为本报同人撰论之用，乃为社会学子立说之地"③的宗旨，开放、宽容地采纳关于新文化话题中的各种观点是其一贯风格。二是由于《学灯》怀有保持在新文艺界主流地位的雄心。自从培植了郭沫若等"一支突起的异军"后，《学灯》旋即在新诗界登上核心媒介的地位，但由于郭沫若等人后来与《学灯》的关系逐渐疏远，使《学灯》不得不思索如何才能保持其原有的媒介地位屹立不倒。而胡怀琛对新文化权威胡适的挑战，正是《学灯》制造话题，继续吸引文化界注目的绝好机会。同时，这也体现了《学灯》在《新青年》、《新潮》淡出新文化讨论后，问鼎新文化主流报刊的"雄心"。事实上，通过这次"改诗"的讨论，《学灯》把新文化运动中的新诗热潮又一次推向高潮，同时也为其自身在现代诗歌史中留下了生动的一笔。

二、扶持现代文学建设

五四运动以后，白话文普遍成为知识界和青年学生拥戴的语言表达方式，

---

① 姜涛：《"为胡适改诗"与新诗发生的内在张力——胡怀琛对＜尝试集＞的批评研究》，《北京大学学报（哲学社会科学版）》2003 年 11 月第 40 卷第 6 期，第 130—136 页。

② 同上。

③ 《学灯宣言》，《时事新报 · 学灯》1918 年 3 月 4 日第三张第一版。

文学革命也在与旧文学的激烈斗争中取得了阶段性胜利。但学生运动的冲击使早期新文化运动的主流刊物在五四后不再以新文学方面的成就称著。① 就在文学革命和白话文运动急需巩固胜利成果的时候,一批中国现代文学的开创者开始从文学创作的实践上接续了这种努力,其中文学研究会、创造社等新文学团体成为了当时最有影响的新文学生力军。而《学灯》自宗白华推动了新诗潮的形成后,它对五四新文学的又一个重要贡献,是积极支持文学研究会的形成与发展,扩大了五四文学革命的战果。

首先,《学灯》毫无保留地关心和支持现代文学社团的动向和发展,是促进新文学走向发展新阶段的一股不可或缺的力量。

文学研究会是中国现代文学史上第一个新作家的纯文学团体,是新文学发展史上的重要里程碑。与《学灯》素有渊源、并曾经担任其编辑的郑振铎正是该研究会的创始人。

郑振铎最早为文化界所注意,源于 1919 年 7 月在浙江组织"永嘉新学会"并创办进步杂志《新社会》。作为江浙一带的思想进步青年,郑振铎较早地接触《学灯》并受到其影响。1919 年 10 月 29 日,郑振铎在《学灯》发表《新社会》杂志的出版宣言,由此开始了他与《时事新报》的联系。此后,他与张东荪、宗白华等编辑曾多次讨论各种思想和文学问题,这些文章还被刊登在《学灯》上。郑振铎在文学方面的一些构想,也是在与《学灯》编辑讨论的过程中孕育。如 1919 年 12 月,《学灯》载郑振铎致张东荪的信,当时已提议"成立一个'宗旨趋向相同'的新文化期刊的联合机关"②。1920 年 4 月,郑振铎致信宗白华提出要大力介绍俄国文学。③ 但是,郑振铎最初实践这些文学设想的努力都遭受挫折,《新社会》杂志在 1920 年 5 月第 19 期时被北洋政府查禁,他与瞿世英、耿济之、许地山等人创办的《人道》杂志也在出版一期后被迫停刊。

为了增强新文学界的联系、推动新文学发展,郑振铎与原来编辑《新社会》、《人道》的全班人马再次商议组成一个文学社团。于是,文学研究会就由周作人、朱希祖、耿济之、郑振铎、瞿世英、王统照、沈雁冰、蒋百里、叶绍钧、郭绍虞、

---

① 司马长风:《中国新文学史》(上卷),昭明出版社有限公司 1975 年版,第 82 页。

② 郑振铎:《郑振铎致张东荪》,《时事新报 · 学灯》1919 年 12 月 8 日第四张第二版。

③ 郑振铎:《郑振铎致宗白华》,《时事新报 · 学灯》1920 年 4 月 22 日第四张第二版。

孙伏园、许地山等12人发起，于1921年1月4日在北京中央公园（现中山公园）正式成立。① 后来，在胡适的推荐下，文学研究会负责改革并编辑商务印书馆出版的《小说月报》，这便是文研会第一份机关刊物的由来。由于文研会发起人之一的蒋百里与研究系的密切关系和后来郑振铎接任《学灯》编辑，从1921年5月开始，《时事新报》再为文学研究会出版发行另一机关刊物《文学旬刊》附刊。

正是由于与文研会千丝万缕的联系和对新文学的追求，《学灯》对文研会的发展投入了更多关注。

文研会成立时，《学灯》在1920年12月全文刊载了《文学研究会宣言》，1921年5月，又以"文坛消息"专栏连续两天全文刊载了文学研究会丛书缘起、丛书编例、丛书出版预告。《学灯》的关注和宣传使文研会的知名度和影响力迅速提高。编辑李石岑还曾经对文研会的机关刊物、改刊后的《小说月报》作过评介，指出"其中佳著固多"，而其海外文坛消息一栏"裨益文学研究者尤大"②。后来，沈雁冰答复李石岑的信也刊登在《学灯》上，信中既公开表达了文研会的宗旨和抱负，也回击了商务印刷局内的顽固派。③《学灯》对《小说月报》的关注无疑对文学研究会在当时广泛宣扬其文学主张、扩大社会影响和加速新文学的建设发展，具有不可忽视的意义。

文研会的成长和影响力的不断扩大，与《学灯》、乃至《时事新报》的鼎力支持是分不开的。1921年7月，李石岑因故辞职，郑振铎正式接手编辑《学灯》④。尽管郑振铎的精力主要在文学运动和编辑《文学旬刊》方面，但《学灯》作为文研会一个主要的直接支持者，以及它对扩大文学革命成果所作的种种努力也是应该受到肯定的。而且，文研会借助《时事新报》提高社会知名度的做法取得了很好的传播效果，1921年之后，不少地方的文学青年自行组织了分会，效仿《文学旬刊》的办法，将他们办的周刊旬刊附在各地的日报内发行。对于这种盛况，

---

① 陈学超、张大明：《"为人生而艺术"的文学研究会》，《中华活页文选（教师版）》2008年第1期，第25—27页。

② 李石岑：《介绍"小说月报"并批评（上）》，《时事新报·学灯》1920年1月31日第四张第一版。

③ 沈雁冰：《沈雁冰致石岑》，《时事新报·学灯》1920年2月3日第四张第二版。

④ 李石岑：《李石岑启事》，《时事新报·学灯》1921年7月17日第四张第一版。

茅盾先生后来分析说:“我们的‘名气’扩大的另一个原因是得力于商务印书馆和《时事新报》遍及全国的发行网,老板要赚钱,也就连带替我们扩大了影响”。①

除了文学研究会,《学灯》还关注并支持过其他现代文学团体的发展。创造社,被文学史界认为是与文研会双峰并峙的另一个中国现代文学的重要社团。创造社创立时,其章程就被《学灯》全文发表。而且,它与文研会在文学创作方法上的争论,如关于外国文学介绍和文艺创作理解上的矛盾和冲突,都曾经在《学灯》上有所体现。尽管表面看来是两种文学观念的斗争,但实际上都是对现代文学创作道路的共同探索,都有益于新文学的发展进步。而《学灯》对这些文学团体的关注,正表现了它在扩大文学革命成果方面的不懈努力。

第二,《学灯》为新文学的代表作家提供了发表作品的园地,成为不少中国现代文学名家初展头角的地方。

在五四运动以后,《学灯》开始在文学创作上进行积极尝试,不断发表当时仍是新文学创作开拓者的文学作品。其中最著名的如沈雁冰、郑振铎、叶绍钧、王统照、郭绍虞、耿济云、冰心、徐志摩、俞平伯、蒋百里等等,他们后来都成为在中国现代文学史上享有盛誉的文学名家。

茅盾(1896—1981)原名沈德鸿,字雁冰,是现代著名小说家、文学评论家和文化活动家以及社会活动家,五四新文化运动先驱者之一。茅盾是五四新文化运动中力主文学革命的代表人物,也是新文学较早的实践者,他翻译的第一篇白话小说《在家里》(契诃夫,Anton chekhov)就发表于1919年8月20—22日的《学灯》上。仅在五四运动后至1920年初,《学灯》还发表了他翻译的小说《日落》、《夜》、《一个农夫养两个官》、《诱惑》、《卖诽谤者》、《万卡》、《他的仆》及高尔基(Maksim Gorky)的《情人》等10余篇译作,以及文艺理论研究文章《对于系统的经济的介绍西洋文学的意见》、《文学家的托尔斯泰》、《表象主义的戏曲》、《萧伯纳的“华伦夫人之职业”》等等。这些文学译作和评论,展现了茅盾早期的文学才华和文学理论思想,是推动新文学发展的重要思想养料。此外,茅盾与《学灯》的联系并不仅仅在文学领域,他还多次参与《学灯》中的问题讨论,例

① 茅盾:《复杂而紧张的生活、学习与斗争(下)——回忆录(五)》,《新文学史料》第5辑,人民文学出版社1979年版,第1—13页。

如在“一个问题”等诸多热门话题中,都能看到他活跃的身影。

耿济之(1899—1947),是我国最早一位著名俄国文学研究者和翻译家。五四学生运动前,耿济之已经开始与瞿秋白、郑振铎等人认识,并共同翻译俄国文学作品,但大部分都发表在北京出版的《新中国》杂志上。1919年底,耿济之翻译的托尔斯泰(ЛевНиколаевичТолстой)的小说《郭纳滑西里》在《学灯》发表,这是他在报纸副刊上最早发表的俄国文学译作。此后,《学灯》还先后刊载了耿济之翻译的托尔斯泰的著名剧本《黑暗之势力》、俄国屠格涅夫(ИванСергеевичТургенев)的小说《约阔派生克》等文学作品。从杂志到报纸副刊,耿济之的俄国文学译作的影响力大大增强,受到更广泛的读者关注,他在二十到三十年代之间,也进入了翻译俄国文学作品的旺盛时期。

此外,著名文学家郁达夫也是从《学灯》开始走上他小说创作的生涯。1921年7月7日至13日,《学灯》发表了郁达夫的小说《银灰色的死》(署名T. D. Y),这是他在报刊上公开发表的第一篇小说,并在新文学界造成了很大反响。后来,《学灯》还为郁达夫发表了《女神之生日》、《血泪》等多篇文学作品。在五四学生运动后到1920年间,《学灯》还发表过周作人的翻译小说《卖火柴的女儿》、《铁圈》、《野果》,鲁迅的译作《父亲在亚美利加》,郭绍虞的戏剧《我的自由》、瞿秋白的俄国翻译小说和张闻天的文学作品等。

《学灯》的新文学园地,成为了中国现代文学大家们较早展露才华的练兵场,它在文学革命方面的接续和努力,使新文学得以顺利持续发展,也使其成为了现代文学群星闪耀的星河。

第三,宣传和发扬了现代文学大家郑振铎等人的文学思想主张。

假如说文学研究会的文学创作思想较多地体现在《时事新报》的另一份副刊《文学旬刊》上,那么《学灯》则更多地表达了编辑郑振铎个人的文学旨趣和努力方向。

郑振铎(1898—1958),现代作家、文学评论家、文学史家、考古学家、翻译家,新文化和新文学运动的倡导者之一,中国俗文学的主要开拓者。郑振铎是中国现代文化史中不可多得的全才,其中又以他在文学领域的贡献和主张最为让人瞩目。郑振铎是新文学现实主义流派的主要发起人和理论家,是最早开始研究和介绍俄国现实主义文学思想的新文学工作者之一,提倡“为人生的文学”。在新文学运动对待传统文学的问题上,郑振铎最早提出整理和继承中国文学遗产的建议。他最早从“世界文学”的角度提倡文学的统一研究和比较研究。同时,郑振铎还积极关注儿童文学的成长,主张翻译国外儿童文学作品。①

在这些文学思想的指导下,1921 年 7 月郑振铎接手编辑工作后,《学灯》在新文学方面当即展开多元化的努力,向文学世界的深度和广度继续开拓。1921 年 8 月,郑振铎发表《今后的学灯》,表示将新增“现代学术界”、“俄国研究”等关于学术、文学的新栏目,意欲进一步扩大《学灯》影响。② 儿童文学、民间文学和各国文学流派是郑振铎在编辑《学灯》文学内容的新表现。

收集和整理中国民间文学资源是郑振铎时期《学灯》在文学领域的一项新尝试。1921 年 7 月 26 日,《学灯》对外正式征集民间文学作品,启事中曰:

中国的歌谣是很丰富的,民间传说之流传于各地的,也是很多的。我们极愿意读者能各就本地,搜集这种材料,寄给我们登载。但记载者须注意,保存本意,不可以任意增删或润饰。③

在这个思想的引导下,《学灯》开始登载各种民间文学作品,如儿歌、童谣、民谣等,他们从文学创作和探索的角度对民歌进行整理和研究。可以说,《学灯》通过借鉴传统艺术来发展和宣扬新文化、新文艺,并为语言文学和思想上的改革提供参照依据,可以说,它在保留传统文化艺术方面的努力至今仍然具有积极的现实意义。

根据郑振铎的文学统一研究、比较研究的观念,《学灯》投入大量篇幅介绍西方文学家和文学流派,为中国现代文学思想理论提供比照,开拓道路。郭绍虞,是我国著名的文学家、语言学家,中国现代文学的先驱之一。他在《学灯》的“文艺评传”栏目中向读者介绍并推广大量西方著名的文学家和文学流派,如拜伦(George Gordon Byron)、莎士比亚(William Shakespeare)等国外著名文学家都是从他笔下走向大众。此外,《学灯》对俄国十月革命以后的文学发展状况也特别关注,连续发表了多篇介绍俄国新近情况的文章,如《俄国国民文学成立期的

---

① 陈福康:《中国文化界最值得尊敬的人——郑振铎文学史意义再认识》,《福建论坛(人文科会科学版)》2008 年第 10 期,第 78—82 页。

② 《今后的学灯》,《时事新报 · 学灯》1921 年 8 月 1 日第四张第一版。

③ 《我们极欢迎下面四类的稿件》,《时事新报 · 学灯》1921 年 7 月 26 日第四版第一张。

概观》、《"新人"期的俄国文学概观》、《俄国文学现时的潮流概观》等，为读者了解苏俄文化事业的发展打开了一扇窗口。

1921年7月起，《学灯》还开设"儿童文学"栏，无论是译作还是著作都欢迎投稿。在专栏中，《学灯》发表了多篇西方儿童文学作品的译作，如《盲人和乳酪》、《在田角里》、《磨面人和他的儿子及驴子》等。胡竹林关于研究儿童文学的论文《讲授故事与儿童对文学之兴趣的养成》也在《学灯》上多日连载过。

文学史研究者认为，郑振铎的文学思想"是中国新文学理论链条上不可缺少的一环"①，反映到《学灯》上，就是西方文学作品的引进和传统文学资源的挖掘，这充分体现了《学灯》在捍卫和扩大文学革命成果上的重要意义。

在这一阶段，《学灯》在新文学方面的进展可以说是相当有成效的。除了以上的新突破外，原来的"新文艺"栏逐渐细化发展成"新诗"、"小说"、"剧本"等若干栏目，内容也愈来愈丰富。总括而言，《学灯》对新文学运动的贡献是有目共睹的，《学灯》在现代文学史上所建立的功勋是我们应该尊重和承认的历史事实。

本章小结

在新文化运动进入深化发展阶段，《学灯》一直坚持在传播内容上的思想文化性质，坚守文化本位，填补了五四运动后新文化运动在报刊宣传上的部分空白，为新文化运动的深入发展发挥了关键作用。在具体的办刊实践中，《学灯》的文化本位主要体现在以下三个方面：

一、教育。《学灯》从教育入手参与新文化运动，"发展教育，灌输文化"是它始终贯彻的办刊宗旨。《学灯》以沟通教育信息、批判教育问题和传播现代教育观念为主要方式推进教育发展，把教育纳入新文化运动的启蒙图景，让思想改革的观念较早在教育界中获得共识。

二、学术研究。《学灯》以学术研究为特色建设新文化，从根本上构筑新文

① 陈福康：《中国文化界最值得尊敬的人——郑振铎文学史意义再认识》，《福建论坛（人文科会科学版）》2008年第10期，第78—82页。

化运动的思想文化根基。《学灯》是最早引入学术研究的报纸副刊，在推广学术研究方面体现出多元视野和注重经典的特色。而且，它强调哲学理论在学术研究中的重要意义，把握了思想变革的根本因素。此外，《学灯》还通过传播西方现代先进科学知识向读者灌输科学精神。

三、文学。《学灯》扩大了文学革命的成果，占据了五四运动后报刊界中新诗传播的中心地位，还有力地扶持和促进了新文学的建设。《学灯》培育了郭沫若等一批中国现代著名新诗人，建立了新诗创作和研究中心。《学灯》还关注和支持了文学研究会、创造社等中国最早的现代文学社团的建立和发展，对五四运动后扩大文学革命成果发挥了关键作用。

五四运动后，《学灯》在思想文化领域的坚守和表现，以及它对新文化运动在广度和深度上的拓展，使其成为这一时期新文化运动的一个重要阵地。

第三章

公共论坛的构建

1918 年以后,《新青年》演变为同人杂志,原来的开放性被封闭的编辑方式所取代。在新文化运动急需进一步深入和拓展的情况下,《学灯》等报纸副刊以更大的包容性和自由度,凭借专门的讨论栏目,以开展议题讨论为编辑方式,广泛吸纳新文化界的各种言论,成为五四时期知识分子针对新文化运动的一个重要的公共论坛。这个公共平台也是新文化人的一个联系纽带,为新文化运动增强凝聚力和深化发展作出了贡献。

第一节　新文化建设的公共论坛

五四时期,报纸副刊参与到新文化运动中并成为当时新派知识分子共同构建的、用于思想文化交流的活动空间,也是新文化建设的公共论坛。作为其中重要代表的《学灯》更以新文化公共论坛的明确定位,在《新青年》成为同人杂志后,在报刊中继续承担起通过组织公众讨论来推进新文化运动的任务。

一、公共论坛是近代中国报刊的传统

从历史发展进程来看,具有社会性质的民办报刊被认为是近代中国社会的一种公共论坛。从晚清到五四期间,这些民办报刊从未间断地保持着为读者提供公共活动空间的角色。在五四新文化运动中,《新青年》开辟了传播新思想和

新文化的公共论坛,但它在1918年变为同人杂志后,新文化运动在客观上对报刊提出了接续和扩大新文化建设公共论坛的要求。

有研究表明,晚清以来,中国部分地区出现了各种非官方化的组织机构、社会公共事业以及公共交往场所,如会馆、公所、书院、报刊、书局、学校等,它们构成了具有各种形态结构的公共活动空间,其中由近代民间报刊所营造的公共论坛正是其重要组成部分之一。① 这些具有社会公共性质的报刊、出版社、学校等现代传播媒介,伴随着开启民智的启蒙理念的扩散纷纷登场,实际上成为一种沟通社会民众和政治国家之关系的公共机关。它们的出现,为社会公众掌握和理解新的知识、进行新的价值判断提供了必要条件;同时也开始改变着人们的交往方式,为公众意见的表达和整合提供了一个公共的舆论平台。特别是晚清以来活跃于各种社会运动的各种民办报刊,使日渐脱离科举制度的知识分子得以通过发表言论来讨论或批判公共事务,从而参与到整个社会和历史变革中去,它们为知识分子构建了一个平等、开放的公共活动空间。

在标志着中国现代思想转型的五四新文化运动中,报刊再一次成为知识分子讨论各种社会、文化议题的公共活动空间。在此期间,《新青年》首先通过反对封建思想道德和文化专制,传播西方民主科学观念,倡导自由讨论的风气,使杂志成为百家争鸣的园地。《新青年》创办后就先后开设了具有一定开放度的《通信》、《读者论坛》、《讨论》等栏目,实现了与读者的交流联系,为读者提供辨析是非的自由论坛。例如,《新青年》在创刊《社告》中特意说明:“本志特辟通信一门,以为质析疑难发舒意见之用。凡青年诸君对于物情学理有所怀疑,或有所阐发,皆可直缄惠示。本志当尽其所知,用以奉答,庶可启发心思,增益神志”。②《新青年》通过这些栏目掀起了批判孔教、文学革命等重要议题的讨论,发出了思想解放的先声。在这里,杂志继续担任了近代以来作为社会公共论坛的重要角色,通过组织新文化问题的讨论聚拢了一批关注文化变革的知识分子,从而掀起社会文化的转型和发展的潮流。

---

① 方平:《晚清上海的公共领域(1895—1911)》,上海人民出版社2007年版,第27页;刘增合:《媒介形态与晚清公共领域研究的拓展》,《近代史研究》2000年第2期,第237—265页。

② 《社告》,《青年杂志》1915年第1卷第1期。

但是,1918 年以后《新青年》公共论坛性质的改变,也使新文化运动迫切需要新的报刊公共论坛增援。从 1918 年的第四卷第 1 号开始,《新青年》的《投稿简章》悄然退出版面,这表明它逐渐放弃原来作为公众舆论机关的角色,转而成为北大新文化阵营的同人杂志。到第四卷第 3 号,《新青年》以《本志编辑部启事》阐明这一办刊思路:"本志自第四卷第一号起,投稿简章已取消,所有撰译,悉由编辑部同人共同担任,不另购稿"。① 从前人的研究来看,1918 年以后的《新青年》更像是一个文化"社团"的代言人,作者和编者都是"社团"内有限的几个人,而在文化上自由、公开的讨论风气也开始丧失。李宪瑜的研究表明,作为《新青年》最有开放意味的"通讯"栏目,由于"综合主题的选择、学术性的加强、编辑方式的改动"等,"由公众论坛而趋向自己的园地"②。而陈平原甚至认为,《新青年》并没有成为真正的"公众论坛",原因是《新青年》上的议论基本是一边倒,在论战中受挑战的一方并不能获得"平等对话"的申辩机会,由于真正对手的缺席,使《新青年》中的讨论只能成为同人创造的"另一种文章"③。这种现象并非后来的研究者给《新青年》强加的帽子,当时《新青年》编辑部内已经有人指出了这种现象,"记者等自从提倡新文学以来,颇以不能听见反抗的言论为憾"④。可见,报纸副刊加入新文化运动的公共论坛正能及时满足和填补新文化人对自由讨论园地的需要。

除了早期《新青年》的讨论风气,新文化运动期间的其他报刊也逐步呈现出思想自由和民主讨论的良好氛围。接受了西方思想的知识分子通过报刊不断地对新思想进行传播和讨论,使报刊成为新思想的孵化器、传播者和思想交流的平台。在此期间,全国各地的知识分子通过报刊汇聚在一起,他们有的高举"民主"和"科学"的旗帜,对中国传统文化进行深刻的反思乃至尖锐的批判;有的坚守着传统理念,却以另外一种方式为新文化运动增添着别样的历史魅力。

在这些传播和讨论新思想的报刊当中,副刊作为报纸的一部分也成了新文

---

① 《本报编辑部启事》,《新青年》1918 年第 1 卷第 1 期。

② 李宪瑜:《"公众论坛"与"自己的园地" <新青年> 杂志"通信"栏》,《中国现代文学研究丛刊》2002 年第三期,第 32—44 页。

③ 陈平原:《触摸历史与进入五四》,北京大学出版社 2005 年版,第 88 页。

④ 王敬轩、半农:《文学革命之反响》,《新青年》1918 年第 4 卷第 3 号。

化运动的公共论坛,这种以日报副刊投入思想文化运动的方式是中国近代报刊媒介的特有经验,也是对新文化建设的有力推进。

从中国报纸副刊的发展历程来看,副刊在新文化运动中所开创的活动空间,是具有中国经验意义的公共论坛。在五四运动以前,副刊相对于“正刊”仅为报纸的附庸,在报纸版面结构的分配上只能位居末版,甚至被戏称为“报屁股”,其功能和地位并没有受到人们的足够重视。因此,大多数近代报人只把副刊作为保留传统文人雅兴的园地,而不作为指点江山的正经事来经营。直到新文化运动开始之后,接受了西方启蒙思想的知识分子对报纸副刊的内容和版面进行彻底改革,才使副刊开始介入精英文化甚至时政舞台,登上改造国民、改良社会的大雅之堂。与此相类似的现象被文化学者李欧梵视为知识分子利用报纸副刊开创了一种“新的文化和政治批评的‘公共空间’”,是指各种言论“落实到报纸而产生的影响”①。在他看来,晚清以后的报业与原来的官方报纸(如《邸报》)最基本差异是:“它不再是朝廷法令或官场消息的传递工具,而逐渐演变成一种官场以外的‘社会’的声音”②。他认为报纸副刊之所以值得深入研究,是因为它不但代表了中国现代文化的独特传统,而且也提供了一个“媒体”理论:“西方学者认为现代民族国家的建构和民主制度的发现是和印刷媒体分不开的,也就是说报章杂志特别重要,然而西方报纸并没有一种每日刊行的副刊”。③ 因此,以副刊参与文化变革和社会改良就成为了中国媒体的特有经验。

可以说,报纸副刊针对新文化建设的公共论坛的主要意义在于,为新文化运动的深入发展提供了聚合思想资源的力量。在新文化运动中,以《新青年》为核心的杂志传播到达一定阶段以后,新思想需要从多种途径进一步走向社会,就必须依靠群众基础和传播范围都更为宽广的报纸来扩大运动成果。当报纸副刊在知识分子的改革下积极投入到新文化运动以后,它们迅速成长为推动新文化传播的主要力量,营造出一种自由讨论新思想和新问题的舆论环境,成为新文化人交换意见的舆论平台。在这个新文化的公共论坛里,思想是多元的,有人支持、有人提出商榷,甚至有人反对,但都不影响新文化的繁荣。可以说,

---

① 李欧梵:《现代性的追求》,三联书店2000年版,第4页。
② 同上。
③ 同上。

五四新文化运动的深入，主要得益于《学灯》等进步报纸副刊的传播活动，假如没有它们持久和声势浩大的舆论影响，没有副刊这个公共论坛对新文化思想资源的聚合力，新文化运动恐怕是难以在较短的时间内取得如此的社会效果。

可见，报纸副刊参与新文化建设以及在文化上的精英取向，使其自身成为了汇聚知识分子意见的公共活动空间，这是副刊继承了中国报纸近代以来作为公共论坛的优良传统，也彰显了报纸作为社会舆论机关的公共意义。

二、《学灯》作为公共论坛的角色定位

五四新文化运动开创了中国现代知识分子思想解放的风气，也是知识分子自由讨论的黄金岁月。《学灯》以新文化运动的公共论坛为自身定位，不仅成为新文化信息的集散地，吸引着公众的目光，而且在《新青年》变为同人刊物以后，《学灯》还以更大的开放性和自由度广泛征集关于新文化建设的各类文稿，为构筑五四新文化运动的公共论坛发挥了不容低估的历史作用。

《学灯》对自身作为新文化运动公共论坛的定位始终是明确的。

1918 年 3 月，《学灯》在发刊辞提出的三大宗旨中，就有两条与建立公众论坛直接相关，一是“屏门户之见，广商权之资”，二是“非为本报同人撰论之用，乃为社会学子立说之地”①。办刊宗旨虽然寥寥数语，但道出了《学灯》作为公共论坛的基本特征：开放、平等和自由。所谓“屏门户之见”，是《学灯》并不以作者的门派、观点异同作为稿件采用的标准，而是以开放的态度、平等的姿态广纳稿源，引入关于新文化的不同思想观点，以丰富新文化运动的舆论氛围。而“为社会学子立说之地”，乃是说明《学灯》作为新文化运动公共言论机构的性质，为社会上的知识青年提供自由发表言论的阵地。一年后，《学灯》在栏目启事中进一步深化创刊时的宗旨：

> 故本栏之主张专在小言中发表，思潮一项取投稿之与本栏主张较近者发表之，其他各门纯为社会学子自由立说之地，无论正反议论，凡稍有理由者，本报不持成见一律刊载。②

---

① 《学灯宣言》，《时事新报·学灯》1918 年 3 月 4 日第三张第一版。

② 《本栏启事》，《时事新报·学灯》1919 年 5 月 9 日第三张第一版。

1921年,郑振铎主持《学灯》后,依然坚持公众空间的自由风气,他提出:

在同一的报纸上,发表在一条直线上的两个不同的主张是当有的事。因为“讨论”是使求“真知”的最好的方法。无论如何,在“讨论”中,两方面总可以得了不少的益处。所以我们是很愿意容纳讨论的文章的。①

《学灯》这种广纳言论的作风得到社会的认可,难怪当时上海报界如此评价这份报纸:“《时事新报》最好的地方,就是肯披露各小团体及个人所要发表的意见,不像别家报馆,死替资本家发表意见,而藐视平民的舆论”。②

尤其值得注意的是,《学灯》在实践中不断深化和提高对新文化运动公共论坛的自觉认识。1919年5月,《学灯》在改版启示中提出:“本栏特设‘提倡’与‘评论’两项,凡有一切主张均归‘提倡’一项,发表一切评论均归入‘评论’项内,原有‘小言’因即取消”。③ 这一启事的发表,可以说是《学灯》对自身定位在认识上的飞跃。在此之前,《学灯》在版头专设“小言”一栏发表编辑部评论,而执笔者则以《时事新报》主编张东荪、或《学灯》编辑几人为主,作者来源相对封闭。此后开设“提倡”、“评论”二栏,一方面以“提倡”栏说明编辑部的主张,同时也扩大了稿源,只要与编辑部意见一致的文稿都可以归入“提倡”栏内。另一方面,“评论”栏的设置说明《学灯》对自身的认识和期许,它把自己放在新文化运动的公共论坛的位置上,为不同的观点意见提供发表的园地。张东荪曾经明确地表达过对于报纸和舆论关系的看法:

须知新闻记者之天职不在自己指导舆论而在使舆论能在新闻纸上充分地表出。所以有两个条件,第一必须尽量地容纳舆论,第二必须向社会中枢(即各专家)求意见。……申报的史量才君常对人说,他说他的目的只在使申报成一个镜子,把社会上的事象一丝不改地照出来。这一句话对于报纸的真谛可谓已得其半。……这一半是什么,就是社会得(笔者注:的)志愿。社会的事象可以照,而社会的志愿则非宣泄不能明显。④

---

① 《今后的学灯》,《时事新报·学灯》1921年8月1日第四张第一版。

② 王无为:《各地文化运动的调查——批评之(一)上海报界的文化运动》,《新人》1920年第5期,第138页。

③ 《本栏启事》,《时事新报·学灯》1919年5月23日第三张第一版。

④ 张东荪:《新闻纸与舆论》,《时事新报》1921年2月23日第一张第二版。

在这里，张东荪已经充分表达了报纸作为公共论坛的观点，把它再移植到副刊上来理解，因为《学灯》并非编辑部少数几个同人的私有财产，而是新文化运动中人的共同资源，所以，只要是关于新文化运动的评论，都有机会发表在这个版面上，即使其观点与编辑部意见相左。在这里，《学灯》所表现的不仅是容人的气度，更是作为一个大众传播媒介开放、平等和自由的言论态度，以及认同自身作为新文化运动公共论坛的角色承担，并为此作出的不懈努力。

在编辑不断申明《学灯》作为新文化运动公共论坛的自我定位的同时，这份副刊在实践中也积极地扮演着这个重要角色。一方面，《学灯》以固定的名牌栏目进行开放式的争鸣，如从创版之初就有的"青年俱乐部"、"小言"、"思潮"、"通讯"等老牌讨论专栏。1919 年 5 月俞颂华主持工作后，《学灯》不但开辟更多有关新文化运动的讨论栏目，而且在评论上进一步细化本馆观点和馆外观点的划分，使报馆内外的意见分明互现。另一方面，《学灯》以不同的议题为中心开展读、作、编之间的平等交流，这些话题都是新文化运动的热点，在知识分子中都引起过共鸣，如妇女问题、劳动问题、婚姻问题、教育问题、新诗问题等等。

在五四时期，《学灯》作为新文化运动公共论坛的角色定位，对推进新文化建设和更新读者的思想观念都有积极的意义。《学灯》为青年学生和知识分子营造了一个众声喧哗的讨论环境，实际上是传达和灌输一种平等交流的观念和自由探讨的精神。《学灯》一直贯彻创版之初"为社会学子立说之地"①的基本宗旨，无论是教师、学生、军人、商人、职员，都可以在这个公共论坛畅所欲言。尽管在《学灯》中发表文章的不少是早有名气的专家学者，但普通读者也有机会挑战专家观点，因此，《学灯》经常会出现无名小辈与学者专家就某个问题相互争论的情况，甚至出现各方观点在同一个版面上交锋的局面。尽管当时新文化运动的一些领军人物，在其他刊物上发表的文章或多或少有以居高临下的姿态去引导运动方向的意味，但在《学灯》的问题讨论中，这种引导和被引导的关系被大大冲淡，取而代之的是以追求真理和自由探求精神引导的平等讨论和各抒己见的思想碰撞。

① 《学灯宣言》，《时事新报·学灯》1918 年 3 月 4 日第三张第一版。

第二节 公共论坛的构建之一:培育名牌栏目

《学灯》作为新文化运动的公共论坛,实际上是一个供新文化人进行思想交流的自由空间,它通过培育多个讨论栏目制造名牌效应,从而使更多的新思想得以在这里实现汇聚。名牌栏目的产生与成熟反映了广大读者对公共论坛的热切期待和支持。这些讨论栏目以开放与平等为基本的运作原则,在讨论中表现出两个主要特点,一是不求达成统一认识,只求意见表达;二是通过平等的自由交流凝聚思想精华。《学灯》正是通过这些名牌栏目广泛吸纳各方言论,从而推动新文化运动的深化发展。

一、名牌栏目的产生与成熟

《学灯》在参与五四新文化运动的过程中,创办了多个专供读者发表言论的自由讨论栏目,对吸引读者、扩大影响和建设新文化都发挥过积极作用。据笔者统计,先后在《学灯》上出现过的讨论栏目超过10个,可见它对公众讨论的重视程度。比如早期已经开辟的"教育研究"、"青年俱乐部"栏,五四运动前后开设的"评论"、"提倡"、"论坛"、"讨论"、"读者论坛"等栏目,都是供新文化人进行思想自由交流的公共活动空间。这些栏目都采取开放式的编辑方针,大量发表社外读者来稿,为新文化界的各种思想意见提供展现的平台,为新文化建设构筑公共论坛。在众多的新文化讨论栏目中,"青年俱乐部"和"通讯"是最具代表性的两个栏目,它们的产生与成熟都是广大读者支持的结果。

"青年俱乐部"是《学灯》中创办时间最长、形式最稳定、作者覆盖面最广的一个,也是使《学灯》在每周出版六天的情况下,版面稿件依然充足的重要原因。在五四学生运动前后,受到风起云涌的新思潮影响,《学灯》开辟了许多围绕社会、文化等各种问题展开的讨论专栏,其中的文章正是由原来"青年俱乐部"上发表的稿件集纳而成。因此,"青年俱乐部"也是后来各种讨论专栏的最初模式和基础。

“青年俱乐部”从诞生之日起便表现出开放自由的风气。1918 年 3 月,“青年俱乐部”伴随《学灯》的创立而出现。《时事新报》为《学灯》做预告时,已经提到该栏的作用:“青年俱乐部专备各校教员及学生诸君之投稿,凡有益青年身心者,内容不拘门类,文字不拘长短,均所欢迎(登出者酌具赠品)。”①由此可见,该栏宗旨有二:一、面向《学灯》的年轻读者。由于《学灯》以灌输文化、启蒙思想为目标,自然把读者锁定在广大的青年学子中,而这个栏目的设置正是履行编辑宗旨最具体而有效的办法。二、开放自由的言论表达是栏目运作的基本方式。“俱乐部”一词是近代以来从英语引入的新词,《辞海》中解释为“进行政治、社交和娱乐等活动的团体和场所”。② 而“俱乐部”中开放自由的特性与该栏内容不限、不拘篇幅的特点正好吻合,寓意青年作者有机会在栏目中自由发表意见。后来,“青年俱乐部”征稿也不再限于教师或学生,并为更多读者提供公共言论空间,成为支撑《学灯》的重要元素。

“青年俱乐部”自由开放的风格吸引了大批读者投稿,它也因此成为《学灯》里最炙手可热的栏目。从文章分量的多寡来看,该栏目中的文章全部为社外投稿,而且长期占据《学灯》的大部分版面,尤其是《学灯》在 1919 年扩大为两版后,“青年俱乐部”每期都刊登两篇以上的读者来稿,成为支撑版面的主要力量。从栏目中的内容来看,“青年俱乐部”里讨论过的话题都是在新文化运动中引起过热烈反响、产生过思想共鸣的热门论题。在这些讨论中,既有涉及生活卫生习惯、青年婚姻恋爱等个人生活问题,也有在新文化运动中产生过重要影响的核心议题,如新村问题、妇女问题、家庭问题、国语问题等等,都显示出《学灯》编辑对新文化运动的密切关注和准确把握。而且,这些话题在“青年俱乐部”中形成一定的舆论影响力之后,编辑会着意把相关的评论集纳编辑成更有针对性的讨论专栏,设置讨论议程,反过来又使读者对问题的关注度和舆论的影响力都大大增加。

读者对“青年俱乐部”的热烈追捧还可以从稿酬变化和编辑的文稿要求等

---

① 《本报特设学灯一栏预告》,《时事新报·学灯》1918 年 2 月 25 日第一张第一版。

② 辞海编辑委员会编著:《辞海》(1999 年版彩图缩印本),上海辞书出版社 2001 年版,第 1106 页。

方面有效说明。《学灯》创版之初，只要读者投稿，无论长短，一经登出，皆奉稿酬①，“酬例如下，甲等每篇酬现金五元至十元，乙等二元至四元，丙等二角至一元”②。创刊之初的这种以高稿酬吸引来稿的方式，实际上是刊物吸引读者、扩大刊物影响力和发行量的经营手段。很可能是因为读者自由投稿的热情大大超出了编辑最初的估计，出于对版面限制、办报经费等因素的考虑，《学灯》便开始改变对“青年俱乐部”作者发放酬金的方式。1919 年 11 月，《学灯》启事曰：“青年俱乐部及新文艺二门，……投稿酌量情形改赠本报。惟新文艺门长篇译作仍照著述稿例奉酬”。③ 到了 1921 年 8 月，郑振铎在《今后之学灯》中提出：“投稿本来是不一定为金钱的；友谊的帮助的文章比为金钱而做的文章一定好得多。以后除了长篇的著作以外，所有不满二千字的稿子，拟都不给酬。想诸位可尊敬的帮助者必不是为金钱而始来投稿学灯的罢”！④ 为了满足绝大部分投稿者的发表诉求，《学灯》不仅对稿酬作出调整，而且来稿发表的标准也有所变更，力求以有限的版面资源呈现新文化运动中无限的思想精粹。1921 年 1 月 1 日，《学灯》的长篇启事对“青年俱乐部”的稿件作出明确的规定：“登载青年出自心裁之文字。本栏接收外间投寄各稿，以此门为最多。中虽不乏杰制，然抄袭成文，或摭拾他人一字一句演为长篇者，亦复不少，此后此类著作不录。”⑤简言之，这时的“青年俱乐部”倾向于发表具有原创思想的文稿，拒绝互相抄袭的文字。

青年俱樂部

男女社交公開問題 （鶴廬）

男女社交公開，是現在婦女問題中最緊要的一個題目，是女子在社會上運動的第一步。男女應各以『誠實』二字，作社交的真諦。棄去昔日的『偽羞恥』和『偽禮防』，因為這等作偽的道德，不適用於今日，已為我等所公認了。

頑固家庭和全未受過教育的男女，都不知道自重和彼此互相尊重。那就沒有社交的資格了。其他受家庭高壓力的—父母的或夫壻的—女子，束縛在圈套裏，也不能講到社交公開。所以現在社交公開，祇能先從一部分開始，是提倡的，模範的。那一部分的人便是革命的先鋒隊。希望我們大家多去加入。

表面上看，《学灯》提高了读者来稿的用稿标准，增加了青年学生在副刊上

① 《学灯宣言》，《时事新报·学灯》1918 年 3 月 4 日第三张第一版。

② 《本报学灯栏六大征求》，《时事新报·学灯》1918 年 3 月 6 日第一张第二版。

③ 《本栏启事》，《时事新报·学灯》1919 年 11 月 10 日第三张第一版。

④ 《今后的学灯》，《时事新报·学灯》1921 年 8 月 1 日第四张第一版.

⑤ 《本栏特别启示》，《时事新报·学灯》1921 年 1 月 1 日第四张第一版.

自由发言的难度,但这种编辑方针的变化实际上是一种编辑意识的改进。反对陈词滥调、互相抄袭,提倡思想原创、以文表心,其实是在这个公共论坛中宣扬和鼓励使用更加合理和科学的言论表达方式,从而激发青年人的自我思考能力,也是有效利用公共论坛资源的自觉表现。在版面空间有限的情况下,《学灯》对发稿标准进行科学的调整,以便增强版面作为新文化运动公共论坛的效能,它在吸引和引导读者自由发表言论方面的贡献和功绩,是非常值得肯定的。

"通讯"栏是《学灯》另一个持续时间长、影响广泛的栏目,也是《学灯》最重要的讨论和反馈机制,其诞生和成长完全是编辑响应读者期待的结果。

"通讯"栏的前身是"来函"栏,诞生于1918年3月《学灯》创刊之初,但该栏目的定位直到1919年2月仍未明确。1919年3月,"来函"更名为"通讯",真正具有交流性质的内容才开始出现。

但是,"通讯"栏真正成为一种固定的反馈和讨论机制被确定下来,是源于读者对刊物建议,正是读者对讨论空间的热切期待才促进了这个栏目的发展成熟。1919年8月11日,《学灯》在头条位置"通讯"栏刊登来自少年中国学会会员黄仲苏的《改良本报的讨论》,提出"希望学灯栏每日加刊思想新隽,文字清白的小说或诗,(以偏于美的为归)或译或著皆可。此种文字最能引起阅读者的注意,(灌输新思想的效力,比较他种文字要胜过许多)。而予人以精神的快乐"①。在读者来信之后,《学灯》同时附上主编张东荪的回信,表示报纸能够应允读者的殷殷期望。没过多久,《学灯》的确很快就推出了"新文艺"栏及"新诗"栏,满足了读者对新文艺作品的需求。这种把读者来信置于版面重要位置和及时满足读者需求的做法,充分彰显了《学灯》对读者言论的尊重,也是编辑赋予"通讯"栏言论地位的高度认可,"通讯"在《学灯》中作为读者表达意见的自由场地的地位也逐渐得到承认。

此后,"通讯"栏就不断刊登编辑对读者发布的各种信息以及读编之间的往来通信,它也成为沟通读者、作者和编辑部之间的重要桥梁。一方面,"通讯"栏成为《学灯》重要的编辑工具,它既是读者反映意见的主要渠道,也是读者、作者、编者交流信息的平台。"通讯"中有相当部分的内容是编辑通知来稿发表事

① 黄仲苏:《改良本报的讨论》,《时事新报·学灯》1919年8月11日第三张第二版。

宜,其原因是当时投稿的读者太多,但由于版面有限,很多稿件不能及时登出。为免作者久候又不能及时处理稿件,《学灯》编辑专辟栏目通知作者收稿和发稿的进度。后来,编辑部尽管没有足够的人手和版面对所有来稿一一回复,但对那些观点独到、材料翔实、篇幅精悍的佳作,还是会在“通讯”栏发布通知。“通讯”作为信息交流工具,显示了作者与编辑之间的平等、开放的密切关系,也是新文化人共同构建公共论坛的表现形式。另一方面,读者和作者之间开始在“通讯”栏就某些话题进行讨论甚至意见交锋,广大读者的支持也是这个栏目迅速成长为《学灯》凝集和产生思想精华的主要阵地。随着“通讯”栏的发展成熟,《学灯》有意识地把它经营成一个让读者和编者随意交流思想火花的开放式论坛。

正是有广大读者的支持拥戴和积极投稿,《学灯》上的一个个讨论栏目才能不断成长成熟,它作为新文化建设公共论坛的角色才能得以实现,另一方面,《学灯》为读者提供的公共讨论空间,也进一步激发了新文化人发表意见的热情,这对新思想在更广的范围里传播和激荡具有积极意义。

二、运作原则与风格特点

开放和平等是《学灯》中讨论栏目的运作原则,这是指每个关注新文化运动的人都有机会进入论坛发表意见,都能对新文化运动中的任何议题进行辩论,并在讨论中得到平等的对待。在这种运作原则指导下的讨论栏目,使《学灯》成为新文化建设的真正的公共论坛,并明显地表现出如下两个方面的风格特点。

(一)不求形成共识,只求意见表达

《学灯》的讨论栏目具有明显的开放性,这使栏目以广纳言论为根本目的,在运作中注重各方意见的自由表达,而非追求形成某种共同认识,对“一言堂”或是偶像崇拜更为反对,而这也是《学灯》成为新文化运动公共论坛的重要因素。在《学灯》的诸多讨论栏目中,“青年俱乐部”在这方面表现得最为突出。1919年10月至1920年4月间,“青年俱乐部”展开了一场关于“废止考试”的讨论,发表文章二十余篇。尽管这场讨论并没有达成意见共识,但各种观点的自由交锋却充分表现了《学灯》作为公共论坛的独特意义。

“废弃考试”问题的讨论缘于 1919 年 10 月 18 日，读者赵康在“青年俱乐部”中发表《对于“教育革命”之管见》一文中提到：“觉得这试验一回事，对于德育、智育、体育上，都是很有妨碍的，最好废弃了他（笔者注：它）”。[①] 此后，读者汪柢纯以此为由头，在“青年俱乐部”发表《关于“废弃试验”问题之讨论》发起了这场“废止考试”的争鸣。后来，这场以“青年俱乐部”为主要阵地的讨论还蔓延到其他报刊，各种各样、甚至矛盾对立的意见异彩纷呈，自由争鸣，形成了良好的公共讨论氛围，产生了较大的舆论影响。

主张废除考试制度的人认为，考试弊端太多，应该以其他考核方式取代。汪柢纯首先列出了考试制度存在的三大弊端，“（一）试验能够叫学生作伪，并且养成一种卑鄙的行为”；“（二）叫学生以死记忆课本为能事，以致休学和试验，都办不出一事还是两事……不能够适应社会上的需要”；“（三）那试验的短期间里面，竟有昼夜记诵不辍的，……试问学生的精神上和身体上，受何等损失呢”？[②] 他认为，考试与学习并没有必然联系，强迫学生考试实在太过牵强。1919 年 12 月，《学灯》连载冯克书的长篇论文《请注意废止学校现行考试法》，文章全面阐述了当时考试制度的宗旨、作用、弊端和改良的方法，尤其是在考试制度的流弊方面，作者从教员教学、学生智育、体育、德育培养等几个角度进行深入剖析和尖刻的批评，进而提出了以论文、报告、问答、笔记、调查采集、实验实习作为取代考试的考察方法。后来，冯克书又在“青年俱乐部”上发表《考试问题》连载，从中国的上古时代开始追溯至各朝代的历史，力证“考试最发达的时候，就是人才最缺乏的时候，考试废止的时候，就是为人出世的时候”[③]。

正当这场讨论热火朝天之际，南京青年会求实中学二年级学生江期豫，因为英语考试挟带被科长发现并受训扣分，以致“羞愤万分，无面见人”，“投燕子矶江中，以明心迹”[④]。江君自杀的消息及其遗书由各大报纸以新闻的形式向大众披露，这更加促了反对考试制度思想的发酵，进一步刺激了知识界反思教

① 赵康：《对于“教育革命”之管见》，《时事新报·学灯》1919 年 10 月 18 日第三张第一版。

② 汪柢纯：《“废弃试验”问题之讨论》，《时事新报·学灯》1919 年 10 月 30 日第三张第一版。

③ 克书：《考试问题》，《时事新报·学灯》1920 年 4 月 11 日第四张第一版。

④ 《南京青年会学生自杀纪闻：因私有挟带而轻生》，《时事新报》1919 年 12 月 22 日第一张第三版。

育系统中的各种弊端和问题。

此后,读者的讨论意见也不再仅仅停留于考试问题,而是扩散到对中国教育问题的思考,以反思的态度重新探讨中国当时的教育现实和未来走向。1919年12月,署名"雪梅女士"的作者就从教育的目的、学校的宗旨这些根本问题出发进行反思,提出"不但学校考试应该废止;学校规则,亦应该废止"①。更重要的是,作为一个有知识的新女性,她敏感地注意到,当时关于废除考试、教育改革的讨论"都是对于男学生方面着想,对于女学生的方面未免浅缺",并鼓励"姊妹们再加一番彻底的研究"②。在这股思潮的影响下,青年学生对考试制度的批判和控诉达到了空前的水平,"青年俱乐部"随即发表了多篇相关文章,如星之的《我们对于"废止学校现在考试制度"的意见》、王平陵的《我对于学校现行制度根本的怀疑》等等。

在强大的舆论压力下,《学灯》并没有被废除考试的声音所影响,"青年俱乐部"仍然坚持公平地为维护考试制度的观点提供展示的机会,显示了《学灯》作为新文化运动公共论坛的重要角色。支持考试制度的观点认为,考试制度存在是合理的,但现实问题很多,制度需要改革,持这种观点的人以王崇植为代表。在讨论中,王崇植先后发表过四篇长篇论文,他提出:"我不反对考试和毕业两种制度,因为我相信现在两种制度的缺陷,是试行方法的差误,不是考试和毕业自身的破绽。"③1920年1月,《学灯》连载王崇植的《学校现在考试制度的改造》,提出了改造现行考试方法的若干意见,其中包括:"废除分数制度"、实行"三十分钟的星期小考"、"考试方法的改革"、"改换教室制度"、"改良学生升级制度"、"改革课程分派制度"等六条方法,他在下结论时也指出了考试改革和现状的复杂性,"现在是共同讨论时代,我辈无论如何,是不可以拿威迫来实现不成熟的理想。这个考试问题决计不是几句话可以来解决,总要大家来讨论"④。

① 雪梅女士:《对于"废止学校现行考试法"的意见》,《时事新报·学灯》1919年12月30日第三张第一版。

② 同上。

③ 王崇植:《我对于玄庐君的"考试与毕业"的讨论》,《时事新报·学灯》1920年3月7日第四张第一版。

④ 王崇植:《学校现在考试制度的改造》,《时事新报·学灯》1920年1月23—24日,第四章第一版。

同时，许应期、丁晓先等人也发表《“废弃考试”问题之讨论》等文章声援王崇植的主张，他们既大肆批评了考试中的弊端，又认为“正该欢迎一种正当的试验法”。①

此外，还有论者为废止考试的讨论提供更多元化的思路。如章祝颐的《我对于考试的意见》和严万力的《废止考试后的国文教授》，就为国文教育如何应对考试废止而进行改革提出意见；朱怀天的《我对于废止考试问题的意见……非关考试》认为制度本身不存在决定性的因素，建议从人的角度进行反思。

这场以“青年俱乐部”为中心的教育问题讨论虽历时半年之久，却最终没有达成统一的认识，但这个公共论坛的意义在于，让知识界对中国的教育现状和存在问题进行深刻的反思和彻底的讨论，对帮助人们真正认识所处的时代和社会真相具有深刻的启蒙意义。任何一种制度的产生和存在都有其深刻的社会历史根源，考试制度作为教育制度的重要组成部分，也是社会存在的反映。读者通过“青年俱乐部”对清末“癸卯学制”以来的中学考试制度进行深刻反思，不仅是在教育领域的一次思想振荡，还是通过讨论教育，启发青年学生的自我意识和反抗精神，也是对教育界不良风气的一次讨伐。而《学灯》作为新文化运动公共论坛所具有的开放而自由的讨论风气，正是这种启蒙意义得以发挥和发生作用的必要前提。

（二）对话式的平等交流凝聚思想精华

在公共论坛中，平等性是与开放性紧密相关的另一个原则。在《学灯》这个新文化运动的公共论坛中，编辑决不以发言人的社会地位或身份作为评判标准，无论发言人的地位高低，原则上都有机会参与论坛，都能享受自由交流的乐趣。在这方面，作为读、作、编交流和沟通桥梁的“通讯”栏表现得最为明显，它在栏目中充分实现了《学灯》编辑对读者意见的尊重和平等态度，并在自由的对话交流中使各种思想精华得以在这里凝聚。

事实上，“通讯”栏的真正意义，远不仅是读者、作者和编辑之间的联络工具，而是广大读者与《学灯》编辑共同探讨问题、交换思想的公共园地，而且“通讯”栏里发表的文章一般针对其他栏目的评论而写，指向性和针对性更强。

① 丁晓先：《“废弃试验”问题之讨论》，《时事新报·学灯》1919年11月27日第四张第一版。

1919年11月,当时还是浙江新潮社社员的施存统在《浙江新潮》上发表了一篇题为《非孝》的文章,鼓吹废除中国传统孝道思想,《时事新报》主编张东荪撰写时评《读非孝》对《非孝》提出商榷。施存统看到文章后,立刻写信致《学灯》提出申辩,张东荪也就此作出回复。尽管施存统的观点与张东荪的不尽相同,而且在言语间也不免带有青年的意气,但《学灯》在"通讯"栏中仍然把二人通信按原文登出。施存统在信中写道:

先生说我的结论不妥当,我自己也很承认。不过,我的结论不妥当,并不是我的主张不对,实在是我的学问不够,还见不到这里。……先生要批评我们,我以为应当代我们设想,我们是怎样一种人。我们浙江新潮社里几个人,统统是普通教育没有受完全的中等学生。我们所发表的言论,只可以当做请教的性质,不可当作根本的主张;因为我们的学问,如有进步,我们的主张当然也要随之而改变。……这封信匆促写成,所以出现了几处错误。不过我以为先生也太不注意,糊里糊涂便将他(笔者注:它)发表出来,给大家看着笑话。要晓得我们小孩子做事,一定不很精细,以后关于类似我们浙江新潮社的东西,要希望先生注意。①

面对既是读者又是辩论对手的施存统,张东荪并没有过多辩驳,更没有以学术前辈的身份打击和压制年轻人,而是把他在评论中没有说尽的问题进行简单补充,指出"废除父慈子孝的道德"必定要有两个制度作为基础,一是儿童公育,二是老年公养。② 后来,《学灯》还把这场由"通信"栏引起的"孝道"讨论引入"讨论"栏,开辟专题"孝的问题"采纳更多读者的不同观点,欢迎更大范围的思想碰撞。

其实,这种在"通讯"栏中读者和编辑相互辩论,甚至读者反对编辑意见的情况,在《学灯》中比比皆是。而《学灯》之所以敢于在栏目中呈现各种不同的观点,不仅是因为它在文化上的自信和容人的雅量,更是因为编辑们把平等交流的运作原则贯注于编辑《学灯》的全过程,才能使其成为新文化运动中一个真正的公共论坛。

"通讯"栏不仅是读者、作者和编辑之间互动交流的自由平台,还是生产观

---

① 施存统:《施存统给张东荪的信》,《时事新报·学灯》1919年11月14日第三张第二版。
② 张东荪:《张东荪给施存统的信》,《时事新报·学灯》1919年11月14日第三张第二版。

点意见、凝练思想精华的原料工厂，许多新文化运动中的思想精华正是在“通信”栏的讨论和激荡中源源不断地向读者输送。值得注意的是，对话式的语言表达是“通讯”来稿与“青年俱乐部”、“论坛”等栏目文章的最大区别，由于不是正规的论说文体，因此行文更自由，长短不拘，意见表达更为畅达，个人色彩和感情色彩也更加浓厚。

1919年11月，新文化运动的支持者康白情和魏时珍就青年道德修养问题进行的激烈辩论，正是在“通讯”栏中展开。康白情和魏时珍都是当时少年中国学会的会员，也是新文化运动坚定的支持者，在五四运动发生后就开始以书信的形式讨论青年修养问题。通过多次往返讨论，他们对青年修养问题的思考逐渐成熟，并希望把一些思考的结果公之于众，于是就直接把通信发表在《学灯》的“通讯”栏中，以供读者思考讨论。康白情在信中提出了自己对“修养”的界定和内容、社交的性质和功能等问题的意见和思考，并提出向魏时珍请教。而魏时珍在回信中写道：“吾辈聚则谈，谈则辩，辩辄互诋而无所恤；及解，则又相视而笑，莫逆于心。谚谓‘梁山泊兄弟，不打不相识’”①，并就相关问题与康白情进行针锋相对的讨论，充分表现了对话式讨论的自由风气和对激发思考、引发观点的重要意义。这场在“通讯”栏展开的辩论引起了广大读者的关注，引致不少青年人投信致《学灯》竞相参与这场青年修养问题的讨论。尽管在“对话”中两人对修养和培养青年道德修养之途径等问题的观点不尽相同，但都是针对中国当时的社会现实和青年状况展开的深刻思考，对青年读者反思和提高自身修养不无裨益。透过“通讯”栏，我们不仅可以看到康白情、魏时珍和其他读者之间平等交流和自由讨论的文字，还能看到新文化运动中的进步青年通过《学灯》这个公共论坛在思想文化问题上的探索过程。

“通讯”栏是《学灯》中形式最灵活、与读者关系最密切的意见表达栏目，它是编辑和读者在常规栏目篇章外的“自选动作”，为读者观点的自由表达提供了可能的余地，而编辑在选发稿件时所持平等公正的立场，和编辑与读者之间在字里行间的自如往来，使“通讯”成为新思想源源不断的发生器，也有效地维护了《学灯》作为新文化运动公共论坛的积极意义。

① 康白情：《康白情致魏时珍》，《时事新报·学灯》1919年11月3日第三张第二版。

第三节 公共论坛的构建之二:开展议题讨论

回顾新文化运动的发展历程,无不是由一个个具有时代意义的议题连接组合而成,比如反对儒教、文学革命、妇女家庭问题等等,正是这些如耀眼夺目的珍珠般呈现在报刊上的议题才展示出新文化运动的历史光芒。《学灯》正顺应了新文化运动以议题为中心的传播需要,以报纸副刊版面为平台实现了知识分子的意见聚合,同时又使不同的议题在副刊这个空间里获得延展,构筑了新文化运动的公共论坛,推动了运动的深入发展。

一、议题讨论的启蒙意义

开展议题讨论是《学灯》在组织读者交流时最惯用的编辑手段。这里的"议题",有时是读者投信咨询的问题,有时是编辑部发现社会中种种需要讨论并加以解答的矛盾和疑难。无论遇到哪种状况,《学灯》都能敏感地把握住吸引读者眼球的焦点,掀起一波又一波的讨论热潮。

《学灯》开展议题讨论的编辑风格始终没有间断过。创版之时,总编张东荪目睹社会中的黑暗现状,决定从教育上寻求突破,以教育问题为线索进行广泛讨论。五四学生运动后,在新思潮的影响下,《学灯》迅速展开有关新文化运动各种议题的讨论,并特别设置了多个讨论栏目以供读者投稿,例如"教育研究"、"妇女问题"、"社会问题"、"劳动问题"、"新生活商榷"、"工读互助问题"、"马克思研究"、"家庭研究"、"新诗问题"、"乡村教育问题"等专栏在《学灯》的版面上轮番出现。

从内容来看,《学灯》讨论过的议题都紧密地配合了新文化运动的需要,跟随甚至引领过新思潮的步伐。总体而言,《学灯》的议题涉及教育、哲学、文学、思想文化等诸多领域,它们对于学术思想的发展、社会文化的进步和大众意识的引导,都发挥过不可低估的作用。但是,就青年读者的参与度和对大众产生实际影响力的程度来说,关乎个人生活和社会改良问题的讨论则更具有普遍意义，容易在读者中掀起波澜，对于启蒙读者的作用也更直接。因此，《学灯》也特别注重五四时期有关社会改良各种问题的讨论。例如在1919年10月至12月间，《学灯》引发了一场关于"'一个问题'的解决"的讨论，中心直指传统婚姻模式变革，讨论父母代定婚姻的弊端，在青年读者和报刊界引起了较大反响。事实上，晚清以降，关于社会思想意识的变革和改良等诸多问题几乎与每个人的生活密切相关，《学灯》正是抓住了这个议题的时代意义，以现代的观念意识给广大读者带来思想冲击。

作为在五四新文化运动时期具有相当影响力的刊物，《学灯》从议题出发建设公共论坛的做法，对培育新文化运动的公共论坛和青年学生的思想启蒙都具有积极意义。

首先，议题讨论刺激了青年学生的思考和探求精神。五四新文化运动时期是中国近代历史发生转折的重要阶段，人们对沉重的历史、黑暗的现实和未知的前景感到迷惘就必然会产生对各种问题的深入反思，而《学灯》则以一种公开的形式为有思考和表达能力的个人提供发表意见的机会和权利。公众论坛作为一种在大众传媒上使用的思想启蒙手段，其独特之处在于它并不要求讨论最终达成一致意见，而更注重讨论的过程，这个过程能使各种现代观念不断灌输到讨论者的头脑中，并成为他们知识结构、心理意识，乃至思维习惯的一部分。

值得注意的是，《学灯》并不满足于一般性的简单讨论，而是有意识把议题引向深入，使讨论发挥最大的思想启蒙效能。《学灯》在设置栏目时，"研究"和"讨论"栏同样都指向各种学术或社会问题，但两者在深度和层次上有不同的分工。"研究"是"登载各种关于学术或社会问题之精密研究"，而"讨论"则"登载关于各种学术或社会问题如教育问题、妇女问题、新生活问题等之讨论"①。虽然两个栏目的讨论话题时而交叉，但其观点和论述的深度不同，这不仅没有影响意见的交流，还有利于激发读者对问题的深入思考。正是自由表达的讨论环境的形成，使个人的思想得到了从未有过的尊重，个体价值也因此得到了更有力的肯定和承认。

其次，议题讨论有助于青年学生拓展思维空间，激发了人们的求变创新的

① 《本栏特别启事》，《时事新报·学灯》1921年1月1日第四张第一版。

精神。议题讨论不仅提供了思想交锋的可能,还刺激了人们的怀疑精神,并在质疑中实现创新。比如,《学灯》对来稿“不求冗长”,只求精彩,“少至数十字亦佳”,“无论记者或读者对于各种社会问题或学理问题之意见,与对于新出各种杂志或丛书之批评,均可随时发表”①。这种不强求篇幅,但求思想新意的用稿方针,使议题讨论具有较强的开放性和灵活性,更容易吸引有新想法的年轻人加入。而且,《学灯》还大张旗鼓地鼓励青年开动脑筋,对现实进行怀疑和批判。张东荪在公开回应读者来信时,就曾鼓励青年不惧怕烦恼,赞扬烦恼是批判精神的源泉和新人生观建立的基础:

烦恼是个好现象呢,还是个坏现象?我以为是个顶好的现象。因为烦闷有二个意义,一个是在物质方面,……还有一个是在精神方面。就是在人生观方面已经使青年不能如旧日的醉生梦死了。……人生观必定要有变化。现在是烦恼的开始,还不是烦闷的最盛期,我既以为这是好现象,便希望他(笔者注:它)一天甚一天。因为非达到最高的度数不得有变通的途径可以发明。

我对于青年烦闷的问题也有一个救济法。……我以为现在大多数青年所抱的新人生观恐怕不是十分澈(笔者注:彻,下同)底的,因为不澈底所以又变了一个偶像。……要打破这个新偶像,也很容易,重要用一种澈底的批判精神去批判他。……就是提倡批判的精神。②

这种怀疑、批判精神和创新思维的培养,是个体增进思想和学识的必要阶段,更是一个民族不断反思过去、创新求变的必要过程。《学灯》通过引领新文化的支持者围绕议题进行创新性的思考探索,使一些现代的思想观念逐渐传播开去,渗透到讨论者和阅读者心理意识当中。《学灯》通过议题讨论和公开征稿所表现出来的积极姿态,正深刻地体现了报刊在新文化运动中对改造国民和思想启蒙方面的深层次影响。

二、议题的生成方式

从议题出发建设公众论坛必须依靠一定的编辑方式和议题生成机制,从而

① 《本栏特别启事》,《时事新报·学灯》1921年1月1日第四张第一版。

② 张东荪:《青年的烦恼》,《时事新报·学灯》1919年12月2日第四张第一版。

增强版面的影响力和凝聚力，避免讨论过于零碎和散乱。从这个角度来看，《学灯》的议题生成方式主要有三种，分别是参与拓展、提问策划和挖掘突出。这些紧密围绕议题展开的编辑机制，正是《学灯》为新文化运动构建公共论坛的有效办法。

(一)参与拓展

所谓参与拓展，是指《学灯》积极参与讨论已经在社会或其他报刊引起广泛争议的议题，并从研究的角度组织稿件拓展论题深度。如《学灯》积极加入新文化运动中有关社会问题、妇女问题的讨论，或是通过设置专栏组织讨论，对议题的争鸣发挥推波助澜的作用。

随着西方女权思想的引进，五四前后的中国教育界形成了儿童公育与非儿童公育两股思潮，这两股潮流的讨论“有力地推动了中国近代妇女解放运动的发展、家庭的变革和婴幼儿教育社会化的进程”①。1920 年前后，《学灯》参与了这两股思潮的争鸣，尤其是该版登载恽代英与杨效春之间关于儿童公育的辩论，持续时间之长，辩论之激烈“颇具代表性”②。

儿童公育并不是出现于五四时期的新生事物。早在社会生产力低下、生存环境恶劣的原始社会，人们为了生存发展，共同参加劳动，儿童已经普遍实行公养公育。直到父系氏族公社，社会公育才被儿童家庭教育所取代。③ 近代以来，随着民族存亡危机的加深，儿童公育被作为一种大同社会的教育目标被提出。1897 年康有为首先提出“人人教养于公产而不恃私产”④的儿童公育思想，此后在《大同书》中，他又建议建立完全由政府“公养人而公教之”⑤的教育体系。在《学灯》之前，已经有新文化界人士通过报刊对儿童公育问题进行讨论。1919 年，《新青年》发表李大钊的《战后妇人问题》(第 6 卷第 2 号)、张崧年的《男女问题》(第 6 卷第 3 号)，都涉及过儿童公育问题。其中最具代表性的当数沈兼

---

① 王娜：《管窥二十世纪二十年代儿童公育问题》，《安徽文学》2007 年第 7 期，第 170—171 页。

② 同上。

③ 同上。

④ 康有为：《孟子微·中庸注·礼运注》，中华书局 1987 年版，第 240 页。

⑤ 康有为：《大同论二种》，三联书店 1998 年版，第 250—268 页。

士发表的《儿童公育》(第6卷第6号)①,沈氏认为儿童公育是实行妇女解放的根本办法。

《儿童公育》一经发表即引起了社会各界的广泛关注,儿童公育和非儿童公育两种思潮也在随之展开的激烈讨论中逐渐分化。儿童公育论者大都认为抚育儿童成长是国家的事务;非儿童公育者则坚决反对儿童归国家养育,认为剥夺了母性的权利,削弱了母职。

《学灯》把握住了这个儿童教育问题背后的重要意义,积极参与到有关公育问题的讨论中,为恽代英、杨效春两位新文化运动的干将提供了论辩的自由舞台。《学灯》最早发表儿童公育问题的文章是1919年12月23日"读者问答"栏中的《我对于儿童公育的意见》,但当时并没有引起太大反响。争论的导火索是1920年3月1日《学灯》在"评论"栏发表杨效春的《非"儿童公育"》一文。这篇文章,引起了当时还是新文化青年的恽代英的关注,4月8日,他在同是张东荪主持的杂志《解放与改造》(第2卷15期)中发表了《驳杨效春君"非儿童公育"》,论战由此爆发。这场论战和相关讨论从1920年3月到是年8月,持续时间有半年之久,以杨效春、恽代英为代表的两派凭借《学灯》为主战场,辩论扩展到《解放与改造》、《民国日报》副刊《觉悟》、《新妇女》等报刊,在新文化界掀起了一阵"儿童公育"讨论的热潮。

1920年3月1日,杨效春在《学灯》上发表《非"儿童公育"》,揭开了恽杨辩论的序幕。文章反对在中国实行儿童公育,认为公育对中国害处极大,并列举出几个主要原因。首先,从家庭和社会结构来说,"儿童公育就是直接破坏家庭,间接破坏社会的制度"②。其次,他从儿童公育与人生、妇女解放、儿童、社会进化等四个角度论述了公育制度的害处,认为"儿童公育便是破坏家庭!破坏家庭便是使社会散漫!不安!扰乱!退化!"③

文章一经发表就遭到恽代英的强烈批判。4月18日,《解放与改造》发表恽代英的《驳杨效春〈非儿童公育〉》,针对杨效春的观点一一进行批驳,坚决主

---

① 王娜:《管窥二十世纪二十年代儿童公育问题》,《安徽文学》2007年第7期,第170—171页。

② 杨效春:《非"儿童公育"》,《时事新报·学灯》1920年3月1日,第四张第一版。

③ 同上。

张实行儿童公育，打破家庭制度。他认为社会不是靠家庭而发生和存在的，社会本能才是其存在的根本。他不认为儿童公育会直接破坏家庭，并提出儿童公育由专人承担抚育儿童的工作，可以减轻妇女的工作负担，提高妇女工作效率。针对恽代英的反驳，杨效春在《学灯》上发表《再论儿童公育》，从社会学、心理学、生物学的角度重申自己的观点，坚持"儿童公育破坏家庭，害及社会，减少人生乐趣，摧残父母爱子之天性，而在儿童的身体方面、精神方面更不能得好结果，非人类正当生活"①。

此后，恽代英以《学灯》为平台向杨效春发起连续的讨论攻势。《学灯》在1920年6月11日至14日，16日至21日，连续十天连载了恽代英的《再驳杨效春君非儿童公育》。文章针对杨君怀疑公育机关的五个原因逐一加以辩驳，提出相应的改良办法，并从便于儿童教育、便于子女经济独立、便于自由离婚、人类的普遍幸福感受等四个方面，系统地提出实行儿童公育为人类正当生活的一部分。最后，恽代英总述了自己的观点："要使妇女独立，儿童公育才能由今天这种愁惨的文明的社会，得进步到彻底的解放。"②

《学灯》在编辑上颇具心思，在连载恽代英文章的最后一天，把杨效春回应恽的短文《答恽代英君〈再驳非儿童公育〉》放在同一个版面上形成了观点自由交锋的态势。最后，杨君以坚持自己的观点结尾："我很爱他的旗帜鲜明，但我不能信仰他的信仰是对。"③

这场辩论由于持续时间长，论辩气氛激烈，引起了社会各界的极大关注。邵力子、济苍等人于是年6、7、8月都在《民国日报》副刊《觉悟》、《新女性》等报刊上发表过相关评论。而围绕《学灯》展开的这场关于儿童公育的评论，直到8月6日，《学灯》在同一天发表编辑俞颂华的《儿童公育问题的我见》和转录《解放与改造》杂志署名雁冰的《评儿童公育问题——兼质恽杨二君》，才算平息。

这次讨论，虽然双方各执一词，言词激烈、气氛热烈，但是辩论者总是以平

---

① 杨效春：《再论儿童公育》，《时事新报·学灯》1920年5月6日第四张第一版。

② 恽代英：《再驳杨效春君非儿童公育》，《时事新报·学灯》1920年6月21日第四张第一版。

③ 杨效春：《答恽代英君再驳非儿童公育》，《时事新报·学灯》1920年6月21日第四张第一版。

等的姿态来进行纵横辩驳,可以说这是新文化运动中辩论的一个"模范",对于辩明真理大有裨益。从后来加入讨论者的观点和研究者的结论来看,恽代英的思想和辩论技巧更胜一筹。但无论辩论的高下如何,两股思潮在较长一段时间内的相互争鸣,其事实结果是使儿童公育的观点深入人心,大大促进了妇女解放运动的发展、家庭观念的改变以及婴幼儿教育社会化的进程。① 讨论之所以能达到这样的影响和效果,一方面是因为《学灯》编辑有慧眼识金的眼光,从新文化众多议题中看中并挑选这个颇有意义的论题展开辩论;另一方面,《学灯》为读者和作者提供了自由讨论的平台,营造了平等论辩的气氛,才使讨论得以在激烈又不失理性的气氛中持续展开。

(二)提问策划

所谓提问策划,就是编辑全盘设计从提出问题到展开讨论的全过程,使整个讨论维持在一定的规则之内,这是《学灯》编辑部最为显著的一种构建公众论坛的编辑手法。

提问策划的编辑手法大多见于日常的报刊征稿启事。《学灯》在启事中对所需稿件的内容、体例等提出基本要求,以求让稿件围绕新文化运动中的诸多问题展开。除了日常征稿外,《学灯》还注意制造讨论的话题,并通过各种形式鼓励、刺激读者向报纸投稿,以扩大版面的读者和影响力。

据查证,《学灯》最早的一次制造讨论话题是在 1918 年 5 月。当时《学灯》刊出标题为《第一次悬赏辩论》的征稿启事,辩题为"长江流域应否添设大学",要求投稿者"需将此题纸剪下,贴于来稿之端,否则不录"②,这显然是一种报纸吸引读者的做法。同时,启事还提出辩论的频率、论题范围、投稿者和稿酬的四个规则。1919 年 3 月,《学灯》又以《理想之生活》为题向读者征集文稿,组织讨论。事实上,根据笔者的查阅,这两次策划征文并没有吸引很多相关问题的稿件。比如关于"理想之生活"的征文,从 1919 年 3 月到 9 月,《学灯》共刊出相关文稿 9 篇,平均一个月不到两篇,而且作者只有六个。分析当时在《学灯》中数量最多、最具影响力的文章,莫过于五四学生运动后为解决罢课、罢市等问题而

---

① 李小鹰、李定开:《中国近代儿童公育与非儿童公育思潮对婴幼儿教育社会化的推进》,《西南师范大学学报(人文社会科学版)》2001 年第 27 卷第 2 期,第 49—54 页。

② 《第一次悬赏辩论》,《时事新报 · 学灯》1918 年 5 月 6 日第三张第一版。

展开的征文活动，而这种对“理想生活”的想象，显然被紧迫的现实问题所排挤。尽管如此，《学灯》这种有意制造讨论话题的尝试和努力，显示了它承担起新文化运动公共论坛角色的自觉意识，而且，通过多次的征稿经验，《学灯》越来越善于把握建设公众论坛的某些基本规律，即越是与读者生活关系密切的话题，越是与新文化运动密切配合的话题，越能引起读者的关注，征文就越多，社会影响力就越大。此后，它对讨论问题的组织也正是朝着这个方面靠拢。

1920 年 4 月，编辑宗白华首先在“评论”栏发表《讨论译名底提倡》一文，以公开的方式向读者征集讨论文稿，掀起了读者投稿的一个高潮。征文启事中不仅道明了讨论译名问题的是新文化运动进一步展开的重要环节，还为作者指明了两个可能的讨论方向：

翻译西洋底(笔者注：的，下同)书籍为现在青年底急务。……所以译名的这个问题，我们大家应当切实地讨论一下，也是文化运动中一件极有关系，极有价值的事。但是我们怎样讨论呢？我想我们应当分作两层讨论：

(一)拢总地讨论译名的根本办法。就是我们讨论译名是应当译意，还是译音，还是创造新字？

(二)单独地讨论单个名词的译法。譬如我们讨论“pragmatism”这个名词究竟应当是译做“实验主义”，还是“实用主义”，还是“实际主义”，还是译音，还是创造新字？

这两种的讨论我都希望现在青年学者起来注意一下。

总之，译名的讨论是当今一件有价值且极重要的事体，本栏预备特开一个“译名讨论”栏，欢迎国内学者提出的关于译名的讨论。①

征文启事发出没多久，《学灯》就开设“译名讨论”专栏，张东荪是最早响应征文的投稿者。此后，仅在 4 月内，《学灯》就发表关于“译名讨论”的文稿十余篇，作者分别有中共早期的领导人张闻天、著名作家沈雁冰、后来成为著名人类学家的芮逸夫、著名的化学家、编译家郑贞文、翻译家万良浚、徐人镕、王栋、朱锡昌、徐祖心、毛用、瑞书等等。

随着新文化运动的深入发展，《学灯》在文化界和青年学生中的影响持续扩

① 白华：《讨论译名底提倡》，《时事新报·学灯》1920 年 4 月 12 日第四张第一版。

大,为了不断吸引青年读者的注意,引导青年走向现代文明生活,《学灯》又在1920年6月发起一个关于"如何过暑假"的征文活动,吸引了大批青年和文化界人士参与。在征文启事中,《学灯》不仅向读者提出"如何过暑假"的大议题,而且还把问题具体化,让读者有话可讲,有些问题甚至细化到正反两个方面,使读者有更明确的争鸣和讨论空间。启事中说道:

暑假快到了,我们决不要把暑假看做一个歇息的日子。我们的生活,是动的,是时时创造的,是刻刻进化的。不管他是暑天还是寒天,我们一面要适应外界,一面还要征服外界。要是这样想,我们的生活,才得丰富。我们活在世上,才有价值。于今要向大家征集过暑假的方法。且把要问的列在下面:

(一)近来有倡"暑假废止论"的,有倡"暑假利用论"的,究竟那(笔者注:哪,下同)样的理论,根据最强?

(二)现在那些大哲学家大文学家等等,他们暑闲的生活是怎样?

(三)东西洋避暑地是些什么地方?那些地方有什么好处?

(四)用怎样的方法,利用暑假的时候,提倡修学旅行,或远地视察旅行?

(五)许多人说过:暑天最好是游泳,我国什么地方好做游泳场?

(六)水上运动的方法是怎样?怎样提倡水上运动?

(七)我国的文化运动,用怎样具体的方法,才好利用暑假的时候,传播到乡间去?

(八)开导乡间一般农民的知识,最好是行通俗教育。我国各地通俗教育的实际状况是怎样?没有的怎样去提倡?有的怎样去改良?

(九)欧美日本通俗教育的实际状况是怎样?

(十)我国的农村教育,是很幼稚的。关于土地种类(如林地、山岳及原野、牧场、农耕地等)、农作物(如谷类、家畜饲料、亚麻、果树、苜蓿及枯草等)、农业知识(如肥料、种子、涪溉法等)、及小农保护副业奖励等,应该给些知识与农民,就我国现在农村教育幼稚的时候而论,那样的知识是很要紧的?①

《学灯》的征稿引起了很多读者的关注,青年学生和新文化界的人士纷纷投稿。在后来两个月的暑假里,《学灯》发表了相关议题的稿件多达30篇。从编

① 《本栏特别征文启事》,《时事新报·学灯》1920年6月19日第四张第一版。

辑部的启事来看,《学灯》正是以讨论暑假为名,引入当时最受青年学生关注的新文化运动的话题,如文化运动的传播、乡村教育的开展、农村农业教育等问题,这些问题既有时代性,又与青年生活密切相关,再加之编辑部把一个大问题拆分明确细致,指向明确,征文能引起读者的支持也是理所当然的。

(三)挖掘突出

所谓挖掘突出,是指编辑在读者投稿或来信中发现值得展开讨论的问题,然后有意突出争论的导火索,引起读者注意并吸引讨论,如"'一个问题的解决'问题"的讨论正是这类编辑手法的典型。

1919年10月28日,《学灯》在头条位置发表了编辑郭虞裳的一篇文章《一个问题》,他从读者"奋我君"的来信中发现了一个"很难回答"的问题,"请读者诸君共同思索一回"①。编辑把这篇发现问题的文章放在代表编辑部意见的"评论"栏,这本身就是一种编辑手法的有意操作。文中列出"奋我君"的问题是:"'现在的青年对于他们的父母从前代他们聘定的未婚妻,就是应当承认或不承认',简单地说起来,就是应当承认或不承认的问题。"②文章还说出了"奋我君"烦恼的根源:尽管他很想"打消这机械式婚约",但又担心"一面解约,一面那女子的父母又替伊另结同样的婚约",又或者即便不是如此,但"现在大多数女子,是不出闺门的,不与男子交际的,怎么可以达到恋爱结合的婚约?男女社交决不是数年内能够公开的,老等到那时,结婚的年龄,岂不是过了期么?"③针对"奋我君"的困惑,郭虞裳认为:

总之,男女都要各行其是,不要含辛茹苦,委曲求全。男女社交,要从男女自己做起。若是这种强制的机械的结合,因为囿于习俗,勉强承认,那男女社交便不会有公开的日子。反转来说,不承认父母代订的婚约,未始不是促进男女社交公开的办法。因为婚嫁是不能免的。若是父母代表结婚的办法行不通,父母也会得顺着风气,渐渐承认男女交际自由的新方法了。这是我一时间极粗浅的意思,其余的话,须候读者诸君阐发。④

① 郭虞裳:《一个问题》,《时事新报·学灯》1919年10月28日第三张第一版。
② 同上。
③ 同上。
④ 同上。

两天后,《学灯》迅速在版面的重要位置"评论"栏刊出沈雁冰的商榷文章《"一个问题"的商榷》,其观点与编辑郭虞裳的意见完全相反:"父母前定的婚,除因特种情形(如确知该女性情乖戾,或伊父母不良,或因其他主见上之歧异等等)外,皆可以勉强不毁"。① 文末,郭虞裳还添加了编者按道:"雁冰先生此论,颇有见地。但是这一题决不是数语可了;我仍望读者诸君再发表些高见。"②编辑部的希望吸引更多读者讨论的意图是明显可见的,通过正反两面观点的你来我往,《学灯》巧妙地把"一个问题"推向了公众讨论的前台。

"一个问题"像一块投入湖心的巨石,在许多读者的心中荡起波澜。热心的读者纷纷投稿表达自己的意见,他们中有的人放言高论,反对父母待订婚姻的传统思想,但更多人是反思自己的恋爱和婚姻问题,甚至有读者金女士去信询问自己是否应该离婚,把"一个问题"的讨论推向另外一个新高潮。此后一个月内,《学灯》连续发表了关于"一个问题"的征文多达40篇,其中11月5日、11日、17日、23日还设专版讨论,同一日内发表相关文章近10篇,此外还有多篇读者来信。

随着讨论的进一步深化,思想的碰撞和争鸣越来越激烈,甚至出现有些观点激烈的讨论者强迫咨询者接受其意见的情况。看到这种有害自由言论精神的苗头出现,张东荪当即在《学灯》上发表《我对于解决一个问题的意见》向广大读者宣扬意志自由的本义。他本不想发表意见影响自由讨论,"因为我一发表必定扫了大家的兴",因为"人人各有自由的意志,各个不同,所以凡是结婚和离婚的问题,只能由本人适应他的特别境遇,依养他的自由意志,用他个性的自动能力去解决",但为了从根本上尊重个人的权利和选择,他认为,"反对父母代定婚约从抽象上说我是赞成的,但是一到具体的某某人的问题,我便主张从本人自由,……不必强人一律照办"③。

表面看来,张东荪是对讨论者进行某种意义上的引导,但实际上是对公共论坛自由平等精神的一种坚持。在《学灯》看来,尊重个人意志和权利、保证开

① 雁冰:《"一个问题"的商榷》,载《时事新报·学灯》,1919年10月30日,第三张第二版。
② 同上。
③ 张东荪:《我对于解决一个问题的意见》,《时事新报·学灯》1919年12月19日第三张第一版。

放和自由的平等交流是公众空间必需的基础和条件，公共论坛的真正意义不仅在于给予言论者以自由发言的平等机会，更应该努力为读者和公众培养真正的自由、独立精神。《学灯》在编辑上运用“发现突出”这种手法，同时以编辑的身份强调自由讨论中的某些基本规则，正好引导读者明白言论自由不能剥夺他人的自主选择权，只有真正认识到尊重个人自由权利的重要意义，公共论坛的实现才成为可能。通过这种方式，《学灯》如愿地实现了培育公众自由独立精神的目的，这也是它的又一明智之处。

第四节　公共论坛：新文化人的联系纽带

《学灯》通过构建新文化建设的公共论坛，广泛吸收各地读者的来稿和意见，逐渐形成了以支持新文化运动的知识阶层为主体的，连同部分商界、军界、市民等阶层的主要作者和读者群体。在新文化人以《学灯》为中心的不断聚合过程中，《学灯》一方面成为了进步的知识阶层参与新文化运动、实现自身文化抱负的凭借所在；另一方面，《学灯》还以公共论坛的形式，使自己成为新文化人关系网络中的重要网结，成为他们互通信息、加强联系的纽带，有效地增强了新文化运动的凝聚力。

一、公共论坛的主体构成

《学灯》在办刊宗旨上经历了从教育到学术文化的转变，通过广纳言论构建公共论坛的办刊方式，这份副刊逐渐形成相对稳定的作者队伍和读者群体。知识阶层中支持新文化运动的青年学生和学院派知识分子，连同少量的商界、军人、市民等阶层构成《学灯》的主要受众，他们也是这个公共论坛的主体构成，知识阶层的各种力量在这里得到广泛聚集。

（一）青年学生是《学灯》最广泛的支持者

青年学牛是《学灯》最早明确并聚集的受众群体，也是它最为忠实和坚定的支持者。怀有进步思想的青年学生是参与五四新文化运动的核心力量，《学灯》

为他们提供了自由发言的活动空间,也就是为新文化运动构建起了公共的舆论平台。

《学灯》自1918年创刊,就秉持“促进教育,灌输文化”的宗旨,向各地教育界征稿,由此集结了一批教育界的忠实读者。当时响应《学灯》征稿的多为国内各地教育界人士,征文启事透露了这一事实:“投稿诸君鉴敝报自添设学灯一栏(每逢星期一刊行)以来,承远近学校诸君纷纷惠稿,无任欢迎”。① 除了就一般的教育问题征集来稿外,《学灯》还向各地学校校长征稿,并提出刊登各校校长画像和校园摄影照片,用以介绍各校历史沿革及最新动态。这对希望扩大学校声望和影响力的各校负责人来说,的确具有比较大的吸引力。事实上,也许是由于后来投稿太多,导致版面难以安排,《学灯》在刊登各校情况时从来没有附刊照片,但这依然没有影响投稿者的热情,编辑启事中提到:“本馆承各学校校长寄下摄影,络绎不绝,现拟分省揭载一俟齐集即行登出”。②

《学灯》通过向各地校长征稿以扩大其影响力的同时,校园中的主体——青年学生,便顺理成章地成为这个公共论坛的主要发言人,他们是刊物最为稳定和庞大的读者基础。在办刊初期,《学灯》一般会在稿件上注名作者的单位和身份。从这些线索来看,投稿者主要是各校学生,而地区则覆盖江苏的南京、浙江、无锡、福建、安徽、上海等地,其中又以江苏省第一师范、南京高等师范学校等学校的师生投稿为较多。《学灯》也多次在对外启事中提到,各地学校师生的热情投稿,使《学灯》大受欢迎③,1919年《学灯》扩版为两页,正是大量学界投稿促成的结果。在1920年《学灯栏宣言》中的表白也可作为佐证:“本报自从刊行以来,极承社会上学者和青年的同情,又蒙读者诸君常常投稿,为本栏生色”。④ 在青年学生的踊跃支持下,《学灯》这个主要面向新文化界的公共论坛就此开张,这些受众不仅是公众论坛的主角,也是《学灯》乃至《时事新报》能够不断发展壮大的重要支持力量。

读者和作者的坚定支持是《学灯》得以发展的基础,他们以自己的实际行动

---

① 《本栏特别启事》,《时事新报·学灯》1918年3月18日第三张第一版。
② 《本栏特别启事》,《时事新报·学灯》1918年3月25日第三张第一版。
③ 《本栏特别启事》,《时事新报·学灯》1918年4月1日第三张第一版。
④ 《学灯栏宣言》,《时事新报·学灯》1920年1月1日第四张第一版。

维护了这个新文化的公众活动空间。在支付读者的稿酬方面，虽然《学灯》在创办之后的几年间出现了变化，但投稿者并没有因此而减少对它的支持，而是一如既往地向它贡献思想。创刊之初，《学灯》对刊登的来稿一律支付稿酬，但到了 1919 年 2 月以后，那些大部分稿件出自青年学生之手的栏目，如"教育界消息"、"学校指南"和"学校消息"等就不再支付稿酬了①。就其原因，很可能是因为这几个栏目的文章以报告教育消息居多，不带有观点表达的性质，在稿件的内容和层次上都不及《学灯》各类研究性文章，因此在稿酬上就不作考虑。以 1919 年 1 月的稿酬规定为例，"学校消息"、"科学丛谈"、"西国掌故"、"欧战丛谈"，"来稿自一二百字起，至千字为度。酬例如下：甲等每稿酬现金四角至六角，乙等一角至三角"；而关于学艺、教育、书籍、学校及学生修养的"意见"或"批评"，则不拘长短，都有稿酬，酬例"甲等每篇酬现金五元至十元，乙等二元至四元，丙等二角至一元"②。从稿酬的差别就能看出编辑部对普通学校消息和评论文章的不同待遇，这是因为一般性的学校消息带有宣传和广告的性质，写作难度有限，因此并不在支付高稿酬的文章之列。后来，尽管这里大部分由青年学生撰写的学校消息文章的稿酬日渐见少，甚至不付稿酬，但读者投稿却没有因此减少，可见《学灯》已经得到教育界的普遍认可。

《学灯》在学生订阅报纸价格上的变化也表明了它是能得到这个稳定而忠实的读者群体的支持的。1919 年 7 月起，《时事新报》应各地学生读者要求给学生的全年订户提供正常报价的七折优惠。③ 这一优惠举措直到 1920 年 7 月结束，其原因是：

数年以来，损失不赀讵料。最近数月，纸价飞涨，来源稀少，每报一份纸费已在大洋三分以上，编辑排印等费不计焉。本当一律加价深恐读者负担太重，容有未宜维持旧例，则本馆亏折过甚，无以维持，兹不得已。④

《时事新报》这种特别针对青年学生的优惠策略既满足了读者的需求，也是报纸的一种促销行为。随着新文化运动中《学灯》的影响力不断增大，《时事新

① 《本栏特别征文》，《时事新报·学灯》1919 年 2 月 28 日第三张第一版。
② 《本栏特别征文》，《时事新报·学灯》1919 年 1 月 3 日第三张第一版。
③ 《本报优待学生启事》，《时事新报·学灯》1919 年 7 月 3 日第一张第一版。
④ 《本馆取消优待办法》，《时事新报·学灯》1920 年 7 月 28 日第四张第一版。

报》倚仗《学灯》在读者中的吸引力，又以优惠学生七折订报的促销策略来让利读者，稳定受众，这份报纸的名声也因此而更加响亮。这种让利促销尽管实行一年后取消，但依然有很多青年学生和教育界人士愿意继续订阅《时事新报》。著名的出版界张静庐先生在《中国的新闻纸》一书中有这样的回忆：

最初，上海和内地的教育界所喜欢看的日报，莫过于上海的《时报》，因为《时报》当时，对于教育界的新闻记事特别详细之故。从新文化运动以后，全国青年的思想为之一新，《时报》的主编者，不晓得迎合时代潮流，连一张副刊都不肯出版，仍保留其《余兴》、《小时报》的老套头。因此，《时事新报》的副刊《学灯》，应时而起，延宗白华为主编，撰述者都是一时之选，于是学界极表欢迎，《时报》十余年来在教育界里打下的根基，不能不动摇，以致于倾圮。①

这段表白，也代表了一批《学灯》支持者的心声。

可以说，正是有各地大批青年学生以热情投稿、持续订报等方式表示的鼎力支持，才让《学灯》得以拥有一批最广泛而稳定的读者群。他们的存在和不断壮大，为《学灯》在投入新文化运动中提供了最为重要的支持力量和广泛的群众基础。

（二）学院知识分子是《学灯》的核心力量

1919 年以后，伴随着《学灯》向学术文化转向，这份致力于开展新文化建设的副刊也逐渐聚拢了一批以学院知识分子，即中高等院校教师为核心的坚定的新文化支持者，他们使《学灯》能迅速从教育界走向整个新文化界，实现了在推动新文化运动中的又一次进步。

尽管年轻的新文化运动支持者已经使《学灯》成为当时广受关注的刊物，但学术文化界中学院派人士的聚集才真正奠定了这份副刊在新文化运动中的重要地位。《学灯》确定以学术研究建设新文化的办版思路后，各路学术名家高手也不负《学灯》的盛情相约，纷纷为它贡献自己的聪明才智，《学灯》因此拥有了一个强大的作者阵容，并与新文化界中的很多名家巨匠建立了长期的信任关系。在《学灯》上发表文章的学者，既有享有盛名的学术名家，如当时已经是新文化运动巨子的陈独秀、李大钊、胡适、梁启超、吴稚晖；也有后来在不同的学术

① 张静庐：《中国的新闻纸》，上海光华书店 1928 年版，第 33 页。

领域作出杰出贡献的年轻学者，如后来成为著名人类学家的芮逸夫，著名化学家、编译家的郑贞文，翻译家万良浚等等。而当时在《学灯》中出现得最为集中的还是一批具有学院背景的知识分子，如陈望道、潘公展、刘海粟、刘士木、黎锦熙、张士一等(具体见表3.1)。《学灯》对西方美学的重视也让当时不少艺术家在这个公共论坛中有了向大众传播美学知识的园地，刘海粟、汪亚尘、高剑父、吴梦非等在中国现代美术史上留下过印记的美术家都纷纷为《学灯》添砖加瓦。

表3.1　《学灯》部分学院作者名单及背景表

姓名	教育背景	工作单位及职务(新文化运动前后)
梁启超	在万木草堂师从康有为	著名学者，在北京、上海、济南、苏州等地讲学
李大钊	北洋法政专门学校毕业后留学日本早稻田大学	北京大学教授
胡 适	美国哥伦比亚大学博士	北京大学教授
陈望道	中央大学法学学士	杭州浙江第一师范学校教员、上海复旦大学教授
朱谦之	北京大学哲学学士	厦门大学教员
王崇植	公立上海工业专门学校	浙江工业专门学校教授
潘公展	私立上海圣约翰大学	上海私立市北公学教务主任、上海大学教员
刘海粟	在上海周湘创办的布景画传习所学习西洋绘画	上海国画美术院院长、江苏省教育会美术研究会副会长
郑贞文	日本九州帝国大学学士	厦门集美大学教育长、上海商务印书馆编辑
舒新城	湖南高等师范学校毕业	吴淞中国公学中学部主任 南京东南大学附中研究股主任

续表

姓名	教育背景	工作单位及职务(新文化运动前后)
杨昌济	英国爱丁堡大学文学学士	北京大学教授
刘士木	日本大学经济学学士	上海暨南大学南洋文化教育事业部主任
刘伯明	美国西北大学博士	金陵大学、南京高等师范、东南大学教授
费哲民	(不详)	上海暨南大学教授、《国民评论》主编
陆殿扬	(不详)	江苏省里第一中学校长、东南大学教授
张士一	哥伦比亚大学硕士	南洋大学、南京高等师范学校、东南大学教授
李中襄	国立唐山大学	江西南昌心远中学校监
刘半农	江苏常州府学堂退学	北京大学教授
沈兼士	日本东京物理学校	北京大学教授
梅光迪	美国西北大学、哈佛研究院	南开大学英文系主任、东南大学西洋文学系主任
杨杏佛	哈佛大学经济学	南京高等师范学校教授
黎锦熙	(不详)	教育部国语统一筹备会会员、教育部国语讲习所导师、公立北京高等师范教授
郭绍虞	苏州中等工业学校	济南第一师范教员、福州协和大学教授
姜琦	日本明治大学学士、后获美国哥伦比亚大学硕士	浙江省第一师范学校校监、南京高等师范教授

续表

姓名	教育背景	工作单位及职务(新文化运动前后)
杨端六	英国伦敦大学毕业	私立吴淞中国公学教授、《东方杂志》编辑
马寅初	美国哥伦比亚大学博士	北京大学、东南大学教授
吴稚晖	江阴南菁书院、苏州紫阳书院	北京大学学监
王平陵	杭州省立第一师范	南京美术专门学校、私立震旦大学南京分校教师
谢六逸	日本早稻田大学文学士	上海暨南大学神州女校教务主任、商务印书馆编辑、复旦大学教授
高剑父	日本东京美术学院	广东工艺局局长、广东省立工业学校校长
吴梦非	浙江两级师范学堂	创办上海专科师范学校、《美育》总编辑
宋春舫	上海圣约翰大学、瑞士日内瓦大学	上海圣约翰大学、清华大学、北京大学教授

(资料来源:《民国人物大辞典》①)

从以上《学灯》部分学院派作者的名单中可见,他们大都有较强的教育背景,其中有中国近代著名的学术大家,也有不少人曾经获得国外大学的学历,学识渊博、思想进步是他们共同的特点。而且,他们大都在各地的大学担任教职,处于教育和研究工作的第一线,这更使他们拥有研讨和建设新文化的能力和资本。这些学院派知识分子是《学灯》这个公共论坛中发言的主力,他们又促成《学灯》成为引领新文化建设的一股重要力量。可以说,若非有众多支持新文化运动的学者、专家对这个公共论坛的鼎力相助,《学灯》自1919年起每周出版六天,每天两大版中充实学理性内容是不可想象的。也正是因为《学灯》能为广大读者营造开放、多元的学术氛围和思想阵地,才能让新文化界如此丰富多样的

① 徐友春主编:《民国人物大词典》,河北人民出版社2007年版。

声音得以自由地倾注和感染社会。

各界学者专家向《学灯》的积极投稿,其中有些甚至是免稿费的,究其原因,或许不排除有与编辑的私交因素,但更多的是因为《学灯》对社会所产生的影响力和号召力,以及对它作为新文化运动公众论坛的充分肯定。到1921年,《学灯》的稿酬方式已经由单纯酬资发展到酬资、送报和不付稿酬三种。1921年8月,郑振铎在《今后的学灯》中提出:

投稿本来是不一定为金钱的,友谊的帮助的文章比为金钱而做的文章一定好得多。以后除了长篇的著作以外,所有不满二千字的稿子,拟都不给酬。想诸位可尊敬的帮助者必不是为金钱而始来投稿学灯的罢!①

在《学灯》的影响力得到有效扩大后,稿酬反而出现了变化,这是因为编辑们清楚地知道,新文化运动中人已经深切地体会到在《学灯》这个公共论坛进行自由讨论的乐趣和意义,还有它多年形成的办报质量和名气,更使大家能够为在刊物上发表署名文章而感到某种荣誉和体面,所有这些已经足以让教育界和知识界人士不纯粹为金钱给刊物写稿。也可以说,《学灯》已经为当时这一批具有进步思想的学院派知识分子提供了实现新文化追求和抱负的机会和园地。通过为专家学者构建新文化建设的公共论坛,《学灯》在当时整个新文化界的独特凝聚力也随之逐渐形成。

在《学灯》开放和平等的讨论氛围下,学术文化界中越来越多的新文化支持者聚拢到这份副刊周围,他们通过这个公共论坛畅谈对新文化事业的各种见解,也是为《学灯》的成长和壮大贡献力量,这反过来又扩大和提高了新文化运动的社会影响和新思潮在广大读者中的普及程度。

二、公共论坛的纽带作用

作为一个新文化支持者自由交流思想的公共论坛,《学灯》承担了沟通信息、交换意见、激活思想和增强新文化人联系的作用。其中,作为新文化人的联系纽带的主要作用巩固了《学灯》在五四新文化运动中的特殊地位。新文化人

① 《今后的学灯》,《时事新报·学灯》1921年8月1日第四张第一版。

通过报纸副刊得以突破地域界限实现信息沟通，运动中出现的各种问题也有机会在这里得到解答甚至解决，分属各地的新文化人通过《学灯》这个枢纽网结联系在一起，俨然连结成一张新文化人的关系网络。

《学灯》首先通过“通讯”等具有强烈贴近性的栏目，深入青年生活、学习的每一个方面，为读者提供服务，努力使刊物与读者个人建立密切联系。在大多数情况下，青年读者向《学灯》编辑提出各种疑问，小至在哪里可以买到新思潮的书，大至个人如何解决婚姻家庭问题，《学灯》编辑都在版面中为读者一一解答。1919 年 11 月，当时还是青年教师的舒新城致信张东荪，告知他在《学灯》上发表《我对于教育的意见与希望》后被所在教会学校解雇的遭遇。后来，舒新城还提出一个私人问题，他准备到美国学习教育，但由于经费有限，希望通过其他途径筹措经费。当时，他正在翻译一份文稿，想请张东荪介绍发行出版的机会，或看是否能发表在《学灯》上，并希望能担任报纸的长期撰述员为留美筹措学费。《学灯》收到来信后随即把信件公开登载。舒新城的问题最后是否得以解决虽不可知，但《学灯》把这封私人信件公开刊登的用意也是清晰可见的。可以想象，即便《学灯》不能解决舒新城的问题，其他新文化界人士看到消息后也可以帮忙一起想办法，或者提供其他可行的解决途径。通过读者与编辑的往来联系，我们可以感受到青年读者对《学灯》是真诚和信任的，而这是与《学灯》长期关注并支持新文化运动，为知识文化界人士提供自由发表言论的公共论坛密切相关。

除了联系和稳定一批忠实的个人读者外，《学灯》还把这个新文化的关系网络延伸向不同的新文化团体，为处于各新文化团体或各地的新文化人提供沟通信息和交流联系的公共论坛，这一努力也使《学灯》成为新文化关系网络中的一个重要网结。

一方面，《学灯》凭借主编张东荪作为新文化运动中的特殊地位和身份，与北京以《新青年》和《新潮》为核心的新文化运动主力建立了密切联系。民国初年，张东荪在《正谊》、《东方杂志》、《中华杂志》等刊物上发表过大量政论文章，反对袁世凯的封建统治，在当时的思想界和舆论界产生过巨大影响。到了五四新文化运动时期，张东荪已经是当时颇有名气的哲学家和政论家，对青年学生甚至新文化运动的主力干将都有不可小视的凝聚和影响作用。1919 年 11 月，谣传新文化运动主将傅斯年、罗家伦在北京被捕,读者纷纷致信《学灯》询问情况。没过多久,傅、罗二人就专程致信张东荪向其交代事情的原委和经过,澄清谣传,并及时报告了北京新文化运动的最新情况。① 而这些通信就被《学灯》"通讯"栏中全部刊出。后来,胡适、李大钊、罗家伦等新文化运动干将与张东荪长期保持通信联系,并互相报告新文化运动在京沪两地的进展情况,这些信件也都被"通讯"栏全文登载。可见,《学灯》已经成为上海和江浙地区与北京新文化人沟通信息和增强运动联系的重要纽带。

另一方面,除了联系京沪两地新文化运动的核心力量之外,《学灯》还与各地的新文化运动组织建立了紧密联系,它也成了这些新文化团体发布信息、及时沟通联系的重要平台。例如,浙江新潮社被封的消息就是通过《学灯》发布出去的。1919 年 11 月 17 日,《学灯》在"通讯"栏刊登了一封来自施存统的信:

浙江新潮社被封了!浙江新潮不能再和先生相见了!我以浙江新潮社社员的资格先报告先生一声。因为我们一时不能开会,全体的主张,还不能知道。这几天外埠来定报派报的人很多,请先生赶快在时事新报上宣布,免得他们和我们往返邮寄的空手续。这个事情,发生在昨天夜里,所以当夜不能写信,我今天早晨,抽了些空,报告先生。②

从信中可见,施存统旨在通过向张东荪报告浙江新潮社被封的消息,及时通知浙江《新潮》的读者有关刊物不能出版的事实,由此我们可以窥见当时《学灯》和张东荪在新文化人中的地位和分量。其实,四川、湖南、安徽、江西等地的新文化运动组织,也经常通过《学灯》向外界通告各种新消息,这使《学灯》成为新文化人的联系枢纽和联系新文化界的精神纽带。

值得注意的是,《学灯》还一直与新文化运动的重要团体——少年中国学会③保持着密切联系。张东荪在《学灯》的编辑工作上退居幕后,"专聘名人担

---

① 罗家伦:《罗家伦致张东荪》,《时事新报·学灯》1919 年 11 月 25 日第三张第一版。

② 施存统:《施存统给张东荪的信》,《时事新报·学灯》1919 年 11 月 17 日第三张第一版。

③ 少年中国学会是五四时期出现的一个影响很大的重要社团。它以"本科学的精神、为社会的活动,以创'少年中国'"为组织宗旨,试图寻找一条改造中国的道路,并聚集起了一批当时中国青年知识分子中的优秀者。见吴小龙:《"少年中国"的理想追求及其分化——简评少年中国学会》,《浙江社会科学》2000 年第 3 期,第 127—132 页。

任编辑”①,其意也正在联络和吸引更多新文化界人士的关注,而这几位编辑“名人”也确实为《学灯》带来了更多的目光和认同。尤其是宗白华担任编辑后,他身为少年中国学会的成员,在当时思想进步的青年中具有较大的影响力和凝聚力,也使《学灯》成为少年中国学会中新文化运动先锋的重要论坛。在少年中国学会的成员中,经常在《学灯》上发表文章的有:王光祈、毛泽东、左学训、黄仲苏、梁绍文、张闻天、恽代英、康白情、郤爽秋、张崧年、王崇植、章志、魏时珍、谢循初、李璜、沈泽民、杨效春、田汉、朱自清、黄刍、金海观、赵世炎等等。这些少年中国学会的成员在五四新文化运动中曾经发挥过重要的组织作用,他们其中不少人后来成为了中国现代各个领域中举足轻重的人物,有的甚至对中国的前途和命运产生过关键性的影响。《学灯》与少年中国学会这个五四时期重要社团的密切联系,并为其会员提供发表意见的自由论坛,实际上已经说明了《学灯》在五四新文化运动中已经成为了新文化人之间进行沟通和联系的重要纽带,是新文化关系网络中的一个重要网结。

总之,《学灯》通过培育名牌栏目和开展议题讨论的主要方式,为新文化界提供开放和平等交流的公共论坛,实现了以知识阶层为主体的作者和读者群的聚集,并使其自身成为了新文化人沟通信息和联系交流的重要纽带。在此过程中,《学灯》作为新文化建设公共论坛的地位也得到了进一步稳固。

三、公共论坛的有限性

尽管《学灯》已经成为新文化建设开展议题讨论和思想碰撞的公共论坛,但它并没有达到真正意义上向所有社会成员开放,是一个有限的讨论空间。

一方面,《学灯》上的作者绝大部分集中在从事学术、教育和文化工作的知识阶层,其中又以学院派知识分子和青年学生为主。《学灯》贯彻“社会学子立说之地”②的原则,无论是专家、教师、学生、职员,都可以自由讨论、相互切磋,并因此经常出现无名小辈与学者专家就某个问题相互争论的情况。但是,这些发言者大部分是具备一定教育程度的知识阶层,虽然《学灯》也曾发表过军人、

① 《本报启事》,《时事新报·学灯》1918年12月8日第一张第二版。

② 《学灯宣言》,《时事新报·学灯》1918年3月4日第三张第一版。

商人的来信和咨询，但总体上处于知识阶层以外的发言者并不多见。而且，由于《学灯》的读者对象有较强的针对性，因此在办刊思路上就难免出现某种精英化的倾向，比如刊登哲学、文学的学理性文章较多，在内容上也对趣味性有所忽略。这样一来，便难免会影响到普通大众读者对《学灯》的接受和理解，也就有可能在某种程度上影响这个公共论坛中发言队伍的扩大。

另一方面，《学灯》中的言论绝大部分站在支持新文化运动的立场，反对的声音则较少听闻。近年有学者的研究表明，在新文化运动中，持文化守成主张的非主流派（过去称为反动派、守旧派，如辜鸿铭、梁漱溟、梅光迪等）在与新派的争论中也作用于新文化运动的推广，也是新文化运动的一部分。① 尽管《学灯》中曾出现过新文化的反对者"学衡派"代表人物，如梅光迪、刘伯明、缪凤林等人的言论，但依然属于少数。

究其原因，笔者以为可以从两个方面来考虑。其一，民国初年，中国社会中能够读书看报的人数量有限，能以通达畅晓的文字自由表达思想的人更是少数，而大多数民众是难以通过文字表达意见的。据民国二年国会大选时统计，当时全国小学文化程度以上的人仅占总人口的10%，②国民总体素质低下。因此，接受过现代语言教育、拥有白话文写作能力和具有一定知识背景的社会阶层，就理所当然地成为活跃于新文化报刊中的意见表达者。这是《学灯》仅凭一己的愿望和努力所无法跨越的客观问题。其二，《学灯》与致力投身文化建设的研究系有较深渊源，通过传播和讨论西方文化思潮以推动新文化运动是其办刊目的，而反对保守的文化态度是它支持新文化运动的主要方式。因此，如果要站在后世研究者的角度，通过计算《学灯》刊登反对派意见的多少来评价其开放性，也是有不近情理之处。

由此可见，《学灯》这个有限的讨论园地，已经在其能够实现的能力范围内为热心关注新文化运动的人士提供了一个自由交流的公共论坛，尤其是在《新青年》演变为同人刊物后，它以更广泛的公众讨论和社会参与，显示其作为新文化建设公众论坛的重要意义。

---

① 欧阳哲生：《新文化的传统——五四人物与思想研究》，广东人民出版社 2004 年版，第 4 页。

② 姚琦：《民初创办报刊热潮评析》，《社会科学研究》1996 年第 6 期刊，第 112—117 页。

本章小结

《学灯》是五四新文化运动的一个公共论坛。主要基于如下理由：

一、《学灯》继承了近代以来报刊作为公共论坛的传统，确立了新文化建设公共论坛的自我定位，采取开放的编辑方式，广泛吸纳新文化界的各种言论。在《新青年》演变为同人杂志后，《学灯》以更大的包容性和自由度，成为五四时期知识分子针对新文化运动的一个重要的公共论坛，为新文化运动的深入拓展作出了贡献。

二、《学灯》主要通过两种编辑方式构建公共论坛。第一是通过创办名牌栏目培育开放、平等的公共讨论空间。《学灯》培育了多个如"青年俱乐部"、"通讯"等名牌栏目，组织读者展开自由讨论，体现出注重读者的意见表达和平等交流等特点。第二是设置议题讨论实现公众的意见汇聚。议题讨论具有启蒙意义，能够刺激人们的思考探求精神，拓展思维空间。《学灯》的议题生成方式主要有三种，分别是参与拓展式、提问策划式和挖掘突出式。

三、《学灯》的公共论坛成为新文化人的联系纽带。支持新文化运动的知识阶层是这个公共论坛的主体构成，其中青年学生是基础，学院派知识分子是核心。《学灯》通过构建新文化运动的公共论坛，使知识阶层的读者和作者得以在这里广泛聚集。而且，《学灯》在与读者的平等交流和密切联系中，也使自身成为新文化人的联系纽带和网结枢纽，有效地增强了新文化运动的凝聚力。

当然，《学灯》构建的公共论坛是有局限性的，但这依然不能否认《学灯》作为公共论坛推动新文化运动深入发展的历史作用和重要地位。

第四章

渐进式启蒙:五四新文化建设的重要策略

《学灯》编辑部认为,文化变革和思想启蒙是一个渐进的过程,因此它也选择渐进式的思想启蒙作为推动新文化运动的一种策略方式。在新文化运动早期,以《新青年》为核心的主导力量以激进的方式首先掀起新文化的潮流。但到了运动的深入发展阶段,《学灯》选择了渐进式的思想启蒙策略,反映了新文化建设的现实需要和发展趋势。在新旧文化的激烈论战中,《学灯》坚持对中西文化进行客观分析,注重自由讨论背后的道德规范,为新文化运动注入理性因素。新文化运动进入高潮后,《学灯》还较早地组织大规模的反思讨论,研究和探索新文化运动的问题和方向,为五四新文化运动的深入发展提供了持续的思想动力。

第一节　从激进到渐进的策略转向

在五四新文化运动中,激进和渐进是思想启蒙的两种重要策略。《新青年》同人出于对社会历史和国民性格的考虑,以激进式启蒙作为发动新文化运动的主要策略。但在新文化运动进入深入发展阶段后,《学灯》选择了渐进式的思想启蒙,在坚定支持新思潮的同时,也注重文化变革中的阶段性和积累性因素。《学灯》的这种渐进式启蒙有其历史渊源和现实价值,虽然它与《新青年》之间存在启蒙策略的不同选择,但它们共同推动着新文化运动的深入发展,更重要的是,渐进式启蒙也在一定程度上反映了新文化运动在建设阶段的现实需要和发展趋势。

一、《新青年》与激进式启蒙

(一)《新青年》中的激进式启蒙

《新青年》及其支持者是早期新文化运动的主导力量,他们在运动中表现出激进的价值取向和行为方式,并使激进主义成为早期新文化运动的主流思潮。①

"激进",一般意为急剧猛烈地前进,多用来形容政治上要求革命,主张积极改革的人。② 据研究,"激进"一词最早出现在英国的政治领域,后来外延不断扩大,现在人们通用的激进泛指在任何一个领域以"矫枉过正"态度作为言行准则。其基本涵义是从根本上否定旧秩序与旧制度,否认社会变迁和事物变革过程中的过渡性和阶段性,力求用某种理想的道德秩序和行动方式迅速、彻底地取代旧秩序,并建立一种理想化的秩序体系。③ 激进主义的心理基础是政治浪漫主义,其方式和途径往往是整体性的、急剧的、快刀斩乱麻的。④ 在其影响下,激进思潮在思维和行动上会更多地表现出强烈情感和非理性的因素,而理智、温和、反思等方面的气质则会比较缺乏。

专事思想史研究的学者认为,文化激进主义是中国启蒙运动的主流思潮,对 20 世纪中国的文化运动影响深巨。⑤ 尤其是在新文化运动早期,以《新青年》为核心的新文化人正是选择了激进的思维和行动方式作为思想文化启蒙的主要方法,并使之成为发动新文化运动的主要策略。

《新青年》在早期宣传新文化中的激进态度表现在诸多方面,但从它对中西文化的基本态度上就可以对这种激进式的启蒙有所把握。

一方面,在对待中国传统文化的问题上,《新青年》及其启蒙者采取了激烈

---

① 高力克:《求索现代性》,浙江大学出版社 1999 年版,第 151 页。
② 辞海编辑委员会编著:《辞海》(1999 年版缩印本),上海辞书出版社 2007 年版,第 1185 页。
③ 萧功勤:《危机中的变革》,上海三联书店 1999 年版,第 3 页。
④ 同上。
⑤ 高力克:《求索现代性》,浙江大学出版社 1999 年版,第 151 页。

的全盘否定态度。①

北洋军阀政府与日本签订“二十一条”以后,刚成立不久的中华民国便进入了内外交困的沉重时期。一方面在外交上备受屈辱,另一方面又受到国内旧军阀、旧官僚以传统儒学为理论基础的复辟威胁。在这种政治和社会气氛的影响下,以救亡民族危机为己任的知识分子自然把攻击的矛头指向旧文化和旧礼教。1915 年,作为新文化运动发起标志的《新青年》在创办之初就把犀利的笔锋对准传统文化,陈独秀在发刊词《敬告青年》中写道:

彼陈腐朽败之分子,一听其天然之淘汰,雅不愿以如流之岁月,与之说短道长,希冀其脱胎换骨也。予所欲涕泣陈词者,惟属望于新鲜活泼之青年,有以自觉而奋斗耳!

自觉者何? 自觉其新鲜活泼之价值与责任,而自视不可卑也。奋斗者何? 奋其智能,力排陈腐朽败者以去,视之若仇敌,若洪水猛兽,而不可与为邻,而不为其菌毒所传染也。…… ②

文中,陈独秀以强烈的激愤感情要求打破封建传统,从思想上唤醒中国青年,此后,他与《新青年》的撰稿人就致力于实行这项批判传统和唤醒青年的任务。从 1917 年到五四运动前,《新青年》与北京大学相结合形成推动新文化运动的主要力量,他们提出了进行彻底的思想文化革命的观点,对以孔教为核心的传统伦理道德、语言文学、社会秩序和家庭关系进行猛烈抨击,并把思想文化领域的变革简单归结为“德先生”和“赛先生”的基本原则。

《新青年》对中国传统文化采取一种根本排斥的态度,要全面取缔传统文化在社会思想中的影响因素,其中由它所掀起打击儒学、孔教的反传统运动更是标志着一个激进的文化批判时代的到来③。比如,孝道是传统儒学的核心理念之一,是中国传统文化所倡导的道德价值观,尽管它在历史发展过程中一度被封建统治阶级作为加强封统治的工具,但它在家庭伦理道德方面的积极意义是值得肯定的。而《新青年》在对封建礼教的批判中,把孝道完全归结为专制王权政治的理论基础大加批判,主张彻底铲除孝的精神,这正是激进式文化启蒙的

① 高力克:《求索现代性》,浙江大学出版社 1999 年版,第 176 页。
② 陈独秀:《敬告青年》,《新青年》1915 年第 1 卷第 1 期。
③ 高力克:《求索现代性》,浙江大学出版社 1999 年版,第 168 页。

重要表现。反孔宿将吴虞指出:"儒家以孝悌二字为二千年来专制政治与家族制度联结之根干,而不可动摇。""其主张孝悌,专为君亲长上而设。但求君亲长上免奔亡弑夺之祸,而绝不问君亲长上所以致奔亡弑夺之故,及保卫尊重臣子卑幼人格之权。"①在吴虞看来,孝道的要害在于愚弄、奴化民众的伦理专制主义。② 君主和圣人"他们教学,所以教忠,也就是教一般人恭恭顺顺地听他们一干在上的人愚弄,不要犯上作乱。把中国弄成一个'制造顺民的大工厂',孝字的大作用,便是如此!"③

钱玄同对传统文化也充满了激愤之情,他在回复陈大齐的信中提到:"自从十二岁起到二十九岁,东撞西摸,以盘为日,以康瓠为周鼎,以瓦釜为黄钟,发昏做梦者整整十八年。自洪宪纪元,始如一个响霹雳震醒迷梦,始知国粹之万不可保存。"④

鲁迅在《狂人日记》中对封建礼教的批判,也同样表现了这种激进的风格。"我翻开历史一查,这历史没有年代,歪歪斜斜的每页上都写着'仁义道德'几个字。我横竖睡不着,仔细看了半夜,才从字缝里看出字来,满本都写着两个字是'吃人'。"⑤总体而言,《新青年》中的新文化人,对以孔子学说为核心和主导的中国传统文化,是持"根本排斥"的态度的。⑥

另一方面,《新青年》同人对西方文化推崇备至,主张以西方文明全面取代东方文明。

在新文化运动中,《新青年》论者习惯从中西文化比较的角度力证西方文明的优越性。陈独秀在启蒙宣言《敬告青年》中,便以中西文化比较的形式把两种文化的特点简单地概括为正、反两个方面。简单地说,中西文化差异就是"奴隶"与"自主"、"保守"与"进步"、"退隐"与"进取"、"锁国"与"世界"、"虚文"与"实利"、"想象"与"科学"、并把"人权"与"科学"归为西方近代文明的两大

---

① 吴虞:《家族制度为专制主义之根据论》,《新青年》1917 年第 2 卷第 6 期。
② 高力克:《求索现代性》,浙江大学出版社 1999 年版,第 171 页。
③ 蔡尚思主编:《中国现代思想史资料简编》第 1 卷,浙江人民出版社 1982 年版,第 373 页。
④ 钱玄同:《钱玄同致陈大齐》,《新青年》1918 年第 5 卷 6 号。
⑤ 鲁迅:《狂人日记》,《鲁迅全集》第 1 卷,人民文学出版社 1956 年版,第 172 页。
⑥ 洪峻峰:《思想启蒙与文化复兴——五四思想史论》,人民出版社 2006 年版,第 191 页。

基石,力倡中国文化的西方化。① 在《东西民族根本思想之差异》一文中,陈独秀从价值观的层面比较东西文化,把两者的差异归结为“个人”本位与“家族”本位、“法治”本位与“感情”本位、“实利”本位与“虚文”本位,主张革除东方民族平和安息雍容文雅的劣根性。总体而言,陈独秀以落后和进步的观念来归结东西方文明的差异,认为东方文明“其质量举未能脱古代文明之窠臼”,而“可称曰‘近世文明’者,乃欧罗巴人所独有,即西洋文明也”。② 而陈独秀在处理中西文化时的这种非此即彼的思想,也成了主导五四知识界的文化比较范式。③

正因为证明了西方文明比东方文明更加优越,所以《新青年》论者就提出了以西方文明代替东方文明的启蒙办法。傅斯年就是主张激进式启蒙的代表人物,他提出以西方文明全盘取代东方文明的策略:“须知天地间的事物,不是一件一件一段一段的独立的,是相互关联的;所以西洋成西洋的系统,中国成中国的系统,动摇一件、牵动多种,调和是没成效的,必须征服,必须根本改换”。④ 陈独秀也曾经说过:“无论政治学术道德文章,西洋的法子和中国的法子,绝对是两样,断断不可调和迁就的”,“若决计革新,一切都应该采用西洋的新法子,不必拿什么国粹,什么国情的鬼话来捣乱。”⑤

在五四新文化运动期间,《新青年》及其同人这种对西方文化完全肯定并全面输入、对东方文化全盘否定并排斥的激进态度,也在思想启蒙过程中产生过重要影响。

(二)激进式启蒙的历史意义和存在问题

《新青年》所采取的这种激进态度有一定的历史原因,并发动和刺激了新思想和新文化的推广和传播,但同时它也给新文化运动留下了一些不可忽视的文化难题。

应该承认,《新青年》同人选择激进式的思想启蒙是基于他们发动思想文化变革的现实需要,是一种可以理解的历史选择。

---

① 陈独秀:《敬告青年》,《新青年》1915 年第 1 卷第 1 期,第 1—2 页。

② 陈独秀:《东西民族根本思想之差异》,《新青年》1915 年第 1 卷第 4 期。

③ 高力克:《求索现代性》,浙江大学出版社 1999 年版,第 166 页。

④ 傅斯年:《白话文学与心理的改革》,胡适主编:《中国新文学大系建设理论集》,上海文艺出版社 1980 年影印版,第 208 页。

⑤ 陈独秀:《今日中国之政治问题》,《新青年》1918 年第 5 卷第 1 号。

一方面是,在思想文化变革的发动阶段,激进的言辞和态度往往更容易引起人们的关注,也更有利于为新的思想观念争取生存机会和发展空间。首先,当时袁世凯的复辟帝制活动刺激了陈独秀等知识分子批判和反对以儒教为核心的中国传统文化的激烈情绪。① 尽管辛亥革命推翻了封建帝制,但此后的民主共和政体完全是徒有虚名的空壳,两次帝制复辟和之后的军阀混战,不仅无法为国人提供有希望的政治模式,而且还将传统中腐朽的封建因素发挥到极致,形成了束缚人们思想自由发展、扼杀国民生机的精神罗网。在这种情况下,《新青年》同人认为孔教在中国人头脑中根深蒂固,于是便将孔教,乃至整个中国传统文化作为一个整体进行攻击,并力倡以西方文化全面取缔之。因此,《新青年》同人力求通过思想文化上的"换血"来实现民族思想更新换代的迫切心情是完全可以理解的。第二,对国民性格的基本判断也使《新青年》同人作出了激进主义的选择。基于对当时中国国民性的认识,《新青年》同人认为只有通过"矫枉过正"的方法才能实现启蒙。胡适在《新思潮的意义》中就提倡"极端的革新",反对调和,他说:"人类社会有一种守旧的惰性,少数人只管趋向极端的革新,大多数人至多只能跟你走半程路。这就是调和。调和是人类懒病的天然趋势,用不着我们来提倡。我们走了一百里路,大多数人也许勉强走三四十里。我们若先讲调和,只走五十里,他们就一步都不走了。"②五四时期,鲁迅在《无声的中国》的演讲中,也曾经对此进行解释,他认为中国人的性情总是喜欢调和、折中。例如你说要开窗户,大家一定不同意,而你如果说要拆屋顶,大家才会来折中,愿意开窗。所以鲁迅得出这样的结论:"没有更激烈的主张,他们总连平和的改革也不肯行"。③ 可以说,《新青年》这种激进式的启蒙策略是迫不得已的历史选择。

另一方面,五四思想史研究者普遍认为,《新青年》这种激进的思想文化启蒙,是受法国启蒙文化的影响。④《青年杂志》创刊之初,陈独秀就以中法双语

① 林毓生:《中国意识的危机——"五四"时期激烈的反传统主义》,贵州人民出版社 1986 年版,第 115 页。

② 胡适:《"新思潮"的意义》,《新青年》1919 年第 7 卷第 1 期。

③ 鲁迅:《无声的中国》,《鲁迅全集》第 4 卷,人民文学出版社 1981 年版,第 14 页。

④ 高力克:《求索现代性》,浙江大学出版社 1999 年版,第 167 页。

来命名这份杂志，把法国启蒙运动作为新文化运动的楷模。陈独秀还在《青年杂志》的创刊号发表《法兰西人与近世文明》，表现了新文化运动与法国启蒙运动在思想上的亲和性，也奠定了这场运动法国式的激进风格。① 在这篇文章中，陈独秀热情地赞颂了法国现代思想文化，认为法兰西是欧洲近代文明之母，提出欧洲近代文明最重要的三大成就，即人权说、生物进化论和社会主义，都归功于法国人。② 研究者高力克认为，陈独秀的这个论断带有明显的主观色彩，并不符合历史事实，“欧洲现代性的策源地与其说是法国，毋宁说是英国”③。而陈独秀对法国文明的情有独钟，实际上是对法国思想家卢梭的民主理论和孔德的实证主义文明进化论的认同，也是源于对法国大革命中政治激进主义的赞赏。在新文化运动中，以《新青年》为核心的新文化人对法国式的民主主义和科学主义的崇尚，便构成了五四思想启蒙中强烈的激进色彩。④ 而这种激进式的思想启蒙，正好与英国式的渐进启蒙相对。

可以说，激进式的思想启蒙是以《新青年》为核心的新文化人发动文化运动中的一种策略性选择。这种启蒙方式的重要价值在于，它在思想文化的问题上提出了非常明确的努力目标和奋斗方向，在被封建思想文化统治了几千年的中国社会，这种全盘反传统和根本取代的激进思路，的确为西方文化的输入和认识传统文化糟粕打开了新的局面。尤其是在新文化运动的初期阶段，这种激进式的启蒙发挥了振聋发聩的作用。

但不应否认，这种激进式的策略由于其过于偏激的表现方式，给当时的社会和后来中国思想文化领域留下了历史的难题。

一方面，由于《新青年》同人对中国传统文化的批判存在比较粗暴、缺少分析，甚至是肤浅等问题，这使儒学和中国传统文化遗产中许多精华遭到有意忽视，影响了后来国人对传统文化的正确认识。其实，当时一些进步青年也都看到了这一点，比如恽代英就对《新青年》彻底否定中国传统文学的激进态度不甚赞同，并坚持认为旧文学依然存在价值。1917 年 9 月，恽代英在日记中就曾经

① 高力克：《五四的思想世界》，学林出版社 2003 年版，第 26 页。
② 陈独秀：《法兰西人与近世文明》，《青年杂志》1915 年第 1 卷第 1 期。
③ 高力克：《求索现代性》，浙江大学出版社 1999 年版，第 167 页。
④ 高力克：《五四的思想世界》，学林出版社 2003 年版，第 28 页。

表达过这一看法：

《新青年》杂志倡改革文学之说。吾意中国文学认为一种美术，古文、骈赋、诗词乃至八股，皆有其价值。而古文诗词尤为表情之用。若就通俗言，则以上各文皆不合用也。故文学是文学，通俗文是通俗文。吾人今日言通俗文而痛诋文学，亦过甚也。①

1918年4月，恽代英给一位朋友的信中仍然坚持自己的观点，认为“新文学固便通俗，然就美的方面言，旧文学亦自有不废的价值，即八股文字亦有不废的价值，惟均不宜以之教授普通国民耳。”②

主张“调和论”的《东方杂志》杜亚泉曾经对这个问题有过深刻的思考。他认为新文化人的反传统运动是“拾其文明片断以击破本土传统文明，其后果纯然是破坏性的”，它导致了中国“精神界之破产”的意义危机和认同危机。③尽管杜亚泉等“调和派”被后人认为过于保守，但他对新文化运动激进策略的批判，实际上也揭示了《新青年》论者在理论和行动上的片面性。而且，后来的研究者，如李欧梵、林毓生、章清等人都认为五四时期的激进思潮给后来的民族文化认同带来了难题。④

另一方面，《新青年》中的同人虽然热情地主张大量输入西方思想文化，但对这些思想资源的处理却是显得比较急躁又缺乏耐心，其结果是影响了时人对西方思想的吸收和理解。这种由于激进而造成对西方文化的简单处理，已经被当时的思想家一语道破。杜威在1921年《亚洲》杂志上发表文章时说道：

这场运动的感情成分多于思想成分。它还伴随有夸张、混乱以及智慧与荒谬的杂合。这一切都不可避免地使这场运动在开始阶段具有急功近利特征。……人们可以讥笑整个运动不够成熟，不够深刻；也可以讽刺它是或多或少地

---

① 中央档案馆编著：《恽代英日记》，中共中央党校出版社1981年版，第153页。

② 同上书，第439页。

③ 高力克：《求索现代性》，浙江大学出版社1999年版，第181页。

④ 见李欧梵：《五四文化的浪漫精神》，《台港及海外五四研究论著撷英》，教育科学出版社1989年版；林毓生：《中国意识的危机——“五四”时期激烈的反传统主义》，贵州人民出版社1986年版；章清：《传统作为“知识资源”的失落》，《二十一世纪》，1999年12月号，第42—50页。

把一些不相关的观点、一些支离破碎的西方科学和思想胡乱地拼凑在一起。……①

其实,《新青年》这种激进式的启蒙对中国传统文化采用完全“革命”的态度,主张全部以西方文化取代中国文化,这本身就反映了《新青年》同人理想主义和浪漫主义的想法。思想文化本是一个复杂的系统,并不是一个简单的个体,它涉及社会、政治、经济等诸多方面,包含的内容非常广泛。《新青年》同人把文化问题简单化地处理,不仅表现了他们思想中理想主义和浪漫主义的倾向,也有可能造成后人对传统文化和西方文化在认识上的错位。

事实上,《新青年》这种激进式启蒙在新文化运动初期的影响力和认可度也是有限的。恽代英对《新青年》整体的激进取向并不赞同,他就曾在 1919 年 2 月致信陈独秀“劝其温和”②。而且,他还在 1919 年 4 月 6 日的日记中写到,办刊物“若取过激标准,则与社会相去太远,易起人骇怪之反感,即可以长进的少年,亦将拒绝不看。”③张国焘也回忆说,1919 年以前,他的北大同学中,尊重孔子学说、反对白话文的还占多数,无条件赞成新思想、彻底拥抱白话文者占少数。④ 因此,尽管激进式的思想启蒙具有其历史意义,但这种强调偏激的方法在读者接受程度中的有限性,又为另一种启蒙策略提供了存在和发展的空间。

二、《学灯》与渐进式启蒙

(一)《学灯》中的渐进式启蒙

在五四新文化运动进入深入发展阶段,《学灯》并没有跟随《新青年》激进式的启蒙策略,而是表现出渐进式的思想和行动风格。这不仅使渐进式启蒙成为了五四思想启蒙的一种重要策略,还在一定程度上反映了新文化运动建设的需要和趋势。

“渐进”,一般理解为逐渐或慢慢地前行。⑤ 渐进的思想启蒙倾向于选择温

---

① 转引自舒衡哲:《中国启蒙运动——知识分子与“五四”遗产》,新星出版社 2007 年版,第 11 页。

② 中央档案馆编著:《恽代英日记》,中共中央党校出版社 1981 年版,第 483 页。

③ 同上书,第 517 页。

④ 张国焘:《我的回忆》第 1 册,东方出版社 1998 年版,第 40 页。

⑤ 辞海编辑委员会编著:《辞海》(1999 年版缩印本),上海辞书出版社 2007 年版,第 1147 页。

和和理性的基本立场，在人类社会的现代化过程中也是人们谋求发展与进步的一种思想与价值选择。渐进式的思想启蒙承认旧秩序和旧制度的存在现实，强调在社会发展和文化变革中的阶段性和过渡性，力求通过一种有序、逐步的方式来实现秩序更新，并最终建立一种符合现实情况的新体系。渐进式的思想启蒙在思想和行动上主要表现出理智、温和、自我反思等理性因素。

之所以说《学灯》在新文化运动中表现出渐进式的思想启蒙，是因为它一方面坚决支持新文化运动；另一方面在具体问题的态度和行为上选择了渐进式的策略。

首先，《学灯》支持新文化运动的态度是非常明确的，这使它与五四时期持"调和论"的报刊有着根本区别。在新文化运动还没有经过五四学生运动的洗礼之前，《学灯》便早早加入了这个思想启蒙的阵营，通过发表评论明确表示了刊物支持新文化运动的基本立场，并显示出对"自由"、"民主"、"反对权威"等由《新青年》提出的基本价值观的认同。

1919年初，匡僧在代表编辑部意见的"小言"栏发表题为《批判的精神》的长篇评论，表达了《学灯》在新文化运动中反对迷信权威、坚持剖析与反思的价值取向。文章提出，"研究学术，阐发思想，不可无批判的精神，而在辩论者，则为尤要"①。匡僧认为，欲实现批判的精神要避免两种倾向，一是"独断"，二是"权威"。所谓"独断"，是"以不充分之见闻思想误认为完全知识，而不复加以研究"②，"尚古"、"崇外"、"自慢"、"服从"都是独断。而"戒权威"，则是指"凡由感情、僻性、声势、暴力等所发之权威作用，概不宜加诸高尚神圣之学术思想也"③。针对如何实现批判的精神，匡僧提出了四个步骤，即为"内在的方法"、"辨别的作用"、"合理的判断"和"不断的研究"，并强调在批判过程中必须摒弃成见，持有充分的理由，保持不断探索的状态，怀有思想自由的精神，才能推进知识的进步。

《批判的精神》可以说是《学灯》支持新文化运动的一份宣言书，表明了它在新文化运动中的基本立场和价值取向。一方面，它表现了《学灯》投入新文化

① 匡僧：《批判的精神》，《时事新报·学灯》1919年4月5日第三张第一版。

② 同上。

③ 同上。

运动的坚决态度，反对封建传统思想中的权威观念，主张以批判的精神取代迷信和崇拜；另一方面，它也宣扬了《学灯》所推崇的理性精神，在否定权威的同时，注重以一系列的合理方法、规范和步骤实现对真理的探求，反对非理性或情绪化的表达，而这正是《学灯》渐进式思想启蒙的表现。由此可见，《学灯》在新文化运动中维护言论自由的基本态度，以及对思想文化领域中的"垄断"和"权威"保持警惕，与新文化运动本身所崇尚自由、尊重个性的根本出发点是一致的。

后来，《学灯》又多次阐述它对新文化运动中"民主"和"科学"等核心精神的态度和理解。匡僧在评论陈独秀的《本志罪案之答辩书》时，首先对《新青年》"所拥护的是德莫克拉西(Democracy)和赛因斯(Science)两位先生"表示"非常赞成"，也佩服《新青年》批判一切与民主、科学相对立的东西的勇敢精神。① 在另外一篇文章《德莫克拉西之威力》中，编辑匡僧也代表《学灯》阐释了对"民主"的理解：

德莫克拉西一语，源于希腊语 Demog(人民)与 Kratys(支配)二字，即人民自己支配之义，后世引申之。凡关于政治宗教思想学术之一切自由精神，皆称之为德莫克拉西。然则，德莫克拉西之于吾人，即自己觉知其存在，自己发展其性能，自己完全其人格，自己主张其行为，自己尽其义务，自己享其幸福之谓也。今日世界流行之广义的德莫克拉西，实当作如是观。

由此言之，苟不能自觉、自发、自全、自主者，未足以语德莫克拉西也，换言之，此德莫克拉西之时髦语，切不可出于无意识之模仿。不然，适与之背驰也。②

由是观之，《学灯》对五四新文化运动中的基本价值观和主张是持肯定态度的，但它与《新青年》不同的是，《学灯》在思维方式和实际行动方面选择了渐进式的策略，强调温和、理性、时间等因素在文化变革中的积累性作用。

文章还特意强调必须进行文字改革，表明了支持新文化运动的坚决立场：

不佞对于白话文字，虽无十分研究，然深信文字之为物，当随时代之变迁、思想之进化而改进，所以切近于日常之语言而能适合思想体写入微为原则。考

① 匡僧：《读 <新青年> 杂志第六卷第一号杂评》，《时事新报 · 学灯》1919 年 3 月 15 日第三张第一版。

② 匡僧：《德莫克拉西之威力》，《时事新报 · 学灯》1919 年 3 月 24 日第三张第一版。

之于吾国古来文字之沿革,大抵皆依据此原则而适改适进。即如中世纪之欧洲,学者咸尚用拉丁文字,虽籍此可以通行各国,然终感其艰涩,不能畅所欲言。至近世纪,德国有少数之大学教员,倡用德语讲义,实利赖之。又如日本,初皆用汉文,明治维新以来,采用言文一致之问题,得以自由发表思想,促进文化之程度,其功实非浅鲜。由此观之,欲求吾国思想学术之进步,不可不以改良文字为急务也。①

尽管《学灯》强调文化变革中的阶段性和过程性,但它反对当时颇为流行的"调和"观,认为盲目讲求"调和"会阻碍新文化的输入。1919 年 10 月,张东荪在《时事新报》上发表《突变与潜变》,正清楚地说明了《学灯》在新文化运动中的这种渐进式态度。文章说到:

在一个社会中,表现上没有变化,而里面不能没有变的种子。这个种子渐渐多了,一旦爆发,便变了一个新社会了。……譬如我们鼓吹新思想便是创造潜变(即下变的种子),决不能与旧的调和,一调和了,便产生不出变化,等到我们新思想成熟,那突变就可发生了,所以潜变是不能调和的,调和潜变便是消灭潜变。②

在这篇文章中,张东荪还划清了他与东方文化派之调和的界线,表明《学灯》反对思想调和的立场。虽然张东荪也提到"调和",但他强调这与东方文化派的"调和"不同,"我的调和说与章君(笔者注:章士钊)不同,我以为调和不是甲乙的混合,乃是另外一个东西(如丙)",这类似黑格尔所讲的正反合,"合虽是由正负而生来的,但是另外一个东西"。③ 也就是说,张东荪意在融合东西文化而创造一种新文化,但它又是超越于中西文化之上。这种观点与李大钊的中西文化调和的目的在于创造新生命非常相似。④ 此后,张东荪又连续发表了《答章行严君》、《再答章行严君》、《答潘力山君和程耿君》等文章,反复说明反对东方文化派调和论的立场。此外,匡僧也发表过《调和病》明确反对当时流行于政治和文化领域的调和倾向,认为它"是从国民性的劣点上那一种奴性、惰性

① 匡僧:《思想之生命》,《时事新报·学灯》1919 年 4 月 10—11 日第三张第一版。

② 张东荪:《突变与潜变》,《时事新报》1919 年 10 月 1 日第一张第二版。

③ 同上。

④ 洪峻峰:《思想启蒙与文化复兴——五四思想史论》,人民出版社 2006 年版,第 302 页。

生出来的一种病症”,应该革除。①

在这种渐进式思想启蒙方针的指导下,《学灯》耐心地做了大量输入西方学理、从事思想文化改造与建设的基础性工作。同样是思想文化启蒙,《学灯》选择了一条与《新青年》等主导刊物不太相同的道路,当其他刊物以极端的激进方式全盘否定传统,并以西方文化取代中国传统文化的时候,《学灯》则主要通过翻译西方著作、研究西方学理等方面引进西方文明。正如第一章所提到的,《学灯》在输入西方文化的过程中,特别注重翻译和刊登西方思想文化经典,强调从学理的角度对西方思潮进行耐心的研究分析,这种比较沉着和稳健的行事风格,实际上在为新文化运动打下理论根基。

而且,《学灯》这种输入西方文化的稳健步态,也得到了当时新文化人的承认。俞颂华也曾经追忆过:“(张东荪)办过《时事新报》、《解放与改造》杂志,对于介绍新思想是很有贡献的。在五四运动时读过他的报与杂志的人,想必还都肯为我这话作证。”②另外,五四时期的军阀政府把《时事新报》看成是影响青年心理的不良刊物,需严格查处,这也是《学灯》在新文化运动中积极表现的一个证据。1919 年,浙江督军省长在 11 月 17 日,密电大总统及国务院内务部、教育部提出:“如《新社会》、《解放与改造》、《少年中国》等书以及上海《时事新报》无不以改造新社会,推翻旧道德为标帜,掇拾外人过激言论,迎合少年浮动心理,将使一旦信从,终身迷惘。”国务院在 12 月 2 日密令各省“随时严密查察”③。也就是说,《学灯》所持的渐进式思想启蒙的策略,在新文化运动实际运作中已经取得了成效。

可以说,尽管《学灯》这种渐进的启蒙方式在理论和行为上不及《新青年》的激进式启蒙那样流行,但它们在目标方向上是一致的,就是要破旧立新,破除中国传统文化中的封建专制因素,建立倡导自由、科学和民主的新文化,这与新文化运动深化和建设阶段的需要更加吻合。实际上,它们都是走在同一个方向上的两种不同的重要策略。

---

① 匡僧:《调和病》,《时事新报·学灯》1919 年 4 月 9 日第三张第一版。

② 俞颂华:《张东荪会组新党吗?》,《人物杂志》1947 年 6 月 20 日,第 7 页。

③ 北洋政府国务院档案[(一 00 二)51];转引自彭鹏:《研究系与五四新文化运动——以 1920 年前后为中心》,中山大学出版社 2003 年版,第 156 页。

(二)渐进式思想启蒙的历史原因和意义

渐进式的思想启蒙是《学灯》开展新文化运动建设的主要策略,它的出现与《时事新报》主事者对文化的理解和思想取向有密切关系。这种启蒙策略对五四思想文化运动的深入有积极意义,它为新文化运动注入了理性和温和的因素,反映了新文化建设中的现实需要和发展趋向。

《学灯》整体上比较稳健、温和的行事风格,与梁启超为核心的研究系等人对英国渐进式启蒙的认同有一定关系。按照罗素关于欧洲启蒙思想对英国学派与法国学派的划分,以西学东渐为背景的近代中国启蒙运动,也大致可分为英国经验主义和法国浪漫主义两种传统。"中国输入西学的启蒙运动,以严复、梁启超的英伦式启蒙思想启其端,自维新时代经革命时代以迄新文化运动,有一个英国思潮和法国(欧陆)思潮消长迁流的过程"。① 作为《时事新报》主要精神领袖之一的梁启超,在清末维新时期就已经对英伦启蒙思潮中的稳健作风颇为推崇。在政治实践中,从清末 1906 年宣布"预备立宪"到 1912 年清王朝被迫下台的数年中,有三股突出的政治势力在中国政治舞台上各自设计着政治转型的方案。一是以清朝权贵和后期洋务派为代表的"二元制君主立宪制",二是以梁启超等人为核心的维新派,主张建立英国式议会制君主立宪体制,三是以孙中山为代表的革命派。② 其中以梁启超为代表的立宪派则主张改良和和平地解决问题,反对革命和暴力。而作为研究系机关报的《时事新报》,在言论立场和行事方式上也很会自然地受到梁启超等人所推崇的英国渐进式启蒙的影响。可以说,《学灯》所主张的渐进式的思想启蒙实际上是延续了研究系在政治上的主张和要求,并在文化领域加以运用的结果。

《学灯》这种渐进式的思想启蒙所表现出稳健而理智的风格,也体现了编辑张东荪对理性思维方式的追求。尽管张东荪在《学灯》创办半年后已经不再担任其编辑,但作为《时事新报》的主编,他依然把握着这份文化副刊的动向,他的思想取向和言论态度也在一定程度上决定了《学灯》的基调。

据哲学家张汝伦研究,在现代中国的哲学家和思想家中,张东荪是与张君

① 高力克:《求索现代性》,浙江大学出版社 1999 年版,第 290 页。

② 洪九来:《宽容与理性——<东方杂志>的公共舆论研究(1904—1932)》,上海人民出版社 2006 年版,第 96 页。

励并列的,极少数对理性进行过深入思考的哲学家之一,今天一般人对"理性"的理解,也基本没有超出张东荪的传统。① 事实上,张东荪信奉并推崇欧洲十八世纪启蒙运动以来理性的思维方式,他在肯定中国必须迎接西方文化和科学知识的同时,认为理性主义是西方文化进入中国的前提。张东荪说过:

提倡科学却非先具有西方人那样的理性主义不可。要讲理性主义,则又必须对于十七世纪十八世纪的思想加以注意,断断不能把十八世纪除去,而专谈西方现代文明。②

可见,张东荪在信奉西方理性精神中对人性的尊重和对科学、批判精神的推崇等种种基本特质,这种思想无疑对其办报理念产生重要影响。1918 年 5 月,张东荪在《学灯》中发表的评论《论报纸》,正是在理性精神的引导下肯定报纸的社会性质和作为社会公共机关的角色,强调了报刊在具体实践中所应该秉持的公正、理性立场:

何谓社会报。曰止传播新闻,而对于新闻之内容,无所偏袒,但求取得消息之速报告新闻之确而已。有时则以各方面之主张并列之,以待阅者自行判断。此报纸所以销路较广者,以人苟取而读之。则各方面之主张皆可得而知之。不若政党报仅有一方面之言论也。

不佞自入社以来,即拖□此宗旨,务使本报谓社会陈情,不为一派所限,独于过甚之论,以不欲助长此种恶劣风气,则不复列入,专注重于新闻,而减少空论。务使适符现代报章之趋势。此实区区之微意也。③

文中张氏所言"务使本报谓社会陈情,不为一派所限,独于过甚之论,以不欲助长此种恶劣风气"的主张,则可以确定他所推崇的当是一种理智、客观、公正的办报态度。《学灯》作为五四时期新文化运动的主要载体,它对于文化问题的态度与报纸对新闻的态度应该是一致的,不发表过激言论便成为《学灯》在新文化运动中的基本宗旨。

在新文化运动早期,尽管新文化人把激进的行动方式作为思想启蒙的主要方略,但渐进式的思想启蒙是《学灯》着眼于新文化建设的策略选择,深刻体现

---

① 张汝伦:《现代中国的理性主义》,《读书》2005 年第 7 期第 132—141 页。
② 同上。
③ 张东荪:《论报纸(上)》,《时事新报·学灯》1918 年 5 月 27 日第三张第一版。

了新文化运动在深入发展阶段的现实需要和发展趋向。

首先,《学灯》所倡导的渐进式思想启蒙实际上反映了一种现实和历史的真实,是从根本上满足新文化建设的需要。在中西文化大交汇的新文化运动中,《学灯》的渐进式启蒙是基于思想文化自身特质的客观考察而选择的策略,为当时的新文化人描绘了一幅关于文化变革的真实图景。事实上,思想文化本来就是一种看不到摸不着的东西,它像空气一样渗透和包围着人们的日常生活,要在短时间内去除原有文化的影响,实际上是一种过分理想和浪漫的想法。而《学灯》在思想启蒙过程中看到了文化变革的过程性和阶段性,希望通过大量输入西方文化经典来构筑新文化的根基,从本质上做积累性的工作,并不希图文化在短时间内的彻底更替,其实是一种比较贴近事实本身的务实作风。事实上,这种渐进式的启蒙策略比较能满足新文化在建设阶段对理论和方法上的需要。

其次,渐进的思想启蒙也为新文化人灌输了一种理性的思维方式。渐进式的思想启蒙要求人们以理智的态度对事物进行客观的把握和分析,反对由浪漫主义而诱发的种种偏激因素。在五四新文化运动中,《学灯》在积极宣传新思潮和新文化的同时,始终秉持以理性的思维方式开展思想启蒙,注重以理智的思想感染和影响读者,在激进主义占据主流地位的早期新文化运动中显得特别珍贵。

再次,《学灯》这种渐进式的思想启蒙对扩大五四新文化运动的支持队伍具有积极意义。如前面所述,在新文化运动还没有接受五四学生运动洗礼的时候,社会上,甚至是在知识分子中支持《新青年》偏激言论的人甚少,即便是支持文化革新的部分青年读者,也对这份杂志所表现出的激进态度持反对意见。而《学灯》渐进式的思想启蒙,正是站在支持新文化运动的立场提出了有益于思想启蒙的另外一种思路和策略,这对于支持文化变革又反对激进言论的知识分子来说,不能不说是一种极好的选择。因此,《学灯》的这种策略性选择也是有利于新文化运动扩大群众基础的有力武器。

综上所言,《学灯》的渐进式思想启蒙虽然与早期新文化运动中作为主导力量的《新青年》同人的激进态度不同,但它们之间并不存在根本方向上的差异,其争论也是属于新文化内部的分歧。《学灯》的渐进式启蒙实际上是五四新文化运动中新文化人内部对思想启蒙策略的又一种重要选择,它更能反映新文化建设中的现实状况和发展需要。

第二节　渐进式启蒙的具体表现

在新文化运动中,《学灯》在对待新旧文化和文化论争的问题上,选择了渐进式思想启蒙的态度。在对待西方文化上,《学灯》既主张全面输入西方文化,更提出深化研究的要求;在对待传统文化上,它主张让陈旧思想在和西学的竞争过程中自然淘汰的"冷处理"办法;在面对文化论争时,《学灯》坚持理性的观点和思路,拒绝非理性的漫骂和攻击。《学灯》在纷扰动荡的局势中始终贯彻渐进式思想启蒙的策略,对新文化运动进行及时的反思和有益探索,为运动的深化与持续发展提供了思想动力,这对理性思维方式的推广和新文化运动的稳步推进发挥了应有的作用。

一、对待新文化:以研究为中心

自参与新文化运动开始,《学灯》就已经确切表明支持新文化派的立场,它一方面主张大量输入西方思想文化和科学知识,另一方面也敏感地察觉到了早期新文化运动中存在内容过于简单化的问题,提出要以研究新思想为中心来推进运动的深入发展。

早在1918年底,《学灯》已经表明投身新文化运动的立场和输入西方文化的决心。对于西方的思想文化,《学灯》一向保持了开放的心态,"对于西方文化,主张以哲学与科学调和而一并输入之"①,即赞同大量引入西方思想文化资源。更重要的是,《学灯》还较早地发现了新文化运动中思想浅薄、研究不足的问题,因此,它以"加工研究"②作为处理西方文化的主要方法,"排斥现在流行

---

① 《本栏之提倡》,《时事新报 · 学灯》1918年9月30日第三张第一版。
② 《本栏启事》,《时事新报 · 学灯》1919年4月23日第三张第一版。

之浅薄科学论"①,"排斥抄袭盲从之说及皮相之论","然亦不作无价值之调和论"②。在以《新青年》杂志为核心的新文化派与保守派的中西文化论争中,《学灯》也多次发表评论表明了这种在主张文化输入的同时以研究为中心展开新文化运动的态度。

在1917年前,陈独秀和易白沙、吴虞等人发表了反对儒教和封建制度的言论,并与胡适合作提出了文学革命的思想。他们一方面致力于批判中国固有传统,另一方面努力介绍西方思想文化和制度。与此同时,新文化运动的反对派也在逐渐形成。在文化领域,他们主要是北京大学里提倡旧文学和保留文化传统的保守派教授和学生。在政治方面,由于新文化运动要摧毁传统保守势力的思想和伦理基础,加之1918年新文化派和青年学生抗议政府与日本秘密外交的请愿游行,北洋军阀政府也成为了新文化运动的反对者。③ 因此,关于新旧文化问题的争论就在这两派之间展开,并成为五四学生运动发生前引人注目的文化事件。

已经投身于新文化运动的《学灯》也积极参与到这场讨论中,但它没有加入两派之间的漫骂和攻击,而是理性地申明它支持新文化运动的坚定立场,并主张要依靠新派的力量推动新文化运动向纵深拓展。至于如何深化新文化运动,《学灯》认为新派要深入研究西方思想文化,要以扎实而丰富的内容和理性的态度充实和纠正现在"简单"、"浅薄"、"偏激"的新文化潮流,而不是盲目打击旧派。为此,张东荪在《学灯》中发表了一封给胡适的公开信,呼吁新派能努力发挥积极性投入新文化运动,其根本的任务在于"深化新思想":

> 新文明的所以未能深入中国,由于我们新派的不努力,不是因为他们旧派的作梗。……我们应该对于这几年来的不努力痛下忏悔,立一个大决心,发一个大自觉,不必对回光返照的旧派用一挑半别的功夫。所以我以为新文明事业的前途是主观的问题而不是客观的问题。④

后来,《学灯》再发表张东荪的《我辈对于新思想的态度》,也是《时事新报》

---

① 《本栏之提倡》,《时事新报·学灯》1918年9月30日第三张第一版。

② 《本栏启事》,《时事新报·学灯》1919年4月23日第三张第一版。

③ 周策纵:《五四运动——现代中国的思想革命》,江苏人民出版社2005年版,第58页。

④ 张东荪:《东荪答胡适书》,《时事新报·学灯》1919年3月15日第三张第一版。

针对新文化运动所作的最明确和系统的表述。文章中写道：

现在新旧开始战争了，有人主张旁观，有人主张加入战争，助新派一臂之力，我的见解皆异乎是。我以为我们应当立在新思想一方面，不当为第三者作壁上观，但不可对内乱打，我们的责任不是和旧派打盲目的仗，却是对于新派加工。详言之，就是现在流行的新思想是单调的，我们应当把他化为复调的，现在流行的新思想是浅薄的，我们应当将他化为精华的，现在流行的新思想是偏激的，我们应当将他化为正中健强的。所以我辈对于新思想的态度是内在的，不是外表的，就是以新思想为目的，而去加工制造，不是以旧思想为鹄的，而去攻击破坏。这固是我一人的见地，亦是本报一贯的主张。①

从张东荪的文章中可见，《学灯》支持新文化运动的立场是不容置疑的，它不是中立派和调和派，但它始终从新思想和新文化的角度出发，以纠正文化运动中的不足和深化新文化的研究为根本目标，并不主张盲目地加入新旧两派的斗争中。这种就文化运动谈文化建设的思路避免情绪化的人事纷争，正是《学灯》稳健作风的表现，也是它的高明之处。后来，宗白华在《学灯栏宣言》中提出《学灯》的"主义"是"从学术的根本研究，建中国的未来文化"，②也正是这种也研究西方学术为中心的思想的突出表现。

在主张全面输入西方文明的过程中，《学灯》也开始看到了西方文化所面临的危机，尤其是在新文化运动后期，它已经对全盘西化的偏向提出了反对意见。1922年，在回答"中国是否应当走西洋道路"的时候，张东荪发表《思想问题》中提出"我们固可以大擂大吹地提倡西方化，但我们却须明白西方化是决不能整个儿地搬到中国。换言之，即决不能把中国人完全变为西洋人。然则我们应当如何？对于这个问题我也很有些意见，可惜不是这个短篇所能容，只好下次再说罢。"③尽管后来并没有发现张东荪所谓"下次再说罢"的文章，但《学灯》在1922年中发表了不少反思西方文化危机的演讲稿和评论，如张君劢的《欧洲文化之危机及中国新文化之趋向》、张东荪的《读"东西文化及其哲学"》、李石岑的《评"东西文化及其哲学"》、梁启超的《科学精神与东西文化》等等。这些文

① 张东荪：《我辈对于新思想之态度》，《时事新报·学灯》1919年4月7日第三张第一版。

② 《学灯栏宣言》，《时事新报·学灯》1920年1月1日第四张第一版。

③ 张东荪：《思想问题》，《时事新报·学灯》，1922年6月23日第三张第一版。

章大都看到了西方文化所存在的现实缺陷，反对把西方文化在中国进行直接移植，它们既是《学灯》参与"科学与人生观"讨论的表现，也反映了《学灯》在对待西方文化的问题上所进行的全面思考和深入研究。

在实际的办刊过程中，《学灯》编辑也笃实坚持输入文化、以研究为中心的思路，希望通过对西方文化的引入和研究来推进新文化运动的发展。如前章所述，以加强学术研究为特点，大量而系统地翻译和引进西方各学科著作，设立专栏对西方思想和科学文化进行深入研究，为新文化运动的深化作出了不可忽视的贡献。

二、对待旧文化："冷处理"

相比对西方文化的坚决支持，《学灯》对旧文化的态度则比较缓和，它反对新派对旧派的无情抨击，主张对传统文化进行科学剖析，让陈旧的思想观念在西方思想输入的过程中自然淘汰，采取"冷处理"的方法。

在新旧文化斗争的过程中，以《新青年》为核心的新文化运动阵营在批判传统文化和宣扬西方思想时常常采取夸张极端或矫枉过正的方式，致使反对派也以激烈的言论和手法予以回击，在文化界引起了激烈的矛盾。从 1917 年开始，钱玄同就公开支持胡适的文学革命主张，并首先对以林纾等的保守派进行攻击①，挑起双方的矛盾。但是，林纾和新文化的反对派在一开始只对其作谦和而间接的答复。后来，《新青年》编辑为了通过争论引起读者的注意，就在 1918 年 3 月假托署名"王敬轩"发表了一封旧文学体裁的信，指责《新青年》革新文学的主张。该信由编委刘复作答，回信模仿旧文人的言辞风格，对有关孔教、旧文学的观点进行尖刻、犀利的批评。这种做法引起了不少读者的兴趣，但也激怒了保守派文人，双方遂展开关于新旧文化的争论。

在 1918 年 9 月，《学灯》已经通过对外启事表明了它对旧文化的态度："对于原有文化，主张以科学解剖之，不以漫骂为能事"。② 在新旧文化论战中，《学

① 周策纵：《五四运动——现代中国的思想革命》，江苏人民出版社 2005 年版，第 67 页。

② 《本栏之提倡》，《时事新报·学灯》1918 年 9 月 30 日第三张第一版。

灯》也表示“对于新旧学派之态度,不妄助新派攻击旧派”①。这些启事说明,《学灯》虽然支持全面引入西方文化并对其展开深入研究,但它并不打算全盘否定旧文化的意义和价值,其中“科学解剖”的态度,更表明《学灯》主张对传统文化进行细致的分析研究,从而决定其取舍和去留。这种运用分析、比较的认知方法实现对传统文化进行再认识的思路,体现了《学灯》在新文化运动中的温和、理智的思想倾向。而且,有研究者认为,由胡适提出的“整理国故”是新文化运动后半阶段的主要任务,也是新文化人再造文明的努力。② 而《学灯》在 1918 年已经提出对传统文化进行“科学解剖”的观点,不能不说是《学灯》编辑在理性思想的引导下的前瞻性表现。

之所以有这种“科学解剖”的思想,是因为张东荪认为传统文化有保留的价值和改造的必要,因此在评价旧文化的时候必须有所区别、有的放矢。他在与胡适的讨论中提出:

历史上的思想与现在的思想早已成了两撅,现在的思想非根本改造不可,历史上的思想,虽不必使它再生,但是不可一概抹煞。所以我们评论旧文明的时候,立言必定分际。③

应该说,这种“科学剖析”的精神就已经承认了传统文化中存在值得肯定和保留的合理因素,对于民族文化的传承和认同依然具有积极意义。由此可见,《学灯》在努力引入西方文明的同时,对传统文化依然保持着必要的理性和清醒。

而对那些落后、陈腐的旧思想和旧文化,《学灯》主张采取“冷处理”的方式,使其在与新文化的竞争中自然消亡淘汰。1919 年 1 月,北大学生傅斯年等人创办了《新潮》杂志,张东荪立即在《学灯》上发表《新潮杂评》,欢迎新杂志加入新文化的阵营,但他也希望《新潮》能够像《学灯》一样坚持稳妥的立场,只做输入学理的工作,不要像《新青年》那样向旧文化挑战。④ 在此期间,为了形象地说明《学灯》对旧文化的处理方法,张东荪还在一篇评论文章《新……旧》中

① 《本栏启事》,《时事新报 · 学灯》1919 年 4 月 23 日第三张第一版。
② 伍启元:《中国新文化运动概观》,黄山书社 2008 年版,第 55 页。
③ 张东荪:《东荪答胡适书》,《时事新报 · 学灯》1919 年 3 月 15 日第三张第一版。
④ 张东荪:《新潮杂评》,《时事新报》1919 年 1 月 21—22 日第一张第二版。

借用“新陈代谢”的原理，提出了新旧文化交替的“空气论”：

现在中国的情势，要求新道德新思想新文艺的输入，非常之殷。恐怕是没有人不晓得的。

……但是有一班人，他虽是做这输入的事业，然并不是将新道德新思想新文艺多多益善地输入近来，确是在那里专门想打破旧道德旧思想旧文艺，终日里做了许多驳难痛骂的文章。

我以为这个样子与那新陈代谢的道理颇不相合。譬如一个瓶，藏满了旧空气，如要改为新空气，必定先输入新空气，由新空气把旧空气逐渐挤了出去。若是不先输入新空气，虽是终日拿这个瓶来摇动，那旧空气依然不出去的。……我们若认定中国今天既需要新道德、新思想、新文艺，我们就该尽量充分地把它输入，不要与那旧道德、旧思想、旧文艺挑战，因为它自然而然会消灭的。①

对于文化间的优胜劣汰，《学灯》主张摆脱思想束缚，使存在优劣差别的不同文化在社会选择中自动新陈代谢。

但是《学灯》对旧文化的这种态度遭到《新潮》的反对，傅斯年在《新潮》1 卷 2 期上发表了《破坏》一文，批判了张东荪只输入新思想而不破坏旧文化的观点。他认为：“中国本来有一种道德思想，文艺，大家对它信服得很，以为神圣似的。若果不发现了他的不是，不能坠大家对他的信仰心，自然不能容新的，还用什么方法引新的进来？一个空瓶子，里面并没有多量的浑水，把清水注进去就完了。假使是个浑水满了的瓶子，只得先把浑水倾去，清水才能进来。中国是有历史文化的国家，在中国提倡新思想、新文艺、新道德，处处和旧有的冲突，实在有异常的困难，比不得在空气无所有的国家容易提倡。所以我们应当一方面从创造新思想，新文艺，新道德着手，一方面应当发表破坏旧有的主张。这是势必处此的办法。”②此后，张东荪和傅斯年先后在《时事新报》和《新潮》发表文章进行论战，尤其是傅斯年对张东荪的批评还夹杂了一些感情的因素，他说，“张先生是和北京大学惯作对头的，我们对他当然无所用其客气。”③张东荪被痛骂后，依然坚持他的理智态度，拒绝与傅斯年进行骂战，仅在《时事新报》上发表

① 张东荪：《新……旧》，载《时事新报 · 学灯》1918 年 12 月 14 日第三张第一版。

② 傅斯年：《破坏》，《新潮》1919 年第 1 卷 2 期。

③ 傅斯年：《答 <时事新报> 记者》，《新潮》，1919 年第 1 卷第 3 期。

《不骂主义之胜利》(1919年3月20日)以表明自己的观点。

从傅斯年与张东荪的争论中,我们可以看到《学灯》对旧文化的温和态度,也可以再一次证明《学灯》渐进式的思想启蒙是新文化运动中的又一种重要策略。《学灯》反对激烈地批判旧文化,不与旧思想进行论战,反映了这种思想启蒙在知识分子中有一定的市场和代表性。可以说,《学灯》所采取温和、渐进的态度正源于建设新文化的长远眼光,并希望新思想能够在中国真正扎根的良好愿望。通过张东荪与傅斯年的论战,我们看到《学灯》在新文化运动中的立场,它一方面彻底输入新文化,进行思想启蒙,另一方面不与旧文化进行争论。其实,尽管《新青年》和《新潮》的言论相当激烈,但它们与《学灯》在对待新文化运动的立场上没有本质区别,只是新文化阵营内部激进与渐进的不同策略而已。

另外,《学灯》还主张以新文化运动的利益和发展为根本,对旧文化人支持新文化的力量采取兼容并包的态度。曾担任过《学灯》编辑的宗白华对中国传统文化也持有开放的态度,他不但能够比较理性地对待新旧文化之间的斗争,还对旧文化人加入社会改造和新文化建设表示欢迎和赞赏。他在《学灯》的公开信中说:

> 现在的新文化运动的能力究竟还很薄弱,社会的黑暗势力还非常浓厚,如果旧式文人是'真心'来帮助我们改革旧社会,当然是很欢迎的。我们希望全国国民都加入新文化运动,岂有对于一种真心来帮助我们的加以反对。不过,新青年们对于他们总难免有点怀疑,这也难怪。但却不该判定他们不准来加入文化运动,硬说他们是冒牌,这却是失于独断了。①

宗白华对旧文化的接纳程度,不仅显示了《学灯》在对待中西文化的理性态度,还体现了为推进新文化运动而抛弃恩怨的大无畏气概和兼容并包的胸襟。

三、文化论争中的理性态度

在面对新旧文化论争时,《学灯》并没有加入非理智的骂战,而是强调以道德理念和行为规则来规范文化学术论争,反对非理性的情绪发泄,表现出渐进

---

① 宗白华:《复克之书》,《时事新报·学灯》1919年12月8日第三张第一版。

式启蒙的理智态度。

一方面,《学灯》在新旧文化论争中并没有加入论战的任何一方,主张尊重道德规范、履行自我约束是文化学术讨论应该遵守的准则。

1919年初,钱玄同在《新青年》发表《中国今后之文字问题》,提出"欲使中国不亡,欲使中国民族为二十世纪文明之民族,必以废孔学、灭道教为根本之解决;而废记载孔门学说及道教妖言之汉文,尤为根本解决之根本解决"①,主张废汉文代之以世界语。对此,《学灯》针对《新青年》以激进的恶语攻击旧文化的行为发表了多篇文章。如读者来稿《致北大教授钱玄同先生书》、《对于新青年的批评》,1919年3月蓝公武的《拼音文字问题》、《革新家之态度》和读者来函《致蔡胡陈等人的文学革命书》,都是围绕《新青年》的偏激态度和感情用事的语调提出意见。读者文章中写道:

彼等之论调与理想,本各以趋于极端为能事,而钱某则极端中之尤极端者,其发言常挟一种感情作用,彼之主张废灭汉文,除一二嗜痂之辈,或为吠影之声,外无论新人物,与老顽固殆无不一致非议之。盖一国之文字为其历史,文学,政治,社会各方面所遗留之宝藏。一国而无文字,共国将不复能存在。今钱某欲废灭汉文,是不啻速中国之亡耳。……钱刘诸君,利口薄舌,如市井小人与村妇骂街之状。大学教授,竟出此种口吻,吾人殊为北京大学深惜之。……②

1919年3月,《学灯》发表了与之交往甚密的少年中国学会会员左舜生的文章,其中的内容与编辑对文化论争的立场是一致的:

谓北京大学教员有形成新旧两党之趋势,学生亦然。平日因主张不相容,间有感情用事者。窃谓此种现象,殊非学校所宜,望有则改之,无则加勉。盖主张尽可不同,然正以不同之故,两方更不能不相互尊重,互相攻错。……

余对于《新青年》杂志之言论,素寄无限之同情,如文字改革问题,改造伦理思想问题,女子问题,均以为有详细讨论之价值。惟对于多数记者研究的态度,实期期以为不可,此非余一人之私言,凡爱新青年杂志者莫不如是,望以后如钱先生之粪谱,刘先生之作揖主义,总以少作为是。即与国民心理太不相容之主张,如钱先生之废除汉字论,亦宜除以郑重,使新青年杂志,日趋于朴实说理之

① 钱玄同:《中国今后之文字问题》,《新青年》1918年第4卷第4期。

② 聊止斋:《对于新青年的批评》,《时事新报·学灯》1918年11月27日第三张第一版。

一途,不与他人争闲气。①

由于1918年底《新青年》对保守派的攻击越来越激烈,林纾等保守派对新文化运动的抵抗也越发坚决。1919年2月至3月间,他发表了《荆生》等短篇小说,以虚构故事的形式讽刺蔡元培、陈独秀、胡适、钱玄同等新文化运动的领导者,并以恶言相加。3月18日,林纾致信蔡元培,指责北京大学"覆孔孟、铲伦常","废尽古书,行用土语为文字";蔡元培又公开回信进行批驳。两派间一来二往的论争吸引了青年读者的注意,对新思想的传播起了推动作用,但也使新旧两派的斗争进入白热化阶段,本应为学术文化的争论演变成一场非理性的骂战,两派中人使尽全力攻击对方的文化观。

对于保守派非理性的回击,张东荪在给胡适的公开信中对此进行了批评,并提出辩论必需的道德规范和条件,正好表达了《学灯》的理性态度:

本报所持这个态度,却有一个一贯的精神,以为人与人的交际必有一种规范,就是道德。……辩论有两个要件,第一,必定承认对手方面的人格,……第二,必定双方都有第三者可以公判是非的观念,将所持的理由彻底说明,待第三者来公断。②

他以这两条标准批评了林纾的小说《荆生》在言论上的偏激,说明《学灯》并没有偏帮保守派,而且指出在内容上与新文化运动派保持一致,再次强调《学灯》关注的重点是辩论的方法和学术的态度。

《学灯》之所以在激烈的骂战中保持清醒和理智,是因为它完全站在发展思想文化、培养学术道德的立场,因此,只要不符合讨论的基本道德规则,《学灯》就会提出公开反对。新旧两派的骂战发展到白热化阶段,《学灯》认为这种非理智的漫骂已经与学问的探讨相背离,遂发表了多篇文章批评两派的做法。编辑匡僧提出,文化的争论是一种真理的辩论,其胜负并不是个人荣誉得失,他在《辩论者的态度》中批判了这种意气用事的漫骂:"乃偶见有称为一派中之铮铮者,不能以堂堂之阵为天下之公是非作战,而乃出以任情使气之嘲骂,不能以学

① 匡僧:《闻北京大学教员被逐消息警告各方面》,《时事新报·学灯》1919年3月11日第三张第一版。

② 张东荪:《东荪答胡适书》,《时事新报·学灯》,1919年3月15日第三张第一版。

术道理相辩论,而惜用学术道理以外之势力相凌辱"。① 在批评的同时,匡僧还表明了《学灯》的理性立场,他一方面批评林纾"佻薄","不足以辱人,适足以自辱,不啻自辱,且为我先儒辱也",另一方面也责备钱玄同等人"实足以自作敌派反唇相稽之榜样也"。他希望双方"尊理性而遏感情,求真理勿争闲气",否则,"同是文人中之佻薄子耳,吾辈亦何苦斤斤然较量其优劣哉"②。最后,匡僧又深刻地指出了非理性漫骂的严重后果:"冲突之结果,必两败而俱伤,是非求进步也,直自取覆灭耳。然原夫冲突者之轫心,亦必曰,吾竞争也,吾求进步也,不图竞争之途辙与方向一误,遂至成败相反,求福得祸"。③

渐进式的思想启蒙强调文化变革中的过程性和理性因素,崇尚人的道德观念和自我管理能力,反对以情代理的非理性表现,并主张以一定的社会规范来约束人的行为,设立共同的活动规则。而《学灯》在新旧文化论争中的态度和言论,正表达了强烈的道德观和自我约束的要求,也是渐进式启蒙的一种表现。

另一方面,当论战中言论自由受到伤害的时候,《学灯》又警醒地提出思想和言论表达自由应该成为新文化运动的基础和前提,这与理性思想启蒙所要追求的精神核心是一致的。

在新旧两派的斗争中,保守派为了彻底打击声势日渐扩大的新派,不惜借助政府力量进行干涉。他们企图说服安福系控制的国会去弹劾教育总长和北大校长,要求教育部解聘陈独秀、胡适、钱玄同等进步派的教授。1919 年 3 月 4 日《申报》发表北京专电:"日前宣传教育部有训令达大学,令其将陈、钱、胡三氏辞退,并谓此议发自元首,而元首之所以发动者,由于国史馆内一二耆老之进言,但经记者之详细调查,则知确无其事。此语自何而来,殊不可解。"④ 3 月 31 日,《申报》又有消息说,参议院议员张元奇拟弹劾教育部,理由是北京大学教授"有离经叛道之鼓吹",而教育部总长傅增湘并不过问。傅因此致函北京大学校长,"令其谨慎从事"⑤。

---

① 匡僧:《辩论者之态度》,《时事新报·学灯》1919 年 3 月 20 日第三张第一版。
② 同上。
③ 匡僧:《竞争与冲突》,《时事新报·学灯》1919 年 3 月 1 日第三张第一版。
④ 静观:《北京大学新旧之暗潮》,《申报》1919 年 3 月 6 日第六版。
⑤ 《京华短简》,《申报》1919 年 3 月 31 日第 7 版。

在言论自由遭遇政治力量干涉、受到挫折的时候,《时事新报》的立场完全转向陈独秀、胡适等新派人物的一边,力主思想自由的重要意义。《学灯》在3月到4月间发表多篇文章,一方面批评旧势力对新文化及思想言论自由的迫害,另一方面试图在理论上对新旧问题等进行探讨。匡僧在代表《学灯》编辑部意见的"小言"栏发表《为驱逐大学教员鸣不平》,对思想自由的价值作了明确的肯定,认为学者应该有发表自由言论的权利,大学的出版物也不应该受到外界的约束;同时,他又为新派打抱不平:

昨日(四日)申报载有北京电云,北京大学有教员陈独秀、胡适等四人,驱逐出校,闻与出版物有关,得耗之下,不胜骇异。

夫大学者,囊括大典网络众家之学府也(此系大学校长蔡先生之言),凡任大学教员者,宜有思想自由学说自由之权利,出版物者,发表思想学说之机关也,则大学之出版物,自不出受外界之拘束。

今以出版物之关系,而国立之大学教员被驱逐,则思想自由何在?学说自由何在?以堂堂一国学术精华所萃之学府,无端遭此侮辱,吾不遑为陈胡诸君惜,吾不禁为吾国学术前途危,愿全国学界,对于此事速加以确实调查,而谋所以对付之方法,毋使庄严神圣之教育机关永被此暗无天日之虐待也。①

紧接着第二天,《学灯》又刊出匡僧的《革新家之勇气》,从精神上鼓励"以革新事业为己任者":

古来有志革新而怀抱卓异特立独行之士,必有百折不挠抵死不变之精神,夫然故志可达而业可成,否则未有不中道沮丧,而贻讥后人也。②

这篇文章代表了《时事新报》对陈独秀、胡适等人的声援和支持,因此还被陈独秀收录到《每周评论》的"对于新旧思潮的舆论"中。③

追求言论自由与表达的理智规范其实是一个问题的两面,他们共同指向人的思维方式革新和个性解放。在《学灯》看来,言论自由是保障个人权力和思想交流的基本前提,但理智规范和道德规则却是使自由言论有效展开的基本条件,两者缺一不可。由此可见,《学灯》对渐进式的思想启蒙已经有了比较深刻

① 匡僧:《为驱逐大学教员鸣不平》,《时事新报·学灯》1919年3月5日第三张第一版。
② 匡僧:《革新家之勇气》,《时事新报·学灯》1919年3月6日第三张第一版。
③ 见《每周评论》1919年4月30日第17号。

的理解。

事过之后,《学灯》还在显要位置发表了多篇评论文章,成为当时各大报刊中对此事最早反思者。有关中西文化的讨论也成为了贯穿整个新文化运动的主要话题。由于《学灯》并没有站在新派的立场攻击旧派,对新旧文化斗争能够作出比较客观和理性的评论,再加上它积极响应和参与白话文和新思想的宣传,因此,自 1919 年初以来越来越受到文化界重视,逐渐成为宣传新文化的重要阵地。

此后,崇尚客观分析和理智讨论的方法逐渐成了《学灯》在传播新思想和新文化中的一个重要原则和思路,并在多次对外启事中申明。1921 年 8 月,《学灯》再一次对外宣告:

在同一的报纸上,发表在一条直线上的两个不同的主张是当有的事。因为“讨论”是使求“真知”的最好的方法。无论如何,在“讨论”中,两方面总可以得了不少的益处。所以我们是很愿意容纳讨论的文章的。不过现在的人,很多还够不上“讨论”的程度。往往在正当的讨论以外,加上了许多关于个人的感情的漫骂的话。这是非常坏的习气。以后如有这种投稿,我们是要不客气的删节或竟而不登的。①

可见,《学灯》对来稿的管理,正是基于对理智态度和平等讨论精神的推崇和追求,反对带有个人情感色彩的主观意志代替客观分析,实际上是向读者传达了渐进式思想启蒙的精神意蕴,并为新文化运动注入多元的思路和策略。

第三节　深化新文化运动的反思与探索

五四学生运动以后,《学灯》是最早对新文化运动本身进行大规模集中式反思和探索的报刊。《学灯》的这种表现彰显了渐进式思想启蒙的特质,即在新文化运动进入高潮阶段以后,它及时地反思新文化运动中的各种问题,同时积极探索运动的发展方向,为运动的持续发展提供思想资源和持续动力。通过反思

---

① 《今后的学灯》,《时事新报 · 学灯》1921 年 8 月 1 日第四张第一版。

和探索,《学灯》积极倡导新文化人勇于运用自己的理智,摆脱当时新文化运动的不成熟状态,这种渐进式的思想启蒙对新文化运动的进一步开展具有积极意义。

一、反思新文化运动问题:广泛性与针对性并存

1919年底,新文化运动中的核心人物开始对运动进行总结和反思,其中的部分说法已开始得到思想文化界的认可。在其他报刊仅仅零星地发表一些讨论文章的时候,《学灯》已经较早地组织起大规模的反思,对新文化运动的现状和存在问题展开既有广泛性又有针对性的集中式思考。

胡适、孙中山都是较早对五四新文化运动进行总结的人。1919年12月间,胡适较早地以"新思潮"为概念对当时的文化运动进行总结。他认为"新思潮的根本意义只是一种新态度。这种新态度可叫做'评判'的态度","在实际上表现时,有两种趋势。一方面是讨论社会上、政治上、宗教上、文学上种种问题,一方面是介绍西洋的新思想、新学术、新文学、新信仰,前者是'研究问题',后者是'输入学理'"①。1920年1月,孙中山把五四以后在中国出版舆论界的"革新思想",概括为"此种新文化运动,在我国今日,诚思想界空前之大变动"②。陈独秀似是最早对新文化运动与五四运动作区别的人。1920年4月,他在《新文化运动是什么》中说:"文化底内容,是包含着科学、宗教、道德、美术、文学、音乐这几样,新文化运动,是觉得旧的文化还有不足的地方,更加上新的科学、宗教、道德、文学、美术、音乐等运动。"③

作为已经进入到新文化运动阵营核心的《时事新报》副刊《学灯》,在1919年至1920年间,对新文化运动连续进行了一系列在整体观念上和具体问题上的探讨,在当时报刊中也是最早的集中反思行为。1920年元旦,《时事新报》为《学灯》出版增刊,这是《学灯》集中讨论和反思新文化运动的开始。该增刊共12版,刊登文章19篇,全部围绕有关新文化运动的各种问题展开讨论,以下为

---

① 胡适:《"新思潮"的意义》,《新青年》1919年第7卷第1期。

② 孙中山:《与海外国民党同志书》,《孙中山全集》第5卷,中华书局1985年版,第212页。

③ 陈独秀:《新文化运动是什么?》,《新青年》1920年第7卷第5期。

增刊所有文章和作者的目录:

表 4.1　1920 年元旦《学灯》增刊目录表

标题	作者
由纵的组织向横的组织	李大钊
社会感情与科学信仰	蒲伯英
国外勤工俭学会与国内工学互助团	蔡元培
经济学者的责任	金侣琴
我们现在最需要的是那几种自由	高一涵
我们到什么地方去?	王光祈
文学上的感想	朱希祖
今后的劳动界	刘秉麟
新文化运动和教育	姜琦
生活与劳动	徐沧水
什么是学生自治	朱进
半年来教育界的问题:学生罢课与教员罢工	放园
新时代之心理	刘经庶
何谓新思想	蒋梦麟
告上海新文化运动的诸同志	陈独秀
觉悟后的青年啊	黄炎培
对于时事新报的希望	戴季陶
新闻界今后的着力点	朱执信
我对于社会问题的研究	马建东

我们从文章的作者和题目中就可以领略到《学灯》在反思新文化运动中论题的广泛性以及言论观点的异彩纷呈。在这些评论中,有陈独秀对上海新文化运动的整体意见,有少年中国学会核心人物王光祈对新文化运动发展方向的探索,有李大钊、蔡元培、蒋梦麟、蒲伯英对新文化运动中各种热门话题的讨论,还有国民党著名元老、作为《时事新报》的诤友戴季陶,给该报和其他参与新文化运动的报刊提意见。从这些文章中,我们可以看到当时参与反思新文化运动的知识分子并没有刻意探究"文化运动"的概念定义,而是努力在已经纷繁杂乱的

新思想输入及知识界广泛讨论的各种文化、社会问题中,总结此前运动的经验和教训,并试图摸索并寻求拯救国家和民族的道路。

《学灯》的这份扩大版增刊,不仅体现了《时事新报》以《学灯》声名大噪后,在投入新文化运动方面的诚意和魄力,还表现了《学灯》对新文化人在理性思维上的激发和引导,它为在热潮中的新文化运动注入理智的色彩,促进广大新文化人对自身所推崇和投入的运动进行认真而深刻的省思。这里所表现出来的距离感和缓和的意味,正是作为思想启蒙的新文化运动持续发展所必需的养料,也是《学灯》渐进式思想启蒙的主要表现。

1920年元旦这份百家争鸣的增刊掀起了《学灯》反思新文化运动的序幕。在此后将近一年的时间里,《学灯》又发表了不少具有针对性的反思文章,体现了它对知识界的一种广泛凝聚力和对新文化运动的理智态度。

虽然在五四学生运动以后,新思潮以强大的冲击力在中国的思想文化界掀起了巨大振荡,但在运动中真正受影响的社会范围和阶层有限,效果也随之大打折扣。个中原因,除了反对派的阻挠和旧传统的羁绊外,新文化运动者本身也存在着过于急促、深入不足等问题,而对文化运动前途心怀忧虑的知识分子则自觉地对种种存在问题进行反思。在此期间,《学灯》反思新文化运动的讨论主要围绕探求运动难以深入的原因展开:

首先,由于受到激进思想的影响,新文化人对西方思想处理的方法过于简单化,导致思想根基薄弱、文化肤浅是新文化运动面临的最大问题。在《学灯》五四运动纪念一周年的专刊中,罗家伦发表长篇评论《一年来我们学生运动的成功失败和将来应取的方针》,该文同时发表在《新潮》杂志1920年5月号上。他认为,文化运动基础太过薄弱影响了五四运动的效果,而五四运动以后,这种思想浅薄的危机依然没有消除:

> 五四以后……只听得这处也谈新思潮,那处也谈新思潮……。但是现在我细细观察以后……(一)是觉得根基太薄弱,成熟过早;(二)是觉得大家真正了解的少,而多半借新思潮当做太上老君急急如律令的符咒。①

几乎在同一时间,《学灯》编辑李石岑也发表评论支持罗家伦的观点,他尖

① 罗家伦:《一年来我们学生运动的成功失败和将来应取的方针》,《时事新报·学灯》1920年5月7—9日第四张第一版。

锐地提出当前新文化运动的主要缺点是“思想之浅薄”:

由浅薄之思想,而对于一切道德、宗教、政治、法律,或不免加以种种无识之解释。此种现象之发生,在提倡新文化之人不能负其责,在承受新文化之人亦不能全负其责,文化运动之过程则然耳。惟此时急宜注意者,最初一著,在矫正过人浅薄之思想。①

時事新報　中華民國九年三月十四日

新文化運動前途的危機

(王崇植)

新文化的運動，現在雖瀰漫全國，實際上都是軟弱無力，大家對於這新文化運動，還像沒有徹底的了解。這文化二個字，實實在在是(Culture)，不是文明(Civilization)。文化是對文明的一種手段，文明是文化的目的。中國「五四」後才有這個名詞，一般覺悟的青年都鼓着勇氣向前走，但是麻木的社會生出不少的反響，新文化運動也未見十分效果。今年一月裏我有幾個朋友同我講，新文化運動沒有力量，我當時仔細想這是什麼道理？現在裏面面審察了一回，覺得他不但沒有力量，還有個大大的危機。

這個危機是什麼？不是有社會的麻木，不是政府的壓制，不是頑老的頑固，都是我們青年自身的缺點。社會越是麻木，我們越應該做新文化運動；政府越是壓制，我們也應該做新文化運動；頑老越是頑固，我們更應該做新文化運動。因爲他們的麻木，壓制，頑固，只有新文化運動可以來救濟。這樣是阻力不是危機。阻力可以用做興奮，阻力越大彈力也越大；危機卻是自殺之道，照現在這樣下去，新文化前途恐有莫大不良的變化。

這個危機是怎樣發生的一個問題很複雜，這篇文字裏決計不能詳說。我現在擇兩個重大的原因說一說。這兩個原因同新文化運動同時發生的，起初的時候還沒有這樣顯著，現在已經露了頭角，我都要說能不說。對於新文化運動有誠意的人，也應平心靜氣想一想。

除了这些宣传新文化运动的核心人物,其他不少普通知识分子也已经意识到新文化运动“浅薄”、“急功近利”的问题,《学灯》中探讨新文化运动相关问题的文章还有不少。王崇植对新文化运动的认识与罗家伦基本一致,他认为“新文化运动,现在虽弥漫全国,实际上都是软弱无力……新文化运动没有力量”,造成这种现象的原因一方面是青年不能正确认识自己在新文化运动中的地位和角色,只是一味跟风随大流;另一方面则是由于参与新文化运动的青年学识有限,却又固守自身的某些缺陷。②

其次,由于运动开展得过于急促,新文化运动的纯洁性受到挑战,各种借新文化运动之名的不良现象开始出现。陈独秀劝告上海新文化运动的同志,“不

① 李石岑:《学灯之光》,《时事新报·学灯》1920年5月22日第三张第一版。

② 王崇植:《新文化运动的前途与危机》,《时事新报·学灯》1920年3月14日第三张第一版。

应该拿神圣的新文化运动做射利底器具"①。丁晓先认为,五四运动以后,新思想的扩大输入使中国又进入了一个"新时代的转换"期,但也随之带来良莠不齐的现象:"借新思潮做出人头地的阶梯";"借新思潮做自己地位的护身符";"冒了新思潮的名义,掩护自己的阴谋" ②,这些都是新文化运动面临的危机。瑞书考察了当时出版界的情况,认为"自从去岁五四运动以来,'人道'、'自治'、'妇女解放'、'劳动运动'的名词蓬勃兴盛起来,一般做'才子佳人'的小说家,一时站立不住,于是抱定一个'识时务者为俊杰的主义……也起来大谈特谈'"③,提出对于一般冒充新思潮骗人的出版界要有所警惕。事实上,从历史来看,当时这种部分知识分子通过参与新文化运动来为个人谋求文化权利的情况是存在的,史学家罗志田曾经解释过这一现象。他认为,支持新文化运动、写白话文是当时一批边缘化的、"穷愁潦倒"的知识分子与新旧上层精英竞争的一种方式,他们可以通过写白话文章轻易跃居社会"上流",通过创办白话报刊来为自己创造就业机会和"社会的需要"。④

再次,作为新文化运动主要传播媒介的《学灯》还相当关心新文化出版物的问题,它提出由于对中西方思想文化的处理手法比较单一、缺乏研究,导致宣传新文化运动的报刊内容风格雷同,缺乏特点,创新不足。陈独秀在《告上海新文化运动的诸同志》中说:

出版物是新文化运动底一端,不是全体。……现在差不多每星期都有新报出现,内容都大同小异,看报的还是那班人,实在是人力财力都太不经济;所以我总希望大家拿这些人力财力,去办新文化运动中比出版物更进一步更要紧的事业。⑤

宗白华也在1920年初对新文化运动中的杂志界发表了评论意见,提出了

① 陈独秀:《告上海新文化运动底诸同志》,《时事新报·增刊》1920年1月1日第三张第三版。

② 丁晓先:《新时代的危机》,《时事新报·学灯》1920年3月14日第四张第一版。

③ 瑞书:《箴出版界》,《时事新报·学灯》1920年4月4日第四张第一版。

④ 罗志田:《近代中国社会权势的转移:知识分子的边缘化与边缘知识分子的兴起》,《开放时代》1999年第4期,第5—26页。

⑤ 陈独秀:《告上海新文化运动底诸同志》,《时事新报·增刊》1920年1月1日第三张第三版。

创办新文化出版物之“质”和“量”的问题:

我常听见人说,现在的新杂志出得太多了……我看我们所以觉得新杂志出得太多,并不真正是“量”上的问题,乃是“质”上的问题。……中国国土大,国民这样多,就刊行几百本杂志做新文化的指导,新学术的介绍,实在也不能算多。我们现在对于他们有些嫌多的原因,还是因为他们的“质”上太觉得雷同一律了。……我们把新出版的杂志看看,总觉得千篇一律,内容相同,体裁相同,很难寻着有特殊的精神,特殊的目的,发挥一种专科的学术或研究一种特殊的主义,解决一种单个的问题,对于社会有一种特别的贡献的。①

出版物是五四新文化运动得以发展的关键,但表面上繁荣的出版业并不代表对新文化运动的有力宣传,大量内容、性质雷同的报刊只能让新思想和新文化的传播流于肤浅,更难以引导青年对问题进行深入研究。《学灯》作为一份新文化运动的出版物,敏锐地发现并指出同行间存在的问题,可见它在新文化报刊界的重要地位,和对新思潮传播过程中的种种现象所进行的深刻反思。

以上的反思,虽然大部分源自不同的个人对某些现象的观察甚至直观判断,但它们还是比较客观地反映了当时五四新文化运动高潮阶段所存在的各种纷繁复杂的现象。② 而《学灯》所反映出来的各种认识,不仅表现了它对新文化运动前途的关注,还充分地说明了《学灯》在对待新文化运动稳健和沉着的态度。总体而言,在《学灯》周围的一批青年知识分子对五四新文化运动中倾向激进的主导价值观在某些程度上的负面影响,以及对大量西方学说不加辨别和研究的引介所造成的混乱局面,完全是有认识的。而《学灯》作为新文化运动的支持者,在努力传播新思潮的同时,也敏感地洞察到伴随而来地各种问题,并毫无保留地公之于众,这份从容和理智,不仅在新文化运动以暴风骤雨式的态势席卷知识界时则显得特别珍贵,也为运动的深化发展提供了思想资源。

---

① 白华:《我对于新杂志界的希望》,《时事新报·学灯》1920年1月22日第三张第三版。

② 周策纵:《五四运动——现代中国的思想革命》,江苏人民出版社2005年版:第361—371页;彭明:《五四运动史》,人民出版社1984年版,第166—169页;彭明:《近代中国的思想历程》,中国人民大学出版社1999年版,第385—439页。

二、探索新文化运动出路：多角度与深挖掘并举

既然《学灯》提出了诸多关于新文化运动存在的问题，那么应该怎样来解决呢？面对这一情况，《学灯》明确以渐进式的稳健思路倡导促进新文化运动建设的同时，并进一步从多个角度深入探讨文化运动发展的方法和设想。

解决新文化运动思想根基薄弱，从而推进运动深化是五四时期知识分子面对的主要问题。《学灯》在清醒地看到这个问题的同时，还广纳言论，发表了许多新文化人讨论解决办法的文章，为推动新文化运动的深入发展提供了不同的思路。

首先，研究学术、深化思想，是当时不少新文化人赞同的解决办法，也是《学灯》推崇的办刊思想。《学灯》编辑李石岑就曾明确提出，矫正新文化运动"浅薄之思想"这个核心问题的首要方法，是"督促国人注重学问的生活，……此非提倡新文化之人一面督促学生贡身学问，一面躬为学问生活，以倡率提挈之不可"。[①] 除了就单个问题进行讨论外，新文化运动的支持者还从整体上为运动把脉开方。少年中国学会会员谢承训在《新文化运动之意义及其促进之方法》在提出促进新文化运动的方法时也对李石岑的观点表示支持："（一）研究东西的学术；（二）传播研究的结果"。[②] 可以说，这种计划从学术研究深化新文化的做法，实际上是希望从根本上加强新思想的基础和力量，是一种基于渐进式思想启蒙的比较扎实和理智的考虑。事实上，《学灯》也把这种观点贯彻到办刊实践中，如前所述，它在 1919 年之后就确立了深化学术研究发展新文化的办刊思路，开设了很多研究性质的专栏，组织过多场有关西方哲学等学术文化的讨论，成为新文化运动中以学术文化见长的报纸副刊。

其次，促进翻译事业的发展，引进西方学术经典，也是《学灯》论者推崇的深化新文化运动的又一重要策略。《学灯》编辑李石岑明确提出，"联络富有学识

---

① 李石岑：《学灯之光》，《时事新报·学灯》1920 年 5 月 22 日第三张第一版。

② 谢承运：《新文化运动之意义及其促进之方法》，《时事新报·学灯》1919 年 12 月 17 日第三张第一版。

之人，共营编译之事业"①是矫正新文化运动"思想浅薄"问题的另外一个途径。编辑宗白华对大量翻译西方学术著作也相当重视，提出"西洋大部有名的著述，应当从速翻译了！"②至于翻译的内容，宗白华认为"介绍哲学，我们现在就要着手翻译哲学史同哲学概论，然后才讲到介绍近代名家。我们要先从这'纵''横'两方面同时并进，做一种基础的文化运动，再从这基础上慢慢地发挥介绍欧美名家高深的理论同微妙的学说"③。而当时的《学灯》也的确刊载过很多西方学术和文艺作品的译作，从加强编译工作的角度推进新文化运动的深入发展。

再次，除了哲学研究、翻译著作外，《学灯》还提出从发展美学和艺术的角度来深化新文化运动。宗白华担任编辑期间，《学灯》在这方面的努力就尤为突出，在当时的报刊中可谓无出其右者。之所以要在美学领域寻求新文化运动的突破，宗白华认为美学艺术能安慰人的心灵，提升人的精神境界，从而净化社会秩序，而这与新文化运动改造国民思想的根本出发点是一致的。在《青年烦恼的解救法》中，宗白华阐述了美学与青年的关系，这也是他唯美主义和"人生艺术化"思想的萌芽④：

唯美的眼光，就是我们把世界上社会上各种现象，无论美的、丑的、可恶的、龌龊的、伟丽自然的生活以及鄙俗的社会生活，都把他当作一种艺术品看待……因为我们观览一个艺术品的时候，小己的爱乐烦闷都止了，心中就得着一种安慰，一种宁静，一种精神界的愉乐。……我们要持纯粹得唯美主义，在一切丑的现象中看出他的美来，在一切无秩序的现象中看出他的秩序来，以减少我们原来烦伤的心思。……⑤

在这种美学思想指导下，《学灯》在1920年前后刊登了许多有关西方美术、艺术作品的评论文章，其作者中不乏著名的美术家，如刘海粟、汪亚尘、高剑父、唐隽、朱展鹏等等，表现了《学灯》对艺术的追求。

---

① 李石岑：《学灯之光》，《时事新报·学灯》1920年5月22日第三张第一版。
② 宗白华：《我对于新杂志界的希望》，《时事新报·学灯》1920年1月22日第四张第一版。
③ 宗白华：《我对于翻译丛书的意见》，《时事新报·学灯》1920年1月27日第四张第一版。
④ 邹士方：《宗白华评传》，香港新闻出版社1989年版，第52页。
⑤ 宗白华：《我对于翻译丛书的意见》，《时事新报·学灯》1920年1月27日第四张第一版。

除了从多角度讨论新文化运动发展的根本性问题,《学灯》还围绕运动中的各种现象进行深入的挖掘讨论,希望通过对现实的理性反思为运动的前途探索方向。

如前所述,在五四新文化运动期间,新文化界曾经出现过报刊过多,传播秩序混乱的现象,尤其是报刊出版内容严重同质化,已经影响到新思想的传播和推广。对此,《学灯》发表了多篇相关评论,引导读者进行反思,组织读者深入探讨解决问题的办法。针对新文化出版物雷同的现象,《学灯》论者大都反对新文化人不顾现实情况一窝蜂地创办刊物,并认为要切实提高新文化出版物的品质,要求不同的刊物要办出特色①,如左舜生、陈独秀、宗白华等人就明确提出过这样的观点。例如陈独秀在《学灯》中说过:"就是办报,也应当办性质不同、读者方面不同的报,不必办许多性质相同的报。……我曾劝许多在上海的朋友要办报不必办和人雷同的报,上海工商业都很发达,像'店员周刊'、'劳动周刊',倒有办的必要"。② 在杂志出版方面,宗白华也认为五四后"新杂志出得太多,并不真正是'量'上的问题,乃是'质'上的问题","希望以后的新出版品,每一种就有一个特别的目的,特别的范围"。③ 吴熙绩也在《我对于沪上现行的小报的意见》中建议合并内容雷同的报纸,以节约资约,提供传播效益。④

为了有效增强对新文化出版物的规范管理,提高资源利用率,《学灯》论者还从宏观上建议对全国新文化刊物和机构进行统筹安排。其中,有人提出组织全国性的新文化出版机构,对新文化刊物进行统一管理,也有读者特意讨论书店问题,建议各地开设专门性的新文化书店,其中的代表如忏华的《我希望发生健全的新文化书店》、蒋梦芸的《对于建设新文化书店的意见》等文章。总的来说,面对传播新文化的雷同出版物日渐见多、秩序混乱的情况,《学灯》中的讨论者大都建议报刊应更注重不同读者的需求,应该体现出不同报刊的特色和针对性,不赞成低层次的互相模仿。在新文化运动正在展开热火朝天的宣传的时

---

① 舜生:《有力的文化运动》,《时事新报·学灯》1920年4月4日第四张第一版。

② 陈独秀:《告上海新文化运动底诸同志》,《时事新报·增刊》1920年1月1日第三张第三版。

③ 宗白华:《我对于新杂志界的希望》,《时事新报·学灯》1920年1月22日第四张第一版。

④ 吴熙绩:《我对于沪上现行的小报的意见》,《时事新报·学灯》1919年7月24日第三张第二版。

候,《学灯》的这种反思并不是给火热的新思潮泼冷水,而是在为新思潮的传播和新文化运动的发展增添可持续的力量,这也正是它渐进式思想启蒙的意义所在。

由于新文化运动主要在社会知识阶层中展开,因此如何增强新文化运动与社会大众的联系,如何扩大新文化运动的影响力和社会基础,也是新文化人思考的重要问题。尽管《学灯》已经逐渐成为新文化运动的又一个中心,但它没有因此而沾沾自喜,而是激发读者对新文化运动如何走向群众进行深入思考。《学灯》发表过的多篇评论讨论过这个问题。如忏华所作的《文化运动应当有的两种精神》就指出新文化运动必须扩大社会基础,“文化运动是共同的,平民的,社会的,不是单独的,首领的,个人的,范围越大,成就自然越好”①。由于新文化运动中人越来越看重扩大运动的群众基础和社会影响力的意义,因此他们也更热衷于讨论新文化运动本身的群众因素。杨效春在《学灯》中讨论过文化运动与大众的关系,他提出大众是文化运动的主体,文化精英只是“进化潮流中的洪涛高浪”,“文化运动是群众的运动……绝不是寡头运动,贤人运动,贤人豪杰对于文化固然可以有些贡献,但文化运动所以发生,和后来所以能发扬光大的缘故,仍必依赖于大众。……真正的文化运动,是群众所有,群众所产,不仅为着群众而已。哲学家科学家等不过是这运动会里的指导员,决不配做智慧之囊,文化之母”②。我们由此看到,在《学灯》的组织和引导下,参与新文化运动的知识阶层已经意识到这场具有精英特点的运动缺乏社会基础的问题,并试图从扩大群众性的角度修正这个缺点。

可见,尽管《学灯》以支持者的身份积极投入到新文化运动中,但它始终对运动的现状和存在问题保持着必要的理智和清醒,这正是它基于渐进式思想启蒙的主要表现。特别是在五四学生运动后至1920年间《学灯》所发表的这些文章,尽管大部分从反思和探索的角度各述观点,但都强烈地表现出这份副刊对新文化运动的命运和前途的迫切关注,以及协力推动新文化运动发展的坚定努力。而且,《学灯》以新文化运动的问题与前途为中心议题进行的反思,实际上

---

① 忏华:《文化运动应当有的两种精神》,《时事新报·学灯》1920年3月23日第四张第一版。

② 效春:《文化运动与群众》,《时事新报·学灯》1920年4月8日第四张第一版。

已经逐渐扩大为对社会文化思潮的讨论,这种渐进式的思维方式给予新文化人比较充裕的空间和范围进行较深层次的思考,是为五四新文化运动的深化提供了内在的持续动力。

本章小结

《学灯》在五四新文化运动中采取了渐进式启蒙的策略,是相对《新青年》激进式启蒙而言的。作为早期新文化运动中主导思潮的激进式启蒙具有其历史原因和价值。但《学灯》并没有跟随《新青年》的激进风格,而是选择了渐进式的思想启蒙参与新文化建设。渐进式启蒙体现了新文化运动深入发展阶段的需要和趋势,是报刊推进五四新文化运动的又一种重要策略。

在关于新旧文化的讨论中,《学灯》表现出渐进的思想和行动风格。对新文化,《学灯》采取既要全面输入,又以研究为中心的方针;对旧文化,它采取"冷处理"的方法;对于文化论争,它表现出既尊重言论自由,又强调道德规则的理性态度。

在新文化运动高歌猛进的发展过程中,《学灯》能较早地站在反思和探索的立场对其进行集中式的讨论,反对运动中各种激进的做法,为新文化运动提供了持续发展的思想资源。它一方面广泛征集新文化界的意见,针对运动中由于过于偏激和急促而造成的各种问题展开反思,另一方面从多角度为运动的进一步发展提供建设性的方案,并对某些问题进行深入探索,表现出强烈的文化关怀。

《学灯》这种渐进式的思想启蒙,与激进式启蒙同样指向推动新文化运动的方向,但它作为又一种重要的启蒙策略,为新文化建设注入了理性因素,为新文化运动的持续发展提供了思想资源和文化动力。

结　语

《学灯》之历史地位的再认识

假如在本书的开篇之初,《学灯》的个性与形象是暧昧和模糊的话,那么行文至此,这份副刊在五四新文化运动中的历史地位和贡献则呼之欲出。

《时事新报》副刊《学灯》实际上是一份在五四新文化运动中通过传播新思想和新文艺来开展新文化建设的进步刊物。《学灯》始终站在支持新文化运动的基本立场上,以鲜明的态度认同并传播各种进步的思想观念,是新文化运动的重要推动力量。

第一,从促进中国文化现代化的角度来看,《学灯》最大的功绩是作用于新文化的建设。《学灯》是第一份坚决支持新思想和新文化传播的报纸副刊,是在五四思想启蒙中致力于新文化建设的中坚分子,在新文化运动的重要阶段和主要方面发挥过关键作用。

在时间上,《学灯》是第一份参与新文化运动的报纸副刊,填补了新文化运动因为主导刊物被查封而出现的报刊传播的部分空档,及时地接过思想启蒙的火炬,承继了建设新文化的重要任务,成为当时传播和讨论新思想和新文艺的一个重要阵地。在内容上,《学灯》坚持了从思想文化本位建设新文化的基本思路,以学术、教育和文艺等内容为突破口,塑造刊物在新文化运动中的独特风格,成为中国近代第一份引入学术内容的报纸副刊。这种对文化本位的坚守,实际上拓展了新文化运动的广度和深度,它既从教育的角度拓宽了新文化运动的启蒙图景,又以学术文化为根本来构筑新文化运动的思想文化根基,还对五四运动后文学革命成果的巩固和扩大发挥了关键作用。在传播方式上,《学灯》在《新青年》变为同人杂志后,坚持以更大的包容性和自由度,广泛接纳新文化界的各种言论,通过创办讨论栏目和设置议题等编辑手法,构筑了五四新文化运动中的一个重要的公共论坛,其作用在于更直接和有效地促进新思想在更广泛的人群中传播。《学灯》这种通过汇聚公众意见建设新文化的努力,使知识阶层的读者和作者得以在这里广泛聚集,它自身也在与读者的平等交流和密切联系中成为新文化人的联系纽带,有效地扩大和增强了新文化运动的社会基础和凝聚力。在策略上,《学灯》采取的是渐进式的思想启蒙。尽管这种策略与《新青年》等主导刊物的激进风格不同,但它同样是新文化建设阶段的重要策略,满足了新文化运动深化发展的需要,而且渐进式启蒙所体现出对中西文化的理性态度和对文化革新过程的反思探索,为五四新文化运动的深入发展提供了持续的思想动力。

第二,在五四新文化运动中,《学灯》是整个新文化报刊宣传中不可或缺的重要组成部分,也是在传播新思想和新文艺的报刊中独树一帜的积极参与者。《学灯》等副刊的改革,使报纸副刊成为一支独立的媒介力量加入到五四新文化运动的宣传阵营,与杂志共同掀起新文化潮流。

《学灯》在传播新文化方面的表现,正标志着早期新文化运动的社会影响和进一步深化的需要。但这份副刊并不是被动地接受《新青年》等主要刊物的引导才进行业务改革,而是在运动的较早阶段已经主动地投入到传播新思想和新文化的活动中,并依靠自身的力量形成一套相对独立并富有特点的办刊方针、内容特点和风格形式。这一套方针内容和风格特点的有效表现,又使新思想和新文化的传播得到不断加强,并从思想意识、文化心理等方面有力地推动了新文化运动在更广泛的社会群体中展开。凭借着这种广泛的社会认可,各种不同于中国几千年传统文明的新的思想文化和生活观念,才得以在日后的岁月中逐渐注入国人的头脑和肌体之中。

《学灯》不仅最早体现了副刊对新思想的萌动和追求,它还与《晨报》副刊和《觉悟》等其他五四时期的著名副刊一起在新文化运动走向高潮的阶段及时地为运动增加思想养料,它们都凭借各自的风格特点与杂志一道把五四新文化运动推向前进。无可否认,杂志在新文化运动之初发挥了“打头炮”的作用,它在被封建传统文化笼罩了几千年的中国思想文化界发出一声惊雷,引起了部分知识分子的关注。但运动一旦有走向更广泛的社会大众和深化发展的要求,杂志就难以完全满足这些需求,而在传播周期、容量等方面更占优势的报纸副刊则具有不言而喻的重要价值。可以这样理解,假如没有进步的报纸副刊加入传播新文化的队伍,五四新文化运动中的整个报刊传播阵营是难以形成的,而新文化运动的社会效果和对公众思想意识的影响程度也会大大减弱。也就是说,假如仅仅依靠几本主导杂志的激情呐喊,新文化运动是难以造成广泛的社会影响和运动效果的。因此,在五四新文化运动中,传播先进思想文化的报纸副刊并不是简单地从属或尾随于《新青年》等引导主要思想潮流的杂志,它们具有相对的独立性,是与杂志一道共同推进新文化建设的又一支重要的报刊力量。

第三,《学灯》第一次把学术研究等内容引入报纸副刊,最早使副刊具有思想性和学理性的特点。五四新文化运动中这些报纸副刊在内容和风格上的改革,体现了副刊传播功能的多样化,也奠定了副刊在报纸中不可或缺的重要地位。

《学灯》以学术研究建设新文化为主要办刊宗旨,在刊物上大量引入有关西方思想文化的学术经典和研究心得,首开中国近代学术性副刊的先河。此后,《晨报》副刊、《觉悟》等副刊先后模仿这种做法,进一步巩固了报纸副刊思想性和学理性的新特点。

五四以前,大部分报纸副刊主要刊登强调具有消闲娱乐趣味的文章,以满足大众消费文化的需求为主要目标。但在五四新文化运动期间,报纸副刊开始改变原来的文化品位,转而投入到传播新思想和新文艺的潮流中去,承担起改造国民思想和改良社会的重要任务。副刊这种在传播功能上的多样化表现和传播内容上的精英化倾向,对报纸这种传播媒介来说也具有深刻的历史意义。这种以报纸副刊参与新文化运动的经历为报纸投身社会思想文化运动积累了重要经验,副刊的传播功能得到有效开发,它不再仅仅是供人娱乐的消闲版面,还可以担任不亚于评论和新闻的指点江山的重要角色。而这种传播功能的丰富和意义的提升,又进一步巩固了副刊在报纸中不可或缺的特殊地位。

第四,《学灯》与《晨报》副刊、《觉悟》等在五四新文化运动的传播中形成风格特点的互补关系,从不同的层次和角度提供了深化五四新文化运动所需的文化资源和思想力量,但同时也表现了《学灯》存在着某些局限性。

虽然《学灯》的办刊特色不能简单地推广到其他五四时期传播新文化的报

纸副刊中,但几份最著名的副刊各自不同的偏向却正好为新文化运动提供多层次和多角度的动力。如前几章所述,《学灯》在内容上偏向对西方学术思想和新诗进行传播和研究,突出副刊的学理性,这为新文化运动的持续发展构筑思想文化根基。文学研究界一个公认的说法是,《晨报》副刊最为偏重对新文学的追求,是新文学运动的重要继承者,同时也注重趣味性的办刊特色。① 而《觉悟》则比较注重与社会大众的联系,善于倾听和反映劳苦大众的心声,努力为新文化运动拓展社会基础。② 这几份五四时期传播新文化的著名副刊虽然风格各异,但它们在推动新文化运动上的方向和努力是一致的,而且报纸副刊整体呈现出的多样性特点正满足了这一场思想启蒙运动在思想文化和观念意识上的多元需要,在客观上为新文化运动的持续发展提供了文化资源和思想动力。

但是,通过简单的横向比较,也表现出了《学灯》在传播新文化中的某些不足。《学灯》因为确定了通过输入和研究学术思想来建设新文化的办刊宗旨,把服务知识阶层作为刊物的主要方针,因此在内容和风格上强调学理性和思想性,对副刊的趣味性便有所忽略。这对于一般群众读者来说,有时难免会有阳春白雪之感,以致它在吸引普通读者方面的力度就稍显薄弱。而且,正是由于《学灯》紧密围绕知识阶层的办刊方针而导致不太通俗的情况,影响了这份副刊与工商界和市民阶层的联系,也在一定程度上影响了它在新文化运动后期继续扩大其影响力。还值得注意的是,活跃于《学灯》的知识分子虽然在推动新文化运动方面别树一帜,但由于对西方思想文化认识和理解依然处于初期阶段,因此在对西方理论的解读和它们在中国社会的适用性方面就难免会存在某些表现幼稚甚至出现偏差的问题。但是,回想九十年前那一场冲击人们观念意识的思想风暴,我们对先贤提出既要深刻沉实又要八面玲珑的要求,似乎是过于苛求了。我们在看到这批知识分子在特定历史时期中具有自身难以克服的局限性时,更应该肯定他们同样作为推动新文化运动的重要力量而存在,以及在文化思想变革中所作的杰出贡献。

总之,从《学灯》个案可见,在五四新文化运动中,虽然《新青年》等杂志作

---

① 参见张涛甫:《报纸副刊与中国知识分子的现代转型——以<晨报>副刊为例》,广西师范大学出版社 2007 年版,第 1 页。

② 赖光临:《中国新闻传播史》,三民书局 1992 年版,第 145—147 页。

出了开创性的贡献，但在运动进入深化和高潮阶段，报纸副刊对新思想和新文艺的传播和新文化建设具有不可或缺的意义。杂志和副刊在新文化运动中是两股独立的媒介力量，它们都发挥了各自的特长共同推动着新文化运动的深化发展。

附　录

附录一：　新文化运动在江南的传承:《学灯》社会关系网分析

五四运动前后,新文化运动在报刊传播上出现了阶段性空档。1918 年以后,《新青年》演变为同人杂志,原来的开放性被封闭的编辑方式所取代,这在一定程度上影响了新文化在更广泛的读者中展开讨论。① 五四事件后,《新青年》、《新潮》等著名刊物由于主办人被捕等原因暂时或永久停刊。1920 年前后,《新青年》同人在编辑方针上出现路线分歧,《新青年》在陈独秀带领下迅速朝讨论社会主义和政治问题转向,这使刊物偏离了专注于思想文化建设的初衷。在新文化运动主流刊物退出新文化建设的关键阶段,研究系上海机关报《时事新报》副刊《学灯》坚持以教育、学术发展新文化为理念,对新文化运动在江南地区的开展发挥了接续和推动的重要作用。

本文拟从《学灯》的社会关系网络为中心,分析该副刊的编辑、作者和读者的主要构成,探讨这份副刊如何通过形成和建立江南地区新文化人的社会网络从而推动新文化运动的持续发展。

---

① 李宪瑜:《“公众论坛”与“自己的园地”: < 新青年 > 杂志“通信”栏》,《中国现代文学研究丛刊》2002 年第 3 期。

一、以研究系为基础的社会关系网

《时事新报》是研究系在上海的言论机关，其副刊《学灯》的创办和发展与研究系有直接关系。

研究系是民国时期的资产阶级改良组织，具有明显的党派色彩，也是新文化运动的另一股重要参与力量。① 研究系的渊源可追溯到清末立宪派组建的进步党，主要领袖有梁启超、汤化龙等；党内骨干也是立宪派知名人士，有孙洪伊、蓝公武、林长民等人。护国战争后，为迎合民间的不结党思潮，梁启超把进步党重组为以学术研究为名的"宪法研究会"，实际上作为一股独立力量在国会中参与政治角逐。据记载，到 1919 年，研究系骨干主要有梁启超、汤化龙、林长民、蓝公武、张君劢、藉忠寅等十多人。②

研究系虽然主要从事政治活动，但对教育和文化事业相当重视，也是《时事新报》的主要支持者。《时事新报》于 1911 年 5 月 18 日由《时事报》和《舆论日报》合并而成，民国建立后成为研究系在上海的机关报，其办报经费一直由藉忠寅、黄溯初等人筹措。③ 1916 年 4 月，张君劢任主笔，以激烈言论反对袁世凯复辟，使该报在上海的影响越发扩大。直到 1926 年被出售之前，《时事新报》都与研究系有着直接关系。

《时事新报》的办刊思想一直受到研究系的精神领袖梁启超影响，《学灯》的出现和发展也仰赖于研究系报刊网络的支持。1918 年 12 月，梁启超在欧游前夕与张东荪商量"要从思想界尽些微力"④；后来，他又与张君劢筹划"文化运动"，以办报和印书传播进步文化。从创办时间来看，《学灯》正是研究系在文化教育上努力的表现，并受到研究系报刊网络的支持。新文化运动期间，《时事新报》与北京的《国民公报》和《晨报》相呼应，成为研究系在江南开展新文化运动

---

① 袁一丹：《"另起"的"新文化运动"》，《中国现代文学研究丛刊》2009 年第 3 期。

② 彭鹏：《研究系与五四新文化运动——以 1920 年前后为中心》，中山大学出版社 2003 年版，第 30 页。

③ 同上书，第 163 页。

④ 丁文江，赵丰田：《梁启超年谱长编》，上海人民出版社 1983 年版，第 874 页。

的据点。据藉忠寅回忆:“京有《晨报》、《国民公报》,上海有《时事新报》,皆研究会人所为。此三报者,代表文化,为舆论所集中。……今《国民公报》虽殉于直言,而《晨报》、《时事新报》固犹蔚然为文化派标帜焉”。① 这里的《国民公报》是立宪派在北京创办的报纸,1917 年蓝公武任社长后便参与新文化运动,1919 年 10 月因支持学生运动和对政府持批判态度被查封。《晨报》也是由研究系核心人物汤化龙、梁启超创办,因言论开罪北洋政府而被迫更名出版。1919 年 2 月,李大钊进入《晨报》后在第 7 版刊登新文化内容,使之成为传播新思想的重要阵地。事实上,当时《时事新报》经常刊登这三份报纸轮流发表译著的广告:“本报为迎接世界新潮流起见,共同延揽海内外同志从事著译,由三家轮迭发表。”②新闻史家曾虚白也说:“宣传新文化运动最早,和最有力的报纸,是上海《时事新报》。该报属研究系。……(研究系)致力于文化的革新,使《时事新报》成了鼓吹新文化运动的一支主流。”③可见,《时事新报》副刊《学灯》在 1918 年底开始全面介入新文化运动,其实是研究系同人文化努力的一部分。

从人事关系看,《学灯》一直被与研究系有密切关系的知识精英控制。该报创办后,总编辑一职长期由研究系骨干蓝公武担任;1917 年,同样有研究系背景的张东荪接任总编,他也成为《学灯》投入新文化运动的决定性人物。

尽管张东荪在政治上并没有加入宪法研究会,但他因为与研究系素有渊源被史家看成“研究系圈子”中人。④ 1912 年,接受过中西系统哲学训练的张东荪从日本回国后,便在梁启超主持的《庸言》、《大中华》担任编辑,并为上海反袁刊物《正谊》撰写宪法评论。因为张东荪的许多老朋友,如蓝公武、张君劢都是研究系骨干,受其影响,研究系的文化态度和政治认同也投射在他身上。出自张东荪之手的《学灯宣言》正表现了他们以文化建设促进社会变革的希望:“今方社会为嫖赌之风所掩,政治为私欲之毒所中,吾辈几无一席之地可以容身。

① 彭鹏:《研究系与五四新文化运动——以 1920 年前后为中心》,中山大学出版社 2003 年版,第 56 页。

② 《北京国民公报、北京晨报、上海时事新报紧要启事》,《时事新报》,1919 年 7 月 16 日第一张第一版。

③ 曾虚白:《中国新闻史》,台湾政治大学新闻研究所 1969 年版,第 324 页。

④ 彭鹏:《研究系与五四新文化运动——以 1920 年前后为中心》,中山大学出版社 2003 年版,第 31 页。

与其与人角逐，毋宁自辟天地，此学灯一栏，之由立也。"①

在《学灯》的起步阶段，研究系成员也对这份副刊给予实际支持。早在1918年新文化运动之初，梁启超、蓝公武和张东荪等人作为当时的文化名流，就通过《学灯》发表了不少关于文化革新和文学革命的文章，如梁启超的《自由意志》，蓝公武的《破除锢蔽思想之偶像》，《革新家之态度问题》等名篇，张东荪的评论更是比比皆是。由此可见，研究系是《学灯》社会关系网络的重要基础。

二、以五四社团为核心的青年学生是最广泛的支持者

《学灯》创刊后以"促进教育，灌输文化"为宗旨向教育界征稿，为学生提供发表言论的平台，青年学生便成为它最早明确和最庞大的受众群。1918年1月，《新青年》从第4卷第1号起改陈独秀主编为"社友"轮流编辑②，原来的通讯栏也削减了青年来信部分，成为小圈子学者讨论问题的园地。这种做法虽然增强了刊物在文化思想上的引导力，但忽略与读者的交流也招致一些青年的不满③。而《学灯》在上海却为青年学生提供了言论空间，并聚集了一批以少年中国学会和新潮社等五四社团为核心的学生群体。

为稳定和聚拢支持新文化运动的学生，《学灯》在编辑和经营上进行了多方面努力。为了加强与学生的联系，《学灯》设计了贴近性较强的栏目深入青年生活，为读者提供服务。在大多数情况下，读者提出的各种疑问，小至如何购买新思潮书籍，大至如何解决婚姻家庭问题，《学灯》都在版面上一一解答。

为保持在新文化运动中的凝聚力，《学灯》凭借主编张东荪的特殊身份与北京的新文化界建立联系，由此满足江南地区青年学生的信息需求。五四以前，张东荪已是当时颇有名气的哲学家和政论家，其在哲学文艺上的造诣使他具备与《新青年》同人对话的能力。1919年11月，谣传傅斯年、罗家伦在北京被捕，读者纷纷致信《学灯》询问情况。没过多久，傅、罗二人就专程致信张东荪向其

---

① 张东荪：《学灯宣言》，载《时事新报·学灯》1918年3月4日第三张第一版。

② 《本志编辑部启事》，《新青年》1918年第4卷第3号。

③ Y. Z：《对于"新青年"的意见种种——Y. Z致记者》，《新青年》1918年第5卷第3号。

交代事情原委,并报告了北京新文化运动的最新情况。① 后来,胡适、李大钊、罗家伦等人与张东荪长期保持联系,并互相报告新文化运动在京沪两地的新进展,而这些通信都由《学灯》全文刊出,大受读者欢迎。

为了维系学生读者,《时事新报》还在经营上下功夫。该报从1919年7月起给学生全年订户提供七折优惠,直到一年后纸价飞涨才结束。② 这种特别针对学生的优惠既满足了读者的需求,也是报纸的促销行为。随着《学灯》的影响力不断增大,《时事新报》倚仗它在读者中的影响力进一步吸引受众,这份报纸的名声也因而更加响亮。著名出版人张静庐在《中国的新闻纸》中回忆:“最初,上海和内地的教育界所喜欢看的日报,莫过于上海的《时报》……从新文化运动以后,全国青年的思想为之一新……《时事新报》的副刊《学灯》,应时而起,延宗白华为主编,撰述者都是一时之选,于是学界极表欢迎,《时报》十余年来在教育界里打下的根基,不能不动摇,以致于倾圮”。③由此可见,《学灯》针对青年学生的策略是富有成效的。

《学灯》的召唤得到了读者的热情呼应,他们以行动支持这个新文化的公众活动空间。根据报中所注作者身份的线索,投稿学生主要来自江南地区及附近省份,如江苏、上海、浙江、福建、安徽等地,其中以江苏省第一师范、南京高等师范的师生为多。虽然《学灯》的稿酬在创办后的几年间有所下降甚至不付稿酬,但学生并没有因此减少支持,而是一如既往地向它贡献思想。④

进一步分析这些发言的青年学生,除了一批忠实的个人读者外,可以发现新文化运动的重要团体,如少年中国学会、新潮社都与《学灯》有紧密联系。

少年中国学会(后称少中学会)是五四时期影响最大的社团之一,其中大部分会员都是《学灯》的支持者。1919年11月,身为少中学会成员的宗白华接任《学灯》编辑,这吸引了一批进步青年在报纸上发言,也促使《学灯》成为新文化运动先锋的重要论坛。统计《学灯》的署名文章,经常发表言论的少中学会成员有:王光祈、毛泽东、左学训、黄仲苏、梁绍文、张闻天、恽代英、康白情、郃爽秋、

---

① 罗家伦:《罗家伦致张东荪》,《时事新报·学灯》1919年11月25日第三张第一版。

② 《本报优待学生启事》,《时事新报·学灯》1919年7月3日第一张第一版。

③ 张静庐:《中国的新闻纸》,上海光华书店1928年版,第33页。

④ 《本栏特别征文》,《时事新报·学灯》1919年2月28日第三张第一版。

张崧年、王崇植、魏时珍、谢循初、李璜、沈泽民、杨效春、田汉、朱自清、金海观、赵世炎等。他们在新文化运动中曾经发挥过极其重要的作用,其中不少人后来成为现代中国各领域举足轻重的人物,有的甚至对中国的命运产生过关键影响。

在团结少中学会的同时,《学灯》还与新潮社建立紧密联系,为社员提供沟通信息的平台。浙江新潮社也是五四时期一个有名的青年社团,它被封禁的消息就是由《学灯》发布的。1919 年 11 月 17 日,《学灯》刊登了新潮社主要领导人施存统的来信:"浙江新潮社被封了! 浙江新潮不能再和先生相见了! 我以浙江新潮社社员的资格先报告先生一声……这几天外埠来定报派报的人很多,请先生赶快在时事新报上宣布,免得他们和我们往返邮寄的空手续"。① 施存统在信中向张东荪报告社团被封的消息,并通知读者刊物不能出版的事实,可见《学灯》和张东荪在新文化人心目中的地位和分量。事实上,四川、湖南、安徽、江西等地的新文化团体也经常通过《学灯》对外发布消息,这份副刊由此成为联系新文化人的精神纽带。

《学灯》以青年学生为主要受众的目标和与五四青年社团的密切联系,可以说明它在新文化运动中已经成为了青年学生之间进行沟通和联系的重要纽带,是新文化运动社会关系网络中的一个重要网结。

三、以江南知识精英为中心的争鸣论坛

五四运动后,《学灯》的办刊方针从原来针对教育界逐渐向学术研究转向,这份学术气息浓郁的副刊随即成为江南知识精英的聚集地。北京的情况与江南一带恰恰相反,鲁迅对此有描述:"北京虽然是'五四运动'的策源地,但自从支持着《新青年》和《新潮》的人们风流云散以来,1920 年至 1922 年这三年间,倒显着寂寞荒凉的古战场的情景。"②伴随着京城新文化界的寥落和《新青年》

① 施存统:《施存统给张东荪的信》,《时事新报·学灯》1919 年 11 月 17 日第三张第一版。

② 鲁迅:《导言》,《中国新文学大系·(第四集)小说二集》,良友图书出版公司,1935 年版,第 8 页。

向同人杂志的转变,京津学院派读者便集中在《晨报副刊》展开讨论①,而江浙一带的知识精英则围绕《学灯》继续探讨新文化运动。

《学灯》作为新文化运动争鸣论坛的定位始终是明确的。1918 年 3 月,《学灯》发刊辞提出的三大宗旨中就有两条与公众论坛相关,一是"屏门户之见",二是"非为本报同人撰论之用,乃为社会学子立说之地"②。这种广纳言论的编辑思想被有力贯彻,《学灯》在新文化运动中也积极地扮演着争鸣论坛的角色。一方面,它以"青年俱乐部"等固定栏目进行开放式讨论,在评论上划分本馆和馆外观点,使意见交流分明互现。另一方面,它以议题为中心开展读、作、编之间的平等交流,如妇女问题、教育问题、新诗问题都在知识分子中引起过共鸣。《学灯》的宽容作风得到社会认可,当时的上海报界这样评价道:"(这份报纸)最好的地方,就是肯披露各小团体及个人所要发表的意见,不像别家报馆,死替资本家发表意见,而藐视平民的舆论"。③

具体分析《学灯》的发言者,可以发现一个富有意味的地域文化现象,这份副刊的读者和投稿人主要是支持新文化运动的青年学生和知识分子,其中江南地区或有江南教育背景的学院精英是论坛的核心力量。

1919 至 1920 年间,《学灯》的编辑方针从教育向以学术建设新文化转移,因而也与新文化界的很多名家巨匠建立了长期合作关系。在《学灯》上发表文章的知识分子,既有享有盛名的学者,如新文化巨子陈独秀、李大钊、胡适、梁启超;也有在各领域有所成就的专家,如陈望道、潘公展、刘海粟、黎锦熙、张士一等;还有后来在不同学科作出贡献的年轻学者,如人类学家芮逸夫,化学家、编译家郑贞文,翻译家万良浚等。在所有这些学者当中,表现最为突出的还是一批出身江南或有江南学院背景的知识精英。

---

① 雷世文:《现代报纸文艺副刊的学院文化色彩》,程光炜,《都市文化与中国现当代文学》,人民文学出版社 2005 年版,第 183 页。

② 《学灯宣言》,载《时事新报·学灯》1918 年 3 月 4 日第三张第一版。

③ 王无为:《各地文化运动的调查——批评之(一)上海报界的文化运动》,《新人》1920 年第 5 期,第 138 页。

表:《学灯》部分学院作者名单及背景

姓名	教育背景	任职单位及职务（新文化运动前后）
梁启超	在广州万木草堂师从康有为	著名学者,在北京、上海、济南、苏州等地讲学
刘半农	江苏常州府学堂退学	北京大学教授
陈望道	中央大学法学学士	杭州浙江第一师范学校教员、上海复旦大学教授
王崇植	公立上海工业专门学校	浙江工业专门学校教授
潘公展	私立上海圣约翰大学	上海私立市北公学教务主任、上海大学教员
刘海粟	在上海周湘创办的布景画传习所学习西洋绘画	上海国画美术院院长、江苏省教育会美术研究会副会长
郑贞文	日本九州帝国大学学士	厦门集美大学教育长、上海商务印书馆编辑
舒新城	湖南高等师范学校毕业	吴淞中国公学中学部主任 南京东南大学附中研究股主任
刘十木	日本大学经济学学士	上海暨南大学南洋文化教育事业部主任
刘伯明	美国西北大学博士	金陵大学、南京高等师范、东南大学教授
费哲民	（不详）	上海暨南大学教授、《国民评论》主编
陆殿扬	（不详）	江苏省里第一中学校长、东南大学教授
张士一	哥伦比亚大学硕士	南洋大学、南京高等师范学校、东南大学教授

续表

姓名	教育背景	任职单位及职务（新文化运动前后）
李中襄	国立唐山大学	江西南昌心远中学校监
梅光迪	美国西北大学、哈佛研究院	南开大学英文系主任、东南大学西洋文学系主任
杨杏佛	哈佛大学经济学	南京高等师范学校教授
黎锦熙	（不详）	教育部国语统一筹备会会员、教育部国语讲习所导师、公立北京高等师范教授
郭绍虞	苏州中等工业学校	济南第一师范教员、福州协和大学教授
姜 琦	日本明治大学学士、后获美国哥伦比亚大学硕士	浙江省第一师范学校校监、南京高等师范教授
杨端六	英国伦敦大学毕业	私立吴淞中国公学教授、《东方杂志》编辑
马寅初	美国哥伦比亚大学博士	北京大学、东南大学教授
吴稚晖	江阴南菁书院、苏州紫阳书院	北京大学学监
王平陵	杭州省立第一师范	南京美术专门学校、私立震旦大学南京分校教师
谢六逸	日本早稻田大学文学士	上海暨南大学神州女校教务主任、商务印书馆编辑、复旦大学教授
吴梦非	浙江两级师范学堂	创办上海专科师范学校、《美育》总编辑
宋春舫	上海圣约翰大学、瑞士日内瓦大学	上海圣约翰大学、清华大学、北京大学教授

（资料来源:《民国人物大辞典》①）

① 徐友春:《民国人物大词典》,河北人民出版社2007年版。

从上述部分作者名单可见，这些学院精英表现出三个特征。第一，他们大都有较强的教育背景，其中有中西学问卓著的学术大家，还有不少人获得国外大学学历，学识渊博、思想进步是他们共同的特点。第二，这些知识精英大都在教育机构中担任教研工作，这使他们拥有研讨新文化的能力和资本。第三，他们的教育经历和工作经历大都与江南地区有着密切联系，有人毕业于江浙地区的院校，而更多的则是在江南一带的教育机构工作，可被通俗地称为"江南知识精英"。

参与新文化运动的江南知识精英在《学灯》聚拢有一定的地理文化原因。一方面，以上海为据点的《学灯》在江南地区有较强的影响力和辐射力，当地读者在订阅和投稿方面显然比选择其他地区的报刊更加便利。另一方面，《学灯》在五四运动后有限的报刊环境中为新文化运动的支持者提供了宝贵的言论阵地。因此，《学灯》这份致力于开展新文化建设的副刊便逐渐聚拢一批具有江浙背景的学院精英，也正是他们使《学灯》迅速从教育界走向整个新文化界，并真正奠定了它在新文化运动中的重要地位。

四、新诗人和文研会的聚集地

五四运动后，新文学界曾出现难以接续的寥落迹象。主要原因是，倡导新文学的主力刊物《新青年》和《新潮》都因主编被捕而暂时或永久停刊；《新青年》复刊后，又因编辑部办刊路线分歧而最终转为以政治批判为主的方向。此外，尽管五四运动后国内"至少出了四百种白话报"，但大多转瞬即逝。① 而《学灯》从 1918 年就使用白话文，相比"一般的日报采用白话多在一九二零年以后"，是"采用白话文的先驱"②；且在 1919 至 1921 年间，它是国内"三个最重要的白话文的机关"之一③。而《学灯》一方面对培养以郭沫为首的新诗人作出卓

① 胡适：《文学革命运动》，阿英（编选），《中国新文学大系·（第十集）史料索引》，上海良友图书出版公司 1936 年版，第 18 页。

② 司马长风：《中国新文学史》（上卷），昭明出版社有限公司 1975 年版，第 82 页。

③ 三份报刊是《学灯》、《觉悟》和《晨报》副刊。胡适：《文学革命运动》，阿英（主编），《中国新文学大系·（第十集）史料索引》，上海良友图书出版公司 1936 年版，第 18 页。

著贡献;另一方面又把自身打造成中国现代文学的重要团体——文学研究会的创作基地,继承和发扬了文学革命成果。

《学灯》在现代新诗人的培育上曾留下极为鲜艳的色彩。1919 年 9 月,郭沫若的新诗《鹭鸶》和《抱和儿浴博多湾中》在《学灯》"新文艺"栏发表,这是郭沫若的白话诗第一次公开亮相,也是他生活道路和创作生涯的重要转折。郭沫若详述了这一过程:"我们订的是上海《时事新报》。那个报纸在五四运动以后很有革新气象,文艺附刊《学灯》特别风行一时。……我便把我一九一八年在冈山时做的几首诗,《死的诱惑》、《新月与白云》、《离别》和几首新做的诗投寄了去。这次投机算投成了功,寄去不久便在《学灯》上登了出来。看见自己的作品第一次成了铅字,真是有说不出来的陶醉。"①

《学灯》对郭沫若新诗的支持是确凿的。据笔者查证,1919 年 9 月至 11 月,仅郭沫若载于《学灯》的诗就有 11 首,而且都是他早期新诗的名篇。《学灯》在 1920 年 1 月共出"新诗"栏四期,全部被郭沫若所占。其实,郭沫若在这里发表的新诗正是他的著名诗集《女神》的由来。

《学灯》集中式的推广使郭沫若迅速登上新诗坛,在国内的新文学界产生极大影响。后来,朱自清在作《现代诗歌导论》时,把郭沫若在新诗界的出现称为"一支异军的突起" ②。应该认识到,这里的"异军"指的不仅是一个郭沫若,而是在胡适、康白情所倡导的新诗运动后,以郭沫若为首的浪漫主义新诗人群体。

伴随着《学灯》发表大量新诗作,一批现代诗人随之诞生,他们有黄仲苏、康白情、宗白华、叶圣陶、成仿吾、左舜生、田汉等。如现代著名诗人、作家成仿吾,正是在郭沫若和《学灯》的支持下发表了处女作,也成就了他文学道路的开端。③ 另一著名诗人徐志摩也是因为《学灯》的扶持走上文坛。查阅《徐志摩文学系年》,可以发现徐志摩 1922 年到 1923 年间的大部分诗作是在《学灯》上发表的。赵景深这样评论过:"我国新文学运动的开始实在是新诗,……徐诗忽以

---

① 郭沫若:《创造十年》,《郭沫若全集》(第十二卷),人民文学出版社 1992 年版,第 64 ~ 65 页。

② 朱自清:《现代诗歌导论》,蔡元培(主编),《中国新文学大系·(第一集)导论集》,上海良友复兴图书公司 1940 年版,第 349 页。

③ 郭沫若:《创造十年》,《郭沫若全集》(第十二卷),人民文学出版社 1992 年版,第 83 页。

西洋体诗在《时事新报》的《学灯》栏内刊出，记得这首诗的题目是康桥再会罢……从此我于俞平伯、汪静之等名字外，又记住一个徐志摩。”①

在扶持新诗人制造了一个个新文艺热点后，1920 年《学灯》又组织了多场新诗讨论，其中不少在中国诗学史上颇有影响力，新诗人群体在这里进一步聚拢。同年 8 月到 9 月间，《学灯》先后出版五次“诗学讨论号”专版，与是年 3 月《少年中国》的“诗学研究号”一道成为近代诗歌运动中的重要文献。

除了扶植新诗成长，《学灯》也是文学研究会及其成员的创作园地，众多著名现代文学家都曾在这里留下墨迹。文学研究会是中国现代文学史上第一个新作家的纯文学团体，是新文学发展史上的重要里程碑。学会旗下有《小说月报》、《文学旬刊》两份机关刊物，其中后者正是在蒋百里与研究系的支持下由《时事新报》出版发行。该会的创始人郑振铎在 1921 年前后担任《学灯》编辑。

由于与文研会千丝万缕的联系，《学灯》对新文学的发展投入了更多关注，也发表了文研会的大量信息和作品，成为不少中国现代文学家崭露头角的地方。其中最著名的有沈雁冰、郑振铎、叶绍钧、王统照、郭绍虞、耿济云、冰心、徐志摩、俞平伯、蒋百里、周作人、瞿秋白等人，他们后来都成为了中国现代文学史上享有盛誉的文学家。

如现代著名小说家、文学评论家茅盾的文学事业就从《学灯》起步。他翻译的第一篇白话小说《在家里》发表于 1919 年 8 月的《学灯》上。1920 年初，《学灯》还发表了他翻译的小说、剧本和文艺理论研究等二十余篇作品。这些文学作品展现了茅盾早期的文学才华和理论思想，是推动新文学发展的重要思想养料。我国著名俄国文学研究者和翻译家耿济之也与《学灯》有不解之缘。1919 年底，耿济之在报纸副刊上最早发表的俄文译作《郭纳滑西里》正源于《学灯》。此外，著名文学家郁达夫也是从《学灯》开始走上创作生涯的。1921 年 7 月 7 日至 13 日，《学灯》发表了郁达夫的小说《银灰色的死》，这是他在报刊上公开发表的第一篇小说，并在新文学界造成很大反响。

针对《学灯》等新文学副刊的贡献，文学史家司马长风说过，假如不是这几份副刊的支撑和奋斗，不但新文学运动的高潮不会到来，而且还有中途夭折的

---

① 赵景深:《志摩师哀辞》，陈从周（主编），《民国丛书（第三编 77）历史、地理类 徐志摩年谱》，上海书店 1926 年版，第 2 页。

危险。[①] 可以说,在新文学运动迫切需要扩大文学革命成果的阶段,《学灯》的努力正回应了这一时代需要,它不仅是中国现代文学群星闪耀的星河,还成为五四后推进新文学发展的主导性刊物。

结 语

《学灯》诞生之时,正是新文化运动进入深化发展的阶段,五四运动后思想启蒙在报刊传播上的空挡,都为《学灯》在思想文化领域施展拳脚提供了宝贵机会。而《学灯》坚守建设新文化的立场,以研究系为社会网络基础开展新文化运动,吸引了一群以少年中国学会和新潮社等五四社团为核心的青年学生,网聚了一批有江南教育背景的知识精英,并为新诗人和文学研究会成员提供了崭露头角的练兵场。

不可否认,《新青年》等杂志在新文化运动之初发挥了"打头炮"的作用,但运动一旦有走向社会大众和深入发展的要求,在传播周期、容量等方面更占优势的报纸副刊则具有不言而喻的重要意义。假如没有《学灯》等报纸副刊加入传播队伍,新文化运动的社会效果和对公众思想意识的影响程度无疑会大大减弱。可以说,《学灯》在上海接过了《新青年》从北京传递过来的精神火炬,通过传播新思想形成了以《学灯》读、作、编为中心的江南新文化人的社会关系网络,实际上是新文化运动向江南地区发展的重要表现,它自身也成为接续和推动新文化运动的重要力量。

(本文已发表于《国际新闻界》2010 年 9 月刊)

半世报缘 一心启蒙:张东荪的报刊活动与编辑思想

张东荪(1886~1973),原名张万田,字圣心,现代哲学家、政治活动家、职业

① 司马长风:《中国新文学史》(上卷),昭明出版社有限公司 1975 年版,第 77 页。

报人、政论家。张东荪为中国哲学贡献了一个完整的哲学体系，把中国哲学家提高到可与西方哲人平等对话的高度，是中国哲学现代化的主要推动者。虽然张东荪以其哲学思想受到瞩目，但他作为民国初年著名的政论家、职业报刊编辑，在中国报刊编辑史上也曾发出过非常耀眼的光彩。张东荪的报刊活动和编辑思想，正是二十世纪上半叶中国文人通过办报追求启蒙理想的重要标本。

一、张东荪的报刊活动生涯

虽然张东荪的事功凭哲学研究而流芳，但他最早是以一名报刊编辑和政论家的身份走进近代中国的文化界，报刊编辑活动也贯穿了他事业追求的大半生涯。

（一）早期报刊实践

张东荪生于浙江钱塘的县官家庭，自幼接受正统儒学训练，旧学功底深厚。1904 年，他获得官派留日资格，东渡日本学习佛学和西方哲学。留日时期，张东荪开始研究哲学，并对民族危机日益严峻的国内局势密切关注。1906 年，张东荪在日本认识了前来讲学的梁启超，开始接受立宪派改良思想的影响。当年 10 月，张东荪与同学蓝公武、冯世德以“爱智会”名义在日本东京创办《教育》杂志。该杂志主要介绍西方先进文化，主张教育救国，在日本、香港、南洋、欧美等地发行。虽然杂志仅出版 2 期便停刊，但它是张东荪作为报刊编辑和政论家的最早尝试。

辛亥革命前夕，张东荪从日本回国，开始在出版家张元济所办的《东方杂志》上发表政论，讨论救国的根本方法。1912 年，张东荪眼见孙中山将临时大总统让给袁世凯，他便决定以办报、议政的方式来监督政府、启发民智，承担知识分子对社会公众的责任。从 1912 年到 1915 年间，张东荪先后在上海《大共和日报》担任编辑，并在上海、北京等地创办《正谊》杂志、《中华杂志》和《新中华》杂志，旨在提倡社会正义、讨论政治问题和联邦制的建立，揭露袁世凯的专制统治。同时，张东荪还在梁启超创办的《庸言》杂志、章士钊在日本东京创办的《甲寅》杂志担任主要撰稿人，发表大量有关立宪的政论文章。

在张东荪早期的报刊实践中，虽然他独立主持报刊的时间并不长，编撰经历比较分散,但他已经通过长期的实践积累了丰富的报刊编撰经验,并因为发表了不少颇见锋芒的政论而声名鹊起,逐渐成为当时出版界和新闻界的知名人士。

(二)职业报刊编辑生涯

张东荪和以梁启超领导的研究系素有渊源,他在与研究系的密切合作中展开了作为报刊编辑和政论家的职业生涯。研究系是一个资产阶级改良组织,主要领袖是梁启超等清末立宪派人士,他们作为一支独立的政治力量在民初国会中与国民党抗衡。研究系虽然主要从事政治活动,但对教育和文化事业相当重视,由张东荪独力主持长达10年之久的上海《时事新报》正是研究系建设文化事业的一部分。

《时事新报》于1911年5月创刊,是研究系在上海的发言机关。1916年4月,研究系骨干张君劢任该报主笔,以激烈的言论反对袁世凯复辟。1917年,张东荪受梁启超之托接任该报主编,并以主笔身份为报纸撰写社论和各版评论,直到1927年才离开。在主持《时事新报》的10年间,张东荪坚持新闻报道的客观、中立原则,确立了该报在新闻界的专业地位;同时他还不断追求报刊革新,取消“黑幕”专栏,开始了《时事新报》在教育、文化和学术上的努力,大大提升了报纸的文化品位;而且,他为报刊撰写了大量有影响力的社论,使《时事新报》在上海乃至全国的舆论界享有盛名。

特别是,正因为张东荪的创新和努力才让《时事新报》在中国报刊史上具有里程碑式的意义。1918年,受到研究系立志改造社会风气、建设文化事业的影响,张东荪在《时事新报》创立并主持了参与新文化运动的副刊《学灯》,这是我国报刊史上学术文化副刊的开山鼻祖,更是五四新文化运动中一支极为重要的传播力量。新文化的火种通过《学灯》等副刊在青年读者中广泛传播,一位又一位在中国现代文化史上响当当的人物也在张东荪的扶持下冉冉升起,如宗白华、郑振铎、郭沫若、徐志摩等人都是依仗《学灯》的支持才走进文化界。

张东荪为了进一步阐发研究系致力于文化运动的理念,他在1919年9月又创办了《解放与改造》杂志,旨在从思想学术上对中国社会的发展方向进行探讨。

1927年4月,北伐军进驻上海,研究系被蒋介石通缉,张东荪也因被标以

"学阀"之名而到租界躲避,由他主持多年的《时事新报》被迫改组脱离研究系。在这种情况下,张东荪认为报刊再不能自由发表言论,便决定"脱离报界":"我之所以脱离报界就是因为民国16年以后报纸完全变为他人的喉舌不能说自己的话了"。① 此后,他便在上海的几所大学担任教授,从事教学和著书工作。

(三)重操旧业再办报刊

虽然张东荪在1927已宣称自己"脱离报界",但内忧外患的政局使他不得不重操旧业,再次以办报刊和写政论的方式探求救亡图存的办法。

"九一八事变"后,民族危机加深,国民党"攘外必先安内"的政策引起了张东荪的愤慨,面对日益严重的民族危机,他无法继续在书斋中进行哲学研究。1931年10月,早已决定不谈政治的张东荪和张君劢发起"再生社",并在次年5月创办机关刊物《再生》杂志,重新关注现实政治,积极主张抗日救亡,反对国民党的独裁统治。张东荪在《再生杂志简则》中提到:"我中华民族国家经内忧外患已濒绝地,惟在此断续之际未尝不潜伏有复生之潮流与运动。本杂志愿代表此精神,以具体方案谋真正建设,指出新途径与国人共商榷。"②以此种精神为指导,张东荪和一批"再生社"成员在杂志上发表了大量评论,从政治、经济和思想文化等各方面探索民族复兴道路,在当时产生过较大影响。

抗战胜利后,国共两党关系又走到了和谈或是内战的当口上,张东荪于1945年9月在北平创办《正报》再次点评时政。根据张东荪的设计,该报目的在于"使其得为大家的公共喉舌",其名字"取态度中正、与新闻正确之意"③,其特色在于"社论"和《社会研究》、《哲思》等副刊。在这份报纸中,张东荪公开主张在和平的基础上实现民主,赞同中共提出联合政府的建议,支持以政治协商的方式解决战后的重大问题。但这些观点引起了国民党的不满,该报在11月被迫停刊。此时,年近花甲之年的张东荪才正式退出报刊界。

---

① 张东荪:《思想与社会》,上海商务印书馆1946年版,第3页。

② 左玉河:《张东荪传》,山东人民出版社1998年版,第292页。

③ 张东荪:《发刊辞》,《正报》1945年9月6日第一版。

二、张东荪的报刊编辑思想

在长期的报刊实践中，张东荪不仅积累了丰富的编辑业务经验，还逐步形成了他个人的报刊编辑思想。作为中国现代文化史上一位重要的哲学家和文化名人，张东荪的报刊编辑思想也是二十世纪上半叶中国文人以办报刊追求启蒙理想的重要体现。

（一）强调报刊承担社会改良和文化革新的责任

创办报刊、发表政论之所以伴随张东荪事业追求的大半生涯，是因为他坚信报刊对社会改良和文化革新承担着义不容辞的责任，报刊可以通过输入文化来达到改良社会、启蒙民智的目的。张东荪在主持《时事新报》期间对这一理念表现得最为突出，他在1918年接任总编后就对该报进行改革，开创性地把单纯刊登信息的《教育界》改版成以学术和文化为主题的副刊《学灯》，《时事新报》也因此在新文化运动中声名大噪。

张东荪在《学灯》发刊词中提到："方今社会为嫖赌之风所掩，政治为私欲之毒所中，吾辈几无一席之地可以容身。与其与人角逐，毋宁自辟天地，此学灯一栏，之由立也"。① 在这里，他把办报刊提升到反抗黑暗现实、改良社会和思想启蒙的层面。对于张东荪来说，创办学术文化副刊是一次没有示范者的尝试，但他大胆启用当时的文化名家担任版面编辑，以丰富的学术文化内容投入新文化运动。张东荪先后邀请过美学家宗白华、哲学家李石岑、现代文学家郑振铎等主持《学灯》的编辑工作，他们都在张东荪的支持下以副刊传播新诗、哲学、文学以及其他各学科知识，使《学灯》成为引人注目的新文化阵地，对社会文化革新发挥过重要作用。

值得注意的是，张东荪特别强调报纸要翻译国外学术经典，使学术文化通过副刊在大众中传播。1917年以前，中国的出版业十分不景气，当时所见的西方著作仅限于17或18世纪的作品②，报刊中引入的西方学说大多是"转手

---

① 张东荪:《学灯宣言》,《时事新报·学灯》1918年3月4日第三张第一版。

② [美]周策纵:《五四运动——现代中国的思想革命》,江苏人民出版社2005年版,第178页。

货”,都不足以让青年进行深入思考。针对这种情况,张东荪最早在报纸副刊上刊登西方各学科新近的学术经典译稿,如日本、欧美的美学、社会学和经济学理论,力求把西方新思想尽快传播给中国读者。又如1920年3月,《学灯》连载郭绍虞翻译日本高山林治郎的专著《近世美学》,这是中国第一部介绍西洋美学史的译著。应该承认,这些至今仍闪耀着学术光芒的译著对新文化运动的深入开展和青年人的思想启蒙是具有深刻意义的。1926年元旦,《时事新报》的纪念文章曾说:“回顾既往,虽然十分惭愧,然而也有一点觉得是可以使我们稍稍慰藉的,就是我国报纸之有讨论学术的副刊,《学灯》实首为倡。而《学灯》对于介绍西方的文化和西方人治学的精神和方法,也曾尽过相当的努力”。①

张东荪这种强调报刊社会责任的思想在《时事新报》的其他领域也得到有力贯彻。他主持该报后当即撤销“黑幕小说”栏,彰显了报刊对社会风气和文化氛围的正面意义。

“黑幕”小说是中国近代以揭露社会黑暗内幕为题材的小说流派,发端于1916年9月《时事新报》的“上海黑幕”专栏。② 该报最早的“黑幕”征文旨在揭露黑暗现实,由于情节往往曲折跌宕引起社会强烈反响,黑幕小说也随之成为报纸吸引读者、增加发行的营销手段。但是,由此引发的民初小说黑幕潮却成为贪官、黑社会、娼妓等文字的大展览,招致社会不满。张东荪主持《时事新报》后及时意识到此种现象的负面影响,马上撤销“黑幕”栏,并在启事中声明:“揆诸本报始,揭黑幕之宗旨,实属背道而驰。诚非本报之所及料也。……本报以自我作俑引咎自责,且认为循是以往假借名义者日多,泾渭不分或竟事与愿违,无益而反有害。”③应该说,这种做法是报纸维护自身声誉的积极策略,也是张东荪立志于以报纸改良社会、革新文化和启发民智的表现。

(二)注重报刊作为社会舆论机关的功能

在长期的报刊实践中,张东荪意识到新闻报道是公众认知社会的主要途径,新闻评论对社会舆论有巨大影响力,因此他主张新闻要客观报道事实,报刊应全面地反映各种社会舆论,发挥其作为社会舆论机关的功能。

---

① 编者:《学灯的第九年》,《时事新报·学灯》,1926年1月1日第四张第一版。

② 黄森学:《“黑幕小说”研究(之一)》,《黄石教育学院学报》,2003年第4期,第13-20页。

③ 张东荪:《本报裁撤黑幕栏通告》,《时事新报》,1918年11月7日第一张第一版。

对于报刊最基本的新闻报道，张东荪认为应该“无所偏祖，但求取得消息之速报告新闻之确而已”①，新闻报道应成为公众认识社会和作出判断的客观依据。同时，他还坚持“反映舆论”是报刊舆论功能的要旨。他明确提出：“须知新闻记者之天职不在自己指导舆论而在使舆论能在新闻纸上充分地表出。所以有两个条件，第一必须尽量地容纳舆论，第二必须向社会中枢（即各专家）求意见。……申报的史量才君常对人说，他的目的只在使申报成一个镜子，把社会上的事象一丝不改地照出来。这一句话对于报纸的真谛可谓已得其半。……这一半是什么，就是社会的志愿。社会的事象可以照，而社会的志愿则非宣泄不能明显。”②在这里，张东荪阐述了报纸作为社会舆论机关的观点，认为报纸并非编辑部少数人的私有财产，而是社会民众的共同资源，报刊需要维护和彰显公众意见表达的权力。

主持《时事新报》期间，张东荪就非常注意为社会各界提供发表言论的平台和机制，广泛接纳各种社会言论。张东荪在《学灯》发刊辞提出该刊两大宗旨，一是“屏门户之见，广商权之资”，二是“非为本报同人撰论之用，乃为社会学子立说之地”③。寥寥数语道出了他的编辑理念：报纸不以作者的门派、观点异同作为稿件采用的标准，而是以开放的态度、平等的姿态为社会各界提供自由发表言论的平台。在实践中，《时事新报》也积极地承担着反映舆论的角色。一方面，它在各版设置固定的名牌栏目进行开放式争鸣；另一方面，该报还以“专论”和“众论”栏划分本馆和馆外观点，使报馆内外的意见分明互现，既明确地宣扬了编辑部的主张，又为不同的意见提供发表园地。事实上，无论是教师、学生、军人、商人、职员，都可以在这个公共论坛畅所欲言，而且普通读者向专家挑战，或是各方观点在同一个版面上交锋的情况也常常出现。

在张东荪的主持下，《时事新报》这种广纳言论的作风得到社会认可，当时的上海报界就有这样的评价：“《时事新报》最好的地方，就是肯披露各小团体及

---

① 东荪：《随想录：论报纸（上）》，《时事新报·学灯》，1918年5月27日第四张第一版。
② 东荪：《新闻纸与舆论》，《时事新报》，1921年2月23日第一张第二版。
③ 张东荪：《学灯宣言》，《时事新报·学灯》，1918年3月4日第三张第一版。

个人所要发表的意见,不像别家报馆,死替资本家发表意见,而藐视平民的舆论”。①

(三)关注、满足读者需求

在编辑报刊的过程中,张东荪始终把满足读者需求放在第一位,主张尊重和采纳读者意见,密切与广大读者的交流和联系。

首先,张东荪长期坚持以耐心、负责的态度来处理读者事务,并重视通过采纳读者意见来提高办报水平。“通讯”栏是《学灯》持续时间最长、影响最广的栏目,也是这份报纸必不可少的编辑工具和与读者最重要的交流园地。比如,读者给《学灯》大量投稿,但是由于版面有限导致很多稿件不能及时登出,编辑部便通过“通讯”栏告知读者收稿和发稿进度,以免作者久候。后来,编辑部虽然没有足够人手和版面对所有来稿一一回复,但对那些观点独到、材料翔实的佳作还是会在“通讯”栏发布通知。张东荪对读者的尊重态度还表现在他乐于接受读者意见上。1919 年 8 月,《学灯》在“通讯”栏刊登少年中国学会会员黄仲苏的来信,提出“希望学灯栏每日加刊思想新隽,文字清白的小说或诗,或译或著皆可。”②此后,张东荪便在栏目回信中表示报纸能够满足这位读者的要求,并在一周后的《学灯》推出“新文艺”及“新诗”栏。

其次,张东荪还鼓励读者积极在报刊上发言讨论问题。作为《时事新报》的主编,张东荪不仅支持读者投稿,还为更多读者能在报刊上发言而降低门槛,他提出来稿“不求冗长、只求精彩”,“少至数十字亦佳”,“无论记者或读者对于各种社会问题或学理问题之意见,与对于新出各种杂志或丛书之批评,均可随时发表”③。这种不强求篇幅,但求新意的用稿方针,使《时事新报》的言论具有较强的开放度和灵活性,更容易吸引有新想法的读者加入。

总之,张东荪数十年的报刊生涯是一个值得回顾的职业编辑个案,他承担过多份报刊的编辑工作,以主笔身份发表过大量有影响力的评论文章,其中部分编辑成果还在中国报刊史上具有开创性意义。他在实践中所总结和表现的

---

① 王无为:《各地文化运动的调查——批评之(一)上海报界的文化运动》,《新人》1920 年第 5 期,第 138 页。

② 黄仲苏:《改良本报的讨论》,《时事新报·学灯》1919 年 8 月 11 日第三张第二版。

③ 《本栏特别启事》,《时事新报·学灯》1921 年 1 月 1 日第四张第一版。

编辑思想不仅对今天的编辑工作者具有参考价值,他作为近代中国文人之一员,始终坚持以改良社会、启发民智的启蒙理念经营报刊,从中所表现出来的追求和品位更有深入探讨的空间。

(本文已发表于《编辑之友》2011 年第 4 期)

附录二:《时事新报》及《学灯》部分重要启事

学灯宣言

东荪

予尝于无聊时,与三五友人纵论当代人物,评□高下。甲与乙其行事相同,而甲优于乙。丙与丁其性格相似,而丙优于丁。绎有数事。□为一例即以读书之无有与多寡为衡耳,始信学之为力大矣。方今社会为嫖赌之风所掩,政治为私欲之毒所中,吾辈几无一席之地可以容身。与其与人角逐,毋宁自辟天地,此学灯一栏,之由立也。其旨有三:一曰籍以促进教育,灌输文化;二曰屏门户之见,广商权之资;三曰非为本报同人撰论之用,乃为社会学子立说之地。发端之始,用志一言。

——《时事新报·学灯》,1918 年 3 月 4 日,第三张第一版

本栏之提倡

本报自辟学灯一栏以来,投稿者络绎不绝,大都各抒所见,以贡献于社会。惟本报犹愿于各主张之中,特标其注重之所在,以为读者醒目,而投稿诸公或亦有所选择也。

一、于教育主义,提倡道德感化之人格主义,以为职业教育之实用主义之辅助。

二、于教育制度,反对抄袭得制度与反对固执不化得制度。

三、与教育事情,揭穿各种教育流弊。

四、于教师，主张改造以身作则之良教师，反对现在与恶社会同流合污之教师。

五、与学风，主张改造活泼朴实之学风，反对现在萎靡不振之学风。

六、于原有文化，主张尊重，而以科学解剖之。

七、于西方文化，主张以科学与哲学调和而一并输入，排斥现在流行之浅薄科学论。

——《时事新报·学灯》，1918 年 9 月 30 日，第三张第一版

本报裁撤黑幕栏通告

黑幕者，本报本其改良社会之宏愿，特创之一种纪实文字，也两载以还。极承各界赞许。黑幕名词遂卓然成立。然最近各小书肆之投机出版物，接踪并起，亦无不各有其黑幕，试就各报广告栏而一计之，不下百十种之多。以表面言，本报创之于前，各书肆继之于后，我道不孤，不可谓非极盛而孰知有大谬。不然者，此类效颦之黑幕虽至多试，逐一按其内容诲淫者有之，攻人隐私者有之，罪恶昭著人所共见。黑幕二字即其自身之的评尚何改良社会之有。揆诸本报始，揭黑幕之宗旨，实属背道而驰。诚非本报之所及料也。呜呼，黑幕何辜遭此荼毒。虽曰黑幕不负人，人自负黑幕，而本报以自我作俑引咎自责，且认为循是以往假借名义者日多，泾渭不分或竟事与愿违，无益而反有害。爰特将本报黑幕一栏即日取消，暂以短篇小说为代，稍缓当别创一种记载，以答爱读本报黑幕诸君殷引盛意。至于订报赠品，仍赠黑幕乙篇全部。特此通告。

——《时事新报》，1918 年 11 月 7 日，第一张第一版

本栏启事　体裁、主义

本栏创自民国七年三月四日，始则每星期一刊，总而再刊，又继而三刊，后复增为每日刊，至本年二月四日，又自一版扩充而为二版，星期日则特刊泼克及各种饶有趣味之小说。本栏之所以渐次扩充而得有如是之发达者，蒙各界惠稿之多，及期望之殷，有以致之也。次值本报改用新式轮转机，及革新一切印刷及

编辑事宜之始,爰再将本栏之体裁与主义胪述如左。

学灯栏之体裁:

(一)小言,述记者之感相。

(二)讲坛,载名人之著述。

(三)思潮,披露学术社会革新之意见。

(四)教育研究,对于制度主义及教授训练诸问题之商榷。

(五)科学丛谈,揭科学常识及新发明之事迹。

(六)译述,载迻之名著。

(七)青年俱乐部,登各界杂著之投稿。

(八)学校指南,详述各校之内容。

(九)教育界及各学校之消息,记教育界及各校之近事。

(十)新文艺,载新体之诗文。

(十一)佛门汇载,搜佛教之遗著。

本栏之主义:

本栏发刊之始,曾宣言三大旨。一曰籍以促进教育,灌输文化,二曰,屏门户之见,广商榷之资,三曰,非为本报同人撰论之用,乃为社会学子立说之地。兹再条举大纲如左:

一、对于原有文化。主张以科学解剖之,不以漫骂为能事。

二、对于西方文化。主张以哲学与科学调和而一并输入之,排斥抄袭盲从之说及皮相之论。

三、对于新旧学派之态度。不妄助新派攻击旧派,而对于新派所持之主义加工研究,然亦不作无价值之调和论。

四、对于教育主义。顺应世界潮流,主张德莫克拉西之教育,以发展人格为主旨,不以职业教育之实用主义为满足,然亦不赞成过于高远的新主张。

五、对于教育制度。反对抄袭的制度与固执不化的制度。

六、对于教育事情。揭穿各种教育上之流弊。

七、对于学风。主张改造活泼朴实之学风,排除现在萎靡不振之积习。

——《时事新报·学灯》,1919年4月23日,第三张第一版

学灯栏宣言

本报自从刊行以来,极承社会上学者和青年的同情,又蒙读者诸君常常投稿,为本栏生色。同人等深致谢意。但世界的实际识不断的创化,本栏虽小,也当力求进步。现在再将本栏的主义和体裁申说一遍。愿求诸君精神上的集合与积极的帮助。

(甲)本栏的主义。本栏今后的主义和理想,简括言之,就是从学术的根本研究,建中国的未来文化。

我们为什么要建造中国的新文化呢?这事已可不必多解说。我们从文化的意义上已知道,文化就是人类精神、思想继续不断的工作,以谋人类精神生活和物质生活双方的进化与发展。文化的实际是活动的潮流,不是静止的典型,是创造的工作,不是因袭的模仿。新文化的创造是我们应有的责任,是我们可能的事业。中国文化的进化,停顿已久,我们中国的民族,人人都有创造中国新文化的责任。

我们为什么要做学术的根本研究呢。有两重理由:

一、新文化的运动,本有学术、艺术、道德、伦理的各方面,但本栏是学术界的出版品,本栏的能力,只能从学术上研究各种艺术、道德、伦理、学术的价值和内容,发挥而介绍之,不能直接地去做艺术或道德的运动。所以本栏的主义和责任,是学术的根本研究。

二、本栏以为文化的起源和建设,本是由于人类的经验与思想。而我们有系统有条理有组织的经验思想,正是我们的学术。所以本栏承认学术是斯文化运动的一个重要基础,学术的根本研究是我们创造新文化的重要手段。

所以本栏的主义,简括言之,就是奉学术作本栏新文化运动的指导明灯。借着这学术的灯,做我们积极的、基础的、稳固的、建设的新文化运动。这正是本栏取名《学灯》的本意。

但本栏对于学术又取的什么态度呢?本栏以为学术的实际是经验与思想并重,没有思想的经验是盲目的经验,离开经验的思想是无效果的空想,所以本栏的主义是尊重有思想组织的经验学术和不背实际的哲学理论。本栏所推崇的学术方法是实验的、归纳的、科学的方法。

以上是本栏主要的意见，也就是本栏以后进行的标准。现在再把本栏文字编辑的体裁，叙述于后。

(乙)本栏的体裁。本栏的门类本不能有绝对的固定，须跟着学术的新思潮和社会的新问题随时移动，但有以下的数门，可以得常常的披露。

(一)评论，发表记者或读者对于各种社会问题或学理问题的意见。

(二)讲坛，登录名家的讲演，或当代学者的言论。

(三)研究，登载各种学术或社会问题的精密研究。

(四)译述，登载欧美名著的翻译或叙述。

(五)学术丛谈，介绍科学哲学文学与社会学术的新思想。

(六)文艺，披露文学的著作、新体诗文和剧本。

(七)社会问题，登载各种社会问题，如教育问题、妇女问题、新生活问题等的讨论。

(八)读者问答，发表读者对于学术上或社会上各种问题的问答。

(九)青年俱乐部，发表各界投稿的文字。

(十)通讯，登载读者，或记者往来的通讯。

此外还有学术界消息、艺术界消息、笔记来件、介绍新刊等类，都是即时发表，不拘时日。

——《时事新报·学灯》，1920年1月1日，第四张第一版

本报大扩充广告

本报已有了十二年的历史，向来抱一种创造新中国的宏愿，对于新闻为公平的记载，对于问题下彻底的批评，所以销路也就逐天的推广。虽中间为了反对袁世凯做皇帝，被袁政府勒停邮寄，销数不免减缩。然而，自从恢复邮寄以来，创辟学灯，宣传文化，本报的销数却和新潮一般的涨起来了。但本报虽承读者厚爱，自己却仍惭愧得很，自知各部分的缺点也还不少，所以决自明年一月一日起，扩充篇幅，刷新编辑，使此后读本报的愈加满意。现在先披露些计划的大概。

扩充篇幅 添印半大张完全登载学灯。

增加电报 除北京专电及特约电外，所有各重要都会，如广州、长沙、济南、福

州、天津、南京、杭州、武昌、重庆、太原等处，均特聘拍电专员，使全国消息都能灵通呼应。

提倡实业 添辟“工商之友”一栏，用极显的文字，介绍极切要的企业金融贸易制造的智识，启发店员职工等对于宇宙人生国家社会的观念。

添插图画 按日添插美术讽刺图画一幅。

注意世界大势 增设欧美日本各大埠通信员，并延专门学者分任编述有系统之世界大事的经过。

革新地方要闻 注重社会经济及工商学各界的新发展，打破一切官样文章的记载。

整顿本埠新闻 扩充为一大张，把商情杂件一律移在背后，一面添聘专员实地访查，详实记载。

——《时事新报》，1919 年 12 月 12 日，第一张第一版

学灯之光

李石岑

一年来之文化运动，其最著之成绩，莫过于换新国人之头脑，转移国人之视线，由此，而自动之精神出焉，而组织之能力启焉，而营团体生活之兴趣浓焉，而求新知识之欲望富焉。此不得不对于提倡新文化诸人加敬礼也。然同时随附发生一种现象，即思想之浅薄是已。由浅薄之思想，而对于一切道德、宗教、政治、法律，或不免加以种种无识之解释。此种现象之发生，在提倡新文化之人不能负其责，在承受新文化之人亦不能全负其责，文化运动之过程则然耳。惟此时急宜注意者，最初一著，在矫正过人浅薄之思想。其矫正之方法，以愚此时之思考力与批判力所能虑及者，第一，在督促过人注重学问的生活；第二，在联络富有学识之人，共营编译之事业。迩来各地学生驱于种种之救国运动，以致荒废学业。其又一方面为学问生活前途之障碍者，在浅尝轻涉之人，□拾时贤一二言论，以意自为解释，演绎成为长文，既足以邀社会一时盲目之荣誉，复因而扩大一己活动之范围。究其实不过自长其虚□之气，而淆惑时人之视听而已。前者为不暇致力于学问生活，后者为不欲或不知致力于学问生活，于是文化运

动之收获日微。此非提倡新文化之人一面督促学生贡身学问,一面躬为学问生活,以倡率提挈之不可。至于编译之事业,尤为目前之要举。国中一部分所以致疑于新思想者,为其所主张、所孕育,大率不出吾国固有之文化以外;或虽吾国固有文化所无,而新输入之学说,转资吾人之簧惑,不足以语于安心立命。此两种人,随处遇之。吾人所提倡之新文化,不能不予此辈以相当之满足也。此其弊在介绍西洋学说,大都首尾不具,或其学说之根据与真价,未能析出,即析出矣,零星散落,乌足以概学说之全体。就哲学论之,如斯宾塞所著"会通哲学",斯氏毕生精力荟萃之作也,国人至今尚无研究及之者,遑云译述。然尚幸有严又陵氏所译之群学肄言,不然,斯氏学说之大凡,无从得之矣。又如萧宾霍尔之"意志与现识之世界",国中尚鲜发现其真价者,而征引萧氏之断章片语者,触目皆是。一有未合,即致萧氏之学说,此种蔽罪法,宁非儿戏?又如杜威,杜威入我国已一年有余,而国中至今不见有其译者。"平民主义与教育"一书,日人已重译之者,我国尚无人执笔焉。译事既不具足,则西哲有系统之学说,乌能源源本本,以介绍于国人。故自己具备吾国固有文化之人视之,未有不藐焉者也。吾国编译事业,虽已见端倪,然非有一种具体之计划与组织不为功,此在提倡新文化之人所尤当亟亟也。

原思想之于人生也,其浅薄者无论矣,即精深之思想,亦宁易语于人生之解决?然思想影响人生最大。吾人何故需要思想?思想如何产生?更何所谓新思想?此疑不释,一切关于思想之文字,都为废词。吾辈有"生",则有意识有我。有意识与我,则宇宙万法之存在,可得而立言。"生"也者,统摄"存在""意识"与"我"诸事实以为言者也。今假定宇宙间一切之现象,如自地登天之阶梯,则自上而下,达于基点,为"存在"。自下而上,达于顶点,为"生"或"意识得生活"。吾辈人类,既于不知不识之间,以意识之存在为第一必至之前提,而考虑万事万物,则一旦意识灭绝,万象之有无,当无从诠议。故宇宙存在于意识以内者也。然一意识亡,他意识岂同时消灭耶?即一切意识同时消灭,而此肉体或为土为水而残存,即不以土与水之形而残存,而或为科学上之元素。元素之形即亦消失,而由一原子分解为他原子,更进而为电子,为一种之电磁力。至极,"存在"一语之意义,或未必失。然则自"存在"而达于"意识"之顺序,无异自无机界至有机界,自动植物或人类之自然哲学上之顺序也。故顶点为人类,而其特征为意识得生活，即所谓“生”。尼采之“权力意志”，柏格森之“生之冲动”。悉从此“生”之一义，以演绎成一家哲学也。惟“生”以上，岂无可尊重之存在状态耶？至此而宗教、道德暨其他诸疑问起焉。宗教者希望生以上之存在者也，道德者有时杀生转以增高生之价值者也。是则生之一语，不可不附加一条件，即“如何以生”之一形容词是已。宗教教人以神为的而生，道德教人以善为的而生，于是“生”本身之价值，移而附于形容词之神与善。而供给此神与善暨其他之内容者，则思想也。脑与手为人类之特征，而脑尤贵于其手。思想者脑之产物也，人类负此宝物，是以肥心理的生活之一部，而对于“生”，则谋所以保卫之，指导之，修饰之者也。故善所以增益吾生，神足以完成吾生。然于此有不可不知者，谓以神为的而生，以善为的而生者，非生之目的，乃生之途中也。生之目的，究其极不过为一种倾向，而此倾向乃响生之“增进”于“持续”之途以趋者也。“增进”与“持续”，通熔于“无限”，生之无限，人类最高之希求也。而现实之社会，自各方面观察之，悉为有限。一“生”之增进，达至某度以上，既与外围相冲突，复与内之生理的心理的精力之极限相矛盾。一“生”之持续，在生理上不可超越某年限，于是吾人对于生之无限之希求，不能不变形，此则道德、宗教暨其他种种之思想所由产生也。然欲达“生之无限”之希求，日甚一日，对于前此之道德、宗教暨其他之有碍此希求者，乃不得不谋所以抗拒之，此新思想所以日进不已也。总上所述：第一境，为生之无限之希求，吾人宜与此希求以最高之意义与权威。第二境，为达此希求之功利现象，吾人对此现象，不感为方便而攻究之。第三境，此种功利现象，愈益进化，至于忘第一境第二境，一若先天之直接作用也者。于是道德、宗教暨其他之威严，乃能独立。第四境，此种先天之宗教与道德，更欲与第一境之生结合。近顷对于固有道德、宗教暨其他之反抗思想，悉含此意义者也。明乎此，思想与人生之关系，思想如何产生与新思想之谓何，可以憬然矣。

学灯者，所以供给此种思想者也。学灯之主义与理想，为学术的根本研究，曾于本栏宣言中分别论之。今后惟力求此主义之贯彻与理想之实现，务去浅薄思想，以建造无限之人生。则生命之火花，可以环射，而学灯之光，亦庶乎其四照矣。

——《时事新报·学灯》，1920 年 5 月 22 日，第四张第一版

今后的学灯

学灯与读者诸君相见,已有四年多了。在此四年中,虽然是天天祈求进步,并且也会时时的变更体例,以求完备丰富。然而复看一下,我们自己才觉得非常不满意。自今日起,我们又把旧有的体例,略为变改一下。

旧有的门类仍然存在的,有评论、讲演、青年俱乐部、杂感、民间文学各栏。于旧有门类以外新加入的有现代学术界、俄国研究、社会主义研究、社会运动家、读书录、书刊介绍、国内学术界消息各栏。

我们今后的最大的注意点就在——

(一)研究到自由之路的方法 与——

(二)介绍关于哲学、文学、社会科学、自然科学各方面的知识。

报告现代世界与中国的学术界的消息,与介绍最新出版的书籍的内容,便是我们所要注意的。我们住在中国这个地方的人,与住在地球上别的地方的人也隔离得太远了。世界学术界里所有的消息,在我们未知道以前,已都变成很陈旧的了。国内的消息更是不相闻问。这是非常可怜的现象。我们今后愿意尽力地做一个学术界消息的流通机关。还希望国内外同志能够帮助我们进行。

在同一的报纸上,发表在一条直线上的两个不同的主张是当有的事。因为"讨论"是使求"真知"的最好的方法。无论如何,在"讨论"中,两方面总可以得了不少的益处。所以我们是很愿意容纳讨论的文章的。不过现在的人,很多还够不上"讨论"的程度。往往在正当的讨论以外,加上了许多关于个人的感情的漫骂的话。这是非常坏的习气。以后如有这种投稿,我们是要不客气的删节或竟而不登的。

遇到有必须特别讨论的问题,或必须特别研究的学说,或必须特别介绍的知识,我们就要随时出一种特刊,把他系统地讨论(或介绍,研究)一下。文学家,社会运动家及科学家的转机,我们也想时时的登载。有机会的时候,最著名的美术作品,如今天所登的柏怒司的"□"等,也想常拿来印在报中,使向来与世界的美术界接触的人可以大概地得有一点知识。

这种的变更,我们决不能自愿满足,亦不过本着向来的祈求进步的心,姑尽其力以冀与读者以更多的贡献而已。

此外,还有几件事,我们也要附带声明:

以前曾有许多读者写信来问我们许多问题,如研究某种学问要读什么书,什么书什么地方有卖之类。我们未酬答读者的诚意起见,往往竭知者以相告。现在觉得这个办法十分不妥当。人非万能,怎么能知道一切事情呢?况且自己还没有研究好,更不敢妄为他人指迷津。自今以后,所有这种信,我们想一概不答复。这便要求读者与我们以十分的原谅的。

投稿者往往于隔了许多时候以后,写信来要回原稿的。我们检查起来,至少要费二三十分钟的工夫,实是非常不方便的事。以后希望投稿诸君能留一份底子在家里,省得写信来要,大家都觉得麻烦。自今以后,如非特别长篇(一万字左右)的稿子,一律恕不寄还。

译稿不附原文,我们是不能决定登不登的。因为来译文中,也许中文很流利,而与原文有很多不对的地方的。我们慎重起见,自然不能不如此要求。希望投稿者注意一下。

投稿本来是不一定为金钱的,友谊的帮助的文章比为金钱而做的文章一定好得多。以后除了长篇的著作以外,所有不满二千字的稿子,拟都不给酬。想诸位可尊敬的帮助者必不是为金钱而始来投稿学灯的罢!

从前也有很多人写信给我们说:某书已经某人着手翻译,或已译完,请转告大家,不要再译。我们很怀疑:一本书是不是不能有二本以上的译本?所以已着手译的人,果能把它译完吗?译完后果已有确切的出版的地方吗?为恐阻止要译书的人的志愿起见,对于这一类的声明,我们恕不再代登。译者等已定有出版的地方后,再登报声明此书已译出,想也不为。

——《时事新报·学灯》,1920年8月1日,第四张第一版

附录三:张东荪论报纸与舆论的部分评论

随想录 论报纸(上)

东荪

报纸之起原为公文之传布,后乃一转为政治上发表意见之机关。降至晚近,又一变而为纯粹之传递消息之物。其在政治上发表意见之时代,多为政党之机关报。而其在纯粹传播新闻之时代,多为社会之营业报,虽其进化有一定之程序,然于今日之泰东西,大都社会之营业报多于政党之机关报。是政党报有衰落之明证,亦社会报有发展之明证也。

何谓社会报。曰止(笔者注:只)传播新闻,而对于新闻之内容,无所偏袒,但求取得消息之速报告新闻之确而已。有时则以各方面之主张并列之,以待阅者自行判断。此报纸所以销路较广者,以人苟取而读之。则各方面之主张皆可得而知之。不若政党报仅有一方面之言论也。

不佞自入社以来,即拖□此宗旨,务使本报谓社会陈情,不为一派所限,独于过甚之论,以不欲助长此种恶劣风气,则不复列入,专注重于新闻,而减少空论。务使适符现代报章之趋势。此实区区之微意也。

特吾自得编报之经验后,知今日中国报纸之不进化,在报之自身者半,在社会者亦半,请详言之。

——《时事新报·学灯》,1918年5月27日,第四张第一版

随想录 论报纸(中)

东荪

第一为消息探得之不易。大凡探取消息,虽存乎某人,亦要有汇聚之机关,政府得各方面之报告。宜可谓消息之总汇矣。然政府所得之消息未必尽确,如陆荣廷之死耗,其一例也。然处于此种现象之下,亦唯有有闻必录而已,明知未必尽确,亦姑存之而已。是以各报之专电,皆取材于官府之报告,

则不过传递以新闻而已。未敢保证其必确实也。至于人,则更难矣。上焉者不屑未探访新闻之事业,下焉者,恃此蝇头微利以为生,既无知识,复无品格,往往闭门造车。如各报之快信,大抵十之七八,处于杜撰,如谷九峰葬亲过宁。如梁任公到宁,冯副总统以汽车接人督署。当时各报皆大登而特登。当时之阅者亦未有知其伪者也。盖其伪造之法,即取前日各报专电而敷衍之。如专电请谷九峰因葬亲请假,即伪造之曰其到宁矣。又如某处战事开始攻击,则伪造之曰,某处已攻克,凡此种种一言以蔽之,曰神经国民是已。此种神经过敏虽多出于有意之伪造,然出于无意者,以复不少。宗旨,此病不革新,新闻永不得正确矣。

第二为营业竞争之太无规则。日本各报大都于内容有竞争,于营业无竞争。何也?竞争太过,两败均伤也。譬如纸张,自欧战以来,其价之昂出人意表。日本各报既相约减少篇幅,复相约提高价格。乃吾国则决不能行。明知其有损,而不敢干戈,以竞争太烈故耳。要之,报馆无强固之团结,营业永无发展之望矣。

——《时事新报·学灯》,1918年5月30日,第四张第一版

(此后再不见《随想录·论报纸》(下))

新闻纸与舆论

东荪

偶然看见东方杂志上有杨端六君的《对于言论界之希望》一篇。觉杨君所见有异于我的素怀,请略说一说。

我以为新闻记者万万不可把知道舆论四个字放在脑中挂在脸上。若自命为我是指导与舆论者,未免太自大了。须知新闻记者之天职不在自己指导舆论而在使舆论能在新闻纸上充分地表出。所以有两个条件,第一必须尽量地容纳舆论,第二必须向社会中枢(即各专家)求意见。新闻记者而有专长,自然可就其所专长的一门发为指导的言语。若是一无专长,而只要容纳舆论,亦不失为好新闻记者。所以新闻记者万不可以为我一个人高出于大众。一切事情都得我来指点。如此存心,必定太糟了。平心而论,我们在交际中

听见各种人的谭(笔者注:谈)论,往往高出新闻纸的论评数倍。所以在现代文化发展的时候决不可存指导的心。只要充分地吸收已有的舆论使他表现出来,即可算尽责了。

申报的史量才君常对人说,他说他的目的只在使申报成一个镜子,把社会上的事象一丝不改地照出来。这一句话对于报纸的真谛可谓已得其半。可惜尚有一半为史君所未见到。这一半是什么,就是社会的志愿。社会的事象可以照,而社会的志愿则非宣泄不能明显。所以新闻记者不在自己指导舆论乃实在能预见社会志愿之端倪而设法宣泄之以成趋势。至于中国新闻事业尚困难太多。容明日言之。

——《时事新报》,1921 年 2 月 23 日,第一张第二版

再论舆论

东荪

近见《汉声》报有与余讨论舆论之性质一文,余前作《报纸与舆论》短评本未尽吾意,故甚愿得此机会以与远地同业一商榷也。

《汉声》报所言各端大抵误解吾说。吾意初非谓使新闻记者不必作指导之言,且不宜作指导之言。实谓总是新闻记者尽量充分以发指导之言论。而其结果舆论自舆论,报纸自报纸,在一班无知识之人对于新闻记者作誉辞。谓报纸代表舆论,则可,而为记者者则不可以此自居。否则使不能尽其天职。盖记者之第一要素在“虚己”。所谓虚己者,即知于自己意见以外尚有舆论是也。舆论为 public opinion,自宜译为“公论”。公论之定义无逾于卢梭之说者。晚近美国政治学大家罗伟尔亦宗之。卢梭谓总意者即国内各人对于公共事务凭其良心不挟部分得厉害观念之意见之总和也。第一须凭自己之良知,第二须不受他人意见之影响,第三须不有部分得特别厉害之关系左右于其间。则各人意见之总差即为舆论。故新闻记者当知自家所发之意见即为舆论所由构成之总积之一,决不可以为自家言论得概括舆论全体。得左右舆论,犹如军官之指挥军队,果然即构人报纸以外社会上尚有舆论。而以为人皆可欺,人皆可以指挥,可以左右,其精神不啻专制魔王也。新闻记者就其专长,当然可以指导社会。吾初未

一言及必须迎合社会也。总之,今之为记者者多不能虚己,一语不合,强辩刺刺不休。凡此视其所办之报纸为自家之私物,以快其心。而忘却其为社会公众之一机关也。

——《时事新报》,1921 年 4 月 12 日,第一张第二版

参考文献

报刊资料

《时事新报》及其副刊《学灯》(1918—1923),上海图书馆微缩胶卷

《晨报》副刊(1919—1921),人民出版社 1981 年影印版

《民国日报》副刊《觉悟》(1919—1921),人民出版社 1981 年影印版

《新青年》(1915—1923),人民出版社 1954 年影印版

专 著

陈昌凤:《蜂飞蝶舞:旧中国著名报纸副刊》,福建人民出版社 1999 年版

陈福康:《郑振铎年谱》,书目文献出版社 1988 年版

陈平原:《触摸历史进入五四》,北京大学出版社 2005 年版

陈万雄:《五四新文化的源流》,生活·读书·新知三联书店 1997 年版

陈曾寿著、陈勤译:《五四运动在上海》,经世书局 1981 年版

程光炜、刘勇等:《中国现代文学史》,中国人民大学出版社 2007 年版

程光炜:《都市文化与中国现当代文学》,人民文学出版社 2005 年版

杜成宪、丁钢:《20 世纪中国教育的现代化研究》,上海教育出版社 1999 年版

方汉奇:《报史与报人》,新华出版社 1991 年版

方汉奇:《中国近代报刊史》,山西人民出版社 1981 年版

方汉奇:《中国新闻事业通史》,中国人民大学出版社 2000 年版

方平:《晚清上海的公共领域(1895—1911)》,上海人民出版社 2007 年版

费正清编:《剑桥中华民国史(上)》,中国社会科学出版社 1993 年版

费正清、费维恺编:《剑桥中华民国史(下)》,中国社会科学出版社 1993 年版

冯并:《中国文艺副刊史》,华文出版社 2001 年版

戈公振:《中国报学史》,中国新闻出版社 1985 年版

高力克:《求索现代性》,浙江大学出版社 1999 年版

高力克:《五四的思想世界》,学林出版社 2003 年版

顾昕:《中国启蒙的历史图景》,牛津大学出版社 1992 年版

胡道静:《上海新闻事业之史的发展》,上海市通志馆 1935 年版

胡道静:《报坛逸话》,世界书局 1946 年版

胡道静:《新闻史上的新时代》,世界书局 1946 年版

黄瑚:《中国新闻事业发展史》,复旦大学出版社 2005 年版

黄瑚:《中国近代新闻法制史论》,复旦大学出版社 1999 年版

洪九来:《宽容与理性——<东方杂志>的公共舆论研究(1904—1932)》,上海人民出版社 2006 年版

洪峻峰:《思想启蒙与文化复兴——五四思想史论》,人民出版社 2006 年版

姜义华:《理性缺位的启蒙》,上海三联书店 2000 年版

赖光临:《中国新闻传播史》,三民书局印行 1992 年版

赖光临:《七十年中国报业史》,(台湾)中央日报社编印 1981 年版

赖光临:《中国近代报人与报业(上)》,台湾商务印书馆发行 1987 年版

李彬:《中国新闻社会史》,上海交通大学出版社 2007 年版

李桂林:《中国现代教育史》,吉林教育出版社 1991 年版

李龙牧:《五四时期思想史论》,复旦大学出版社 1990 年版

李欧梵:《现代性的追求》,三联书店 2000 年版

林毓生:《中国意识的危机——"五四"时期激烈的反传统主义》,贵州人民出版社 1986 年版

林毓生:《中国传统的创造性转化》,生活·读书·新知三联书店 1988 年版

林毓生等:《五四:多元的反思》,三联书店(香港)有限公司 1989 年版

刘贵生、张步洲编:《台港及海外五四研究论著撷要》,教育科学出版社 1989 年版

刘家林:《中国新闻通史》,武汉大学出版社 2005 年版

罗贤梁:《报纸副刊学》,百花文艺出版社 1991 年版

马光仁:《上海新闻史(1850—1949)》,复旦大学出版社 1996 年版

欧阳哲生:《新文化的传统——五四人物与思想研究》,广东人民出版社 2004 年版

彭明:《五四运动史》,人民出版社 1998 年版

彭鹏:《研究系与五四新文化运动——以 1920 年前后为中心》,中山大学出版社 2003 年版

钱理群、吴福辉等:《中国现代文学三十年》,上海文艺出版社 1987 年版

秦绍德:《上海近代报刊史论》,复旦大学出版社 1993 年版

任白涛:《民国丛书(第三编 40)综合新闻学》,商务印书馆 1941 年版

司马长风:《中国新文学史(上)》,香港昭明出版社有限公司 1975 年版

舒衡哲:《中国启蒙运动——知识分子与“五四”遗产》,新星出版社 2007 年版

王文彬:《中国报纸的副刊》,中国文史出版社 1987 年版

王晓渔:《知识分子的“内战”——现代上海的文化场域(1927—1930)》,上海人民出版社 2007 年版

伍启元:《中国新文化运动概观》,黄山书社 2008 年版

夏禹龙编:《中国文化发展的转机》,知识出版社 1989 年版

萧功勤:《危机中的变革》,上海三联书店 1999 年版

萧延中编:《启蒙的价值与局限》,山西人民出版社 1989 年版

许纪霖编:《公共空间中的知识分子》,江苏人民出版社 2007 年版

许纪霖:《启蒙的自我瓦解:1990 年代以来中国思想文化界重大论争研究》,吉林出版集团有限责任公司 2007 年版

徐铸成:《报海旧闻》,上海人民出版社 1981 年版

薛国林、候东阳:《中国报纸专副刊文化》,中国科学文化出版社 2003 年版

严家炎:《五四的误读》,福建教育出版社 2000 年版

严家炎:《考辨与析疑——“五四”文学十四讲》,中国海洋大学出版社 2006 年版

俞祖华、赵慧峰编:《中国近代社会文化思潮研究通览》,山东大学出版社 2005 年版

姚福申、管志华:《中国报纸副刊学》,上海人民出版社 2007 年版

余英时:《五四新论——既非文艺复兴,亦非思想启蒙》,联经出版事业公司 1999 年版

袁伟时编:《告别中世纪:<五四文献选粹与解读>,广东人民出版社 2004 年版

岳凯华:《五四激进主义的起源与新文学发生》,岳麓书社 2006 年版

曾虚白:《中国新闻史》,台湾政治大学新闻研究所印行 1969 年版

邹士方:《宗白华评传》,香港新闻出版社 1987 年版

左玉河:《张东荪传》,山东人民出版社 1998 年版

张宝明:《转型的阵痛,20 世纪中国文学思想与文化启蒙论衡》,学林出版社 2007 年版

张宝明:《启蒙与革命——“五四”激进派的两难》,学林出版社 1998 年版

张静庐:《中国的新闻纸》,上海光华书店 1928 年版

张涛甫:《报纸副刊与中国知识分子的现代转型——以<晨报>副刊为例》,广西师范大学出版社 2007 年版

张耀南:《张东荪》,东大图书公司印行 1998 年版

张育仁:《自由的历险——中国自由主义新闻思想史》,云南人民出版社 2002 年版

郑尔康、盛巽昌:《郑振铎和儿童文学》,少年儿童出版社 1982 年版

中共中央马克思、恩格斯、列宁、斯大林著作编译局研究室编:《五四时期期刊介绍》,生活·读书·新知三联书店 1979 年版

中国社会科学院近代史研究所编:《五四运动回忆录》,中国社会科学出版社 1979 年版

周策纵:《五四运动——近代中国的思想革命》,江苏人民出版社 2005 年版

周佳荣:《言论界之骄子:梁启超与新民丛报》,中华书局有限公司 2005 年版

会议论文集

北京大学社会科学处编:《北京大学纪念五四运动七十周年论文集北京》,北京大学出版社 1990 年版

淡江大学中文系编:《五四精神的解咒与重塑——海峡两岸纪念五四七十年论文集》,台湾学生书局 1992 年版

国立政治大学文学院编:《五四运动八十周年学术研讨会论文集》,鸿柏印刷事业股份有限公司 1999 年版

欧阳哲生、郝斌编:《五四运动与二十世纪的中国——北京大学纪念五四运动 80 周年国际学术研讨会论文集(上)、(下)》,社会科学文献出版社 2001 年版

中国社会科学院科研局编:《五四运动与中国文化建设——五四运动七十周年学术讨论会论文选(上)、(下)》,社会科学文献出版社 1989 年版

论文

陈福康:《中国文化界最值得尊敬的人——郑振铎文学史意义再认识》,《福建论坛(人文科会科学版)》2008 年第 10 期

陈伟军:《"欲望"理性化叙述的盲视——"五四"时期文化保守主义者的前瞻性思考》,《学术论坛》2005 年第 5 期

陈玉申:《中国近现代报纸副刊的沿革》,《山东师范大学学报(人文社会科学版)》2002 年第 3 期

冬烘刚:《张东荪视角下的五四东西文化论争》,《四川教育学院学报》2008 年第 4 期

耿云志:《五四新文化运动的历史地位》,《中国文化研究》1999 年第 4 期

郭武群:《民国报纸文艺副刊的相对独立性》,《天津大学学报(社会科学版)》2007 年第 3 期

黄旦:《五四前后新闻思想的再认识》,《浙江大学学报(人文社会科学版)》2000 年第 8 期

姜红:《“人”的发现与遮蔽——“五四”新闻传播未完成的启蒙使命》,《新闻大学》2004 年第 3 期

姜涛:《“为胡适改诗”与新诗发生的内在张力——胡怀琛对 <尝试集> 的批评研究》,《北京大学学报(哲学社会科学版)》2003 年第 11 期

李静、李奕萱:《启蒙之一种: <晨报> 副刊的问题意识》,《理论学刊》2006 年第 9 期

李鹏、邹建锋:《理性、传统与我国渐进现代化的思考》,《兰州学刊》2003 年第 3 期

李宪瑜:《“公众论坛”与“自己的园地” <新青年> 杂志“通信”栏》,《中国现代文学研究丛刊》2002 年第 3 期

李小鹰、李定开:《中国近代儿童公育与非儿童公育思潮对婴幼儿教育社会化的推进》,《西南师范大学学报(人文社会科学版)》2001 年第 2 期

刘增合:《媒介形态与晚清公共领域研究的拓展》,《近代史研究》2000 年第 2 期

罗义华:《晨报副镌的出现和蒲伯英的贡献》,《新闻大学》2005 年第 2 期

罗志田:《近代中国社会权势的转移:知识分子的边缘化与边缘知识分子的 兴起》,《开放时代》1999 年第 4 期

宁树藩:《中国近代报刊的业务演变概述》,《新闻大学》1981 年第 1 期

宁树藩:《我国的副刊是怎样诞生的?》,《新闻学研究》1980 年第 12 期

彭明:《关于半个世纪以来五四运动史研究的若干情况》,《中共党史研究》1997 年第 6 期

邵书峰:《“五四”激进文化抉择的历史动因及价值评判》,《江西社会科学》2004 年第 5 期

史云波:《杜威中国之行对“五四”思想界的影响》,《江苏大学学报(社会科学版)》2003 年第 4 期

王东:《五四新文化运动若干问题辨析》,《哲学动态》1999 年第 4 期

王娜:《管窥二十世纪二十年代儿童公育问题》,《安徽文学》2007 年第 7 期

王奇生:《新文化是如何“运动”起来的——以 <新青年> 为视点》,《近代史研究》2007 年第 1 期

王烨:《文学研究会与初期革命文学的倡导》,《厦门大学学报(哲学社会科学版)2006 年第 3 期

吴小美、樊亚平:《理性启蒙中的 <晨报> 副刊——晨报副刊研究之二》,《兰州大学学报(社会科学版)》1999 年第 4 期

徐胜萍、熊润妹:《海外与港台学者五四运动史研究概况》,《江西师范大学学报(哲学社会科学版)》1994 年第 1 期

叶再春:《<新青年>的公共领域图景》,《江西社会科学》2006 年第 1 期

元青:《杜威的中国之行及其影响》,《近代史研究》2001 年第 2 期

袁阳:《溺于情感的理性——五四理性的觉醒与迷失》,《青海师范大学学报(哲学社会科学版)》2001 年第 3 期

袁义勤:《上海<民国日报>简介》,《新闻学研究资料》1989 年第 3 期

曾宪明、黄月琴:《论近代报刊与中国现代化意识的交互关系》,《湖北大学学报(哲学社会科学版)》2002 年第 3 期

张汝伦:《现代中国的理性主义》,《读书》2005 年第 7 期

张艳:《五四"启蒙运动"说的历史考辨》,《史学月刊》2007 年第 6 期

张之华:《五四运动时期新闻舆论作用评析》,《新闻学研究资料》1989 年 12 月总 48 期

周石峰:《趋同与离异:张东荪与文化激进主义和文化保守主义》,《青岛大学师范学院学报》2004 年第 9 期

朱寿桐:《<学灯>与"新文艺"建设》,《新文学史料》2005 年第 3 期

朱志敏:《八十余年来国内五四运动研究》,《中共党史研究》2006 年第 2 期

外文专著及论文

Hugo de Burgh, The Chinese Journalist: Mediating information in the world's most populous country, London: Routledge Curzon, 2003.

Leo—Ou fan Lee, The Romantic Generation of Modern Chinese Writers, Cambridge, Mass.: Havard University Press, 1973.

Lee - hsia Hsu Ting, Government Control of the Press in Modern China (1900—1949), Cambridge, Mass.: Harvard University Press, 1974.

Joseph T. Chen, The May Fourth Movement in Shanghai: The Making of a Social Movement in Modern China, Leiden: E. J. BRILL, 1971.

Hung - Yok IP, Tze - Ki HON, Chiu - Chun LEE, "The Plurality of Chinese Modernity: A Review of Recent Scholarship on the May Fourth Movement", Modern China, Vol29. NO4, pp. 49 - 50.

后 记

就在女儿出生快满月的时候,我收到教育部告知博士论文被列入《高校人文学术成果文库》出版资助计划的通知。编辑部要求短期内完成书稿内容和体例的修改,这让我从初为人母的喜悦和忙乱中抽身,重新审视这份几乎占据我3年博士生生涯的学术功课,更让我回到那段生命中一去不复返的读书时代。

回想在复旦新闻学院的学习生活和论文撰写过程,珍惜和感恩是我常有的心态,苦中作乐是最大的感受。5年前的这个时候,我每天往来于学校与上海图书馆之间。一天将近3小时的来回路程,冲刺跑进图书馆争抢仅有的几台投影仪,连续8小时查看微缩胶卷,晚上再给照片编号、输入资料,就这样坚持了大半年,我总算对《学灯》等几份副刊有了基本认识。"五四新文化运动"表面上是一个耳熟能详的词,但因为它已被许多研究者解读诠释过,要把握其中真意,对我来说无疑是一项庞大工程。而且,《学灯》在以往研究中一直被边缘化,如何准确点明它的贡献和价值,对于学力尚浅的我更是一次前所未有的挑战。有时为了想通某个问题,我甚至会多日茶饭不思,夜不能寐,直到反复查阅资料、获得线索才能稍稍安心。想起在论文最后撰写阶段那间文献资料四处撒野的宿舍和我惶惶不可终日的落魄相,谁都很难把这些画面跟一个年轻女子联系在一起。若说这是苦,那么读博士3年的绝大部分时间、精力我都投入到这门功课中,人说上海的摩登与繁华、声色与浪漫,我都还没来得及细细品味;不少同龄人追逐的娱乐和物质享受更与我无缘。

然而这种上下求索的过程也许正是学问之乐的来源。提交论文后,我还继续思量这份学术功课,对一些问题也有越想越明白的感觉,甚至在通过研读理论专著和结合社会观察的思考后发现了更具研究价值的新问题，而这种内心越发清澈明晰的感悟正是乐趣的源泉。研究中的一苦和一乐，恐怕只有真正投入过努力过的人才能理解。2012 年初，我以博士论文为基础进行拓展研究的课题，获批教育部人文社科青年基金项目，这恐怕正是毕业后 3 年继续探索的结果，而当初博士论文中的诸多不足，也希望在新的研究中得以补充修正。

本书的完成主要得益于业师黄瑚教授的指导和支持。黄老师是一位治学严谨又谦逊宽容、深具智慧又有人文理想的儒者。从师以来，黄老师不弃我资质愚钝，时时对我耳提面命、言传身教，把他渊博的学识、精睿的智慧和丰富的人生经验毫无保留地传授于我。本书的选题在黄老师心中早已酝酿多年，我到复旦后他便将此选题交付于我。在研究过程中，黄老师从材料搜集、研究思路、篇章结构，乃至遣词造句等方面都给予悉心指导，到后期还多次为我审阅论文并严格督促我反复修改。论文成文后其实与黄老师最初的要求尚有距离，这让学生愧感有负于恩师，但也因此激励我继续探索，最近终于稍有突破也应归功于恩师的鞭策。可以说，我正是在黄老师的关怀、教导和支持下一步一步往前走的，能投黄老师门下，实在是我人生中的一大幸事。

这本书稿还得益于诸多师长的智慧。复旦大学新闻学院的丁淦林教授于去年秋天驾鹤西去，但他作为我的论文答辩专家对论文提出了重要的修改意见，让我甚为感念。在论文撰写过程中，感谢复旦大学新闻学院的姚福申教授、童兵教授、李良荣教授、黄旦教授、孙玮教授和张大伟副教授，他们对论文的完成和修改提出了许多积极而中肯的意见。感谢复旦大学历史系冯筱才教授时时让我蹭史学理论的研究生课程，并给予我具有启发性的建议。感谢安徽大学的芮必峰教授、广东外语外贸大学的赵建国教授和暨南大学的蒋建国教授，他们对论文也提出了许多有用指点。

感谢论文的校内外评审专家和答辩委员，有清华大学的李彬教授、上海社科院的马光仁教授、上海大学的戴元光教授和浙江大学的吴飞教授等，正是他们公正的评审和富有针对性的点评，才让我对论题有了更深刻的理解。

其中清华大学的李彬教授是我博士论文的评阅人和答辩专家。李教授在多本专著中阐发的思想不仅是这本书稿的重要思想来源之一，他还在与我的面谈和多次邮件往来中对本书提出了许多建设性意见，并慷慨地给我寄送研究资料。这不仅增添了我的信心,还对我的后续研究提供了很大帮助。

感谢研究过程中与我多次切磋,给予我启发的各位师友。感谢同门邹军、杨桃莲、杨朕宇在学问上给予我帮助;感谢刘丽、王婷婷、张妤玟、谢湜、陶建杰、潘霁、石力月等同学与我一起学习讨论,每次请教都让我获益良多。

感谢我的硕士导师、暨南大学新闻与传播学院的刘家林教授。刘老师是带我进入新闻史研究的引路人,他在治学和生活上都给予我教诲和帮助。毕业后,我们的师生情谊如同醇酒,愈久愈浓。

在此,也要感谢华南师范大学教育信息技术学院黄慕雄院长等领导为我提供了宽松、自由的工作和研究环境。

还有更多的师友无法在此一一提及,每念及他们对我的诸般好意和帮助,都使我常怀感恩之心,更让我不敢有太多的苟且。

最后,我要特别感谢我的父亲母亲、我的丈夫对我的无私奉献和全力支持。从大学本科到博士毕业,如果没有父母严格的教导和富有远见的建议,没有他们无怨无悔的付出和凝聚的巨大心血,我便不可能顺利走上这条学术研究道路。想想自己一路向前追赶,却为他们做得太少,且让我把这本得以出版的书稿作为献给父母的一点心意。而在论文撰写期间,丈夫不仅承受了我在论文攻坚阶段的种种情绪,不厌其烦地帮助我调整心态,还在非常忙碌的工作之余对我的研究和书稿修改给予了重要帮助,他的关爱和支持一直伴随我论文撰写和出版的全过程。

女儿的出生让我踏入了新的人生阶段,但愿这本书稿的出版也能启动我新的学术旅程。

吴静
2012 年 7 月于广州